# 中国功能性分配格局
## 变迁研究：1978~2008

STUDY ON THE CHANGING OF FUNCTIONAL
DISTRIBUTION PATTERN IN CHINA : 1978-2008

李清华　著

社会科学文献出版社
SOCIAL SCIENCES ACADEMIC PRESS (CHINA)

# 总序

河南大学经济学科自 1927 年诞生以来，至今已有近 90 年的历史了。一代一代的经济学人在此耕耘、收获。中共早期领导人之一的罗章龙、著名经济学家关梦觉等都在此留下了足迹。

新中国成立前夕，曾留学日本的著名老一辈《资本论》研究专家周守正教授从香港辗转来到河南大学，成为新中国河南大学经济学科发展的奠基人。1978 年我国恢复研究生培养制度以后，周先生率先在政治经济学专业招收、培养硕士研究生，并于 1981 年获得首批该专业的硕士学位授予权。1979年，河南大学成立了全国第一个专门的《资本论》研究室。1985 年以后，又组建了河南大学历史上的第一个经济研究所，相继恢复和组建了财经系、经济系、贸易系和改革与发展研究院，并在此基础上成立了经济学院。目前，学院已发展成拥有 6 个本科专业、3 个一级学科及 18 个二级学科硕士学位授权点、1 个一级学科及 12 个二级学科博士学位授权点、2 个博士后流动站、2 个一级省重点学科点、3000 多名师生规模的教学研究机构。30 多年中，河南大学经济学院培养了大批

1

本科生和硕士、博士研究生，并且为政府、企业和社会培训了大批专门人才。他们分布在全国各地，服务于大学、企业、政府等各种各样的机构，为国家的经济发展、社会进步、学术繁荣做出了或正在做出自己的贡献，其中也不乏造诣颇深的经济学家。

在培养和输出大量人才的同时，河南大学经济学科自身也造就了一支日益成熟、规模超过120人的学术队伍。近年来，60岁左右的老一代学术带头人以其功力、洞察力、影响力，正发挥着越来越大的引领和示范作用；一批50岁左右的学者凭借其扎实的学术功底和丰厚的知识积累，已进入著述的高峰期；一批40岁左右的学者以其良好的现代经济学素养，开始脱颖而出，显现领导学术潮流的志向和实力；更有一大批30岁左右受过系统经济学教育的年轻人正蓄势待发，不少已崭露头角，初步展现了河南大学经济学科的巨大潜力和光辉未来。

我们有理由相信河南大学经济学科的明天会更好，经过数年的积累和凝练，它已拥有了支撑自己持续前进的内生动力。这种内生动力的源泉有二：一是确立了崇尚学术、尊重学人、多元发展、合作共赢的理念，营造了良好的学术氛围；二是形成了问题导向、服务社会的学术研究新方法，并据此与政府部门共建了中原发展研究院这一智库型研究平台，获批了新型城镇化与中原经济区建设河南省协同创新中心。学术研究越来越得到社会的认同和支持，也对社会进步产生了越来越大的影响力和推动力。

河南大学经济学科组织出版相关学术著作始自世纪交替的2000年前后，时任经济学院院长许兴亚教授主持编辑出版了数十本学术专著，在国内学术界产生了一定的影响，也对河南大学经济学科的发展起到了促进作用。

为了进一步展示河南大学经济学院经济学科各层次、各领域学者的研究成果，更为了能够使这些成果与更多的读者见面，以便有机会得到读者尤其是同行专家的批评，促进河南大学经济学学术研究水平的不断提升，为繁荣和发展中国的经济学理论、推动中国经济发展和社会进步做出更多的贡献，我们从 2004 年开始组织出版"河南大学经济学学术文库"。每年选择若干种河南大学经济学院在编教师的精品著述资助出版，也选入少量国内外访问学者、客座教授及在站博士后研究人员的相关著述。该文库分批分年度连续出版，至今已持续 10 年之久，出版著作总数多达几十种。

感谢曾任社会科学文献出版社总编辑的邹东涛教授，是他对经济学学术事业满腔热情的支持和高效率工作，使本套丛书的出版计划得以尽快达成并付诸实施，也感谢社会科学文献出版社具体组织编辑这套丛书的相关负责人及各位编辑为本丛书的出版付出的辛劳。还要感谢曾经具体负责组织和仍在组织本丛书著作遴选和出版联络工作的时任河南大学经济学院副院长刘东勋教授和现任副院长高保中教授，他们以严谨的科学精神和不辞劳苦的工作，回报了同志们对他们的信任。最后，要感谢现任河南大学经济学院院长宋丙涛教授，他崇尚学术的精神和对河南大学经济学术事业的执着，以及对我本人的信任，使得"河南大学经济学学术文库"得以继续编撰出版。

分年度出版"河南大学经济学学术文库"，虽然在十几年的实践中积累了一些经验，但由于学科不断横向拓展、学术前沿不断延伸，加之队伍不断扩大、情况日益复杂，如何公平和科学地选择著述品种，从而保证著述的质量，需要在实践中不断探索。此外，由于选编机制的不完善和作者水平的限制，选入丛书的著述难免会存在种种问题，恳请广大读者及同行专家批评指正。

耿明斋

2004 年 10 月 5 日第一稿，2007 年 12 月 10 日修订稿，2014 年 6 月 21 日第三次修订

# 摘　要

在国民经济循环中，生产、分配、交换、消费是密不可分的有机整体，分配是其中的关键环节之一。国民收入分配主要包括两个方面：功能性分配和规模性分配。前者研究国民收入总量在各类要素所有者之间的分配比例是否协调，这也是本书的研究对象。简单地说，功能性分配就是研究国民收入（GDP）在居民、企业、政府等机构部门之间的分配比例及其变动规律。

我国功能性分配格局在改革开放以来经历了较大的起伏。1978～1990年，根据省际收入法GDP的核算数据计算，劳动收入份额有明显上升，从49.66%上升到53.42%，增加了3.76个百分点。1995年之后，国民收入的分配格局发生了逆转，1995～2007年，劳动收入占GDP份额从51.44%下降到39.74%，减少11.70个百分点。国内学者普遍认为这表明居民部门在国民收入分配格局中的地位明显恶化，是资本对劳动的侵蚀，或者说在国民收入分配中形成了"强资本弱劳动"的格局。但对于1995年以来的国民收入分配格局的变动原因，近年来学者们有不同观点。白重恩（2009）首先注意到2004年我国收入法GDP统计口径发生了变动，他认为我国劳动收入份额下降主要是统计口径的变动和产业结构转型导致的，并不意味着资本侵占劳动。张车伟、张士斌（2010）依据统计口径调整之后数据计算的结果，认为我国劳动收入份额长期以来处于低水平稳定状态，并称之为中国经济的"非典型"特征。华生（2010）对比联合国定义的劳动者报酬口径发现，如果采用联合国推荐的统计口径，"1990年以来中国初次分配中劳动报酬占GDP的比重并未下降，反而一直在稳定攀升。"因此，自1978年以来，尤其是20世纪90年代中期以来我国功能分配格局的变动程度及原因似乎成为一个扑朔迷离的问题。本书以此为研究对象，试图回答的核心问题是：我国在1978~2008年劳动收入份额的真实变动幅度是多少？主要影响因素是什么？

为了剔除2004年统计口径的变动对劳动收入份额的影响，本书对收入法GDP数据中的劳动报酬分别采用三种口径进行了调整，即自我雇佣者的混合收入全部计入劳动报酬、混合收入2/3计入劳动报酬、混合收入全部计入资本收入（分别简称宽口径、中口径、窄口径劳动报酬）。根据三种调整结果，我国的劳动收入份额变化趋势基本相似：2007年与1995年相比，调整前的劳动收入份额下降了11.7个百分点，采用宽、中、窄口径时劳动收入份额分别下降了6.32个、4.88个、1.00个百分点。另外，根据修订后的资金流量计算得到的劳动收入份额在此期间下降幅度为4.66个百分点，它与中口径的劳动收入份额下降4.88个百分点接近，这应该是该期间我国劳动收入份额比较真实的下降幅度。因此，我国的劳动收入份额自1995年尤其是2002年以来的下降趋势应该是毋庸置疑的，而不是华生所说"稳定攀升"。

1978~2008年是我国工业化进程的重要阶段，第一产业比重大幅度下降，第三产业比重则明显上升，由于三次产业之间的劳动收入份额相差很大，产业结构的变动对劳动收入份额有着重要影响。本书把 1978～2004 年全国劳动收入份额的变动分解为产业间效应和产业内效应，发现：在整个 1978～2004 年，产业结构转型的因素一直使得劳动收入份额下降，但在 1998 年之前产业内效应使得劳动收入份额上升，两者部分抵消后，全国劳动收入份额微升了 1.26 个百分点；自 1998 年之后，产业内效应对劳动收入份额的影响方向也由正转负，与产业结构转型的负向影响叠加在一起，使得整体劳动收入份额在 1998～2004 年下降了 2.82 个百分点。因此，在整个 1978～2004 年劳动收入份额实际下降 1.56 个百分点。也就是说，自 20 世纪 90 年代中后期以来，主要受产业内因素的影响，整体劳动收入份额才出现实质性的下降。

本书分别从纵向（行业）和横向（省际）两个角度考察了劳动收入份额变动的影响因素，发现：如果从行业角度看，资本增强型技术进步和垄断程度的提高是工业部门劳动收入份额下降的主要原因；如果从区域经济角度看，除资本增强型技术进步外，产业结构转型也是重要影响因素。对于我国选择资本增强型技术进步路径的原因，本书初步判断可能与我国长期以来依靠高投资拉动经济的增长方式有关。新中国成立以来，我国政府在计划经济体制下实行了经济赶超战略，没有充分发挥劳动力资源丰富的比较优势，主要依靠扭曲要素和产品价格体系大力发展资本和技术密集型产业。这一政策有其历史的合理性和必要性，但它很可能是导致资本增强型技术进步占据主导地位，国民收入分配格局失衡的重要原因。

要素分配份额从长期看，将保持稳定的“卡尔多特征化事实”一直被经济学界普遍接受。但本书通过研究认为：发达国家在步入工业化成熟阶段后，其要素份额确实较为稳定，一旦把考察范围回溯到工业化初期或者工业化过程中，这种稳定性将不复存在。换言之，要素分配份额的稳定性仅在特定经济发展阶段之内成立。李稻葵（2009）认为劳动收入份额与经济发展水平（人均 GDP）之间存在"U"形规律，本书分别根据国别数据和我国的省际数据对此进行了检验。结果发现，如果从长期看，劳动收入份额随着经济发展水平出现阶段性稳定和跃迁，呈倒"L"形而非"U"形趋势，但是在经济转型时期，劳动收入份额可能与人均 GDP 之间呈现"U"形规律。因此，"U"形规律可能只在狭窄的特定范围内成立，并不具有长期的和一般性意义。在经济发展水平这一概念中，主要内涵是产业结构的变动，当我们在回归模型中加入代表产业结构转型的变量之后，发现单纯的人均 GDP 的提高与劳动收入份额之间仍然呈开口向下的抛物线相关形式，即倒"L"形。因此，本书认为，"U"形规律的存在性、原因和意义还需要进一步研究，把它奉为经济发展的普适规律可能带来政策选择上的误导。

为了考察要素分配份额的空间稳定性，本书计算了 12 个发达国家和 6 个发展中经济体 1980～2008 年的劳动收入份额。发现，发达国家的劳动收入份额的均值高于发展中国家约 13.6 个百分点，标准差系数也比后者小得多。发达国家之间的劳动收入份额均值高而且波动小，表现出明显的"俱乐部趋同"特征。根据调整后的可比数据看（窄口径）：我国 1980～2007 年的劳动收入份额低于发达国家均值 15～20 个百分点，也低于发展中国家均值约 4 个百分点。我国的劳动收入份额长期维持在较低水平，这可能与"二元经济"条件下劳动力供给的无限弹性有关。

劳动报酬是居民收入的最主要部分（占 80% 以上），但它仅仅是初次分配中的一个环节，居民部门还会通过财产性收入、经常性转移等环节与其他机构部门发生收支关系。本书以修订后的资金流量表（实物交易部分）数据为基础，考察了我国1992~2008年初次分配和再分配格局的变动。结果发现，初次分配中居民的劳动报酬占比下降了6.66个百分点；经过生产税、财产性收入等分配环节之后，整个初次分配过程居民收入占比下降了8.47个百分点；经过经常性转移支付后形成的居民可支配收入所占比重下降了10.45个百分点。这清晰地表明，居民部门几乎在国民收入分配中的各个环节、各个分配项目上都有所下降。与此相反，企业部门的收入份额在初次分配和再分配环节分别上升了8.05个和2.19个百分点；政府部门的收入份额在初次分配和再分配环节上分别上升了1.06个和0.57个百分点。因此，尽管统计口径和产业结构的变动可能夸大了劳动收入份额的下降幅度，但在剔除了这两者的影响之后，20世纪90年代中期以来我国居民部门在国民收入分配格局中的相对地位的确下降了，并且几乎在收入分配的各个环节、各个分配项目上都是下降的。

劳动收入份额偏低是我国产品成本低，具有较强竞争优势的一个因素，但它不仅带来了收入分配格局的失衡，可能也是导致国民经济发展失衡的重要原因：由于居民收入份额长期处于偏低水平，造成内需不足，经济增长只能更多依赖投资和出口。在2008年世界金融危机之后，世界经济面临着再平衡的需要，欧美主要国家的贸易赤字将会逐渐下降，中国继续依赖出口拉动经济增长的方式难以为继。因此，改善国民收入分配格局，提高居民收入份额，已经成为我国政府拉动内需，转变经济增长方式的必然选择。

为了提高收入分配格局中的"两个比重"，政府应该有所作为：大力发展劳动密集型产业和劳动使用型技术；切实加强对劳动者合法权益的保护，加强对农村剩余劳动力的培训和引导；加快政府自身职能改革，减少行政垄断，并对垄断企业加强资源租金性质的税收改革与征管；在财政收入充裕时进行结构性减税，或者在财政支出中增加用于民生的社会性支出；扩大社会保障体系的覆盖面，实现"应保尽保"等都是可行的政策选择。这将有利于提高劳动报酬在初次分配中的比重，有利于提高居民收入在国民收入中的比重，使我国的功能性分配格局更为合理。

**关键词：**功能性分配　劳动收入份额　初次分配　产业内效应　资本增强型技术进步

# ABSTRACT

As a whole, the national economic cycle is composed of production, distribution, exchange and consumption, distribution is one of the key links of the cycle. Paul A. Samuelson has defined economics as: "Economics research the society how to use its scarce resources to produce valuable commodity, and distribute it in different people. " The national income distribution mainly includes two aspects: Functional Income Distribution and Size Income Distribution. This book focus on the former which studies the distribution proportion of GDP among all kinds of factor owners – Residents, Enterprise, Government – is rational or not.

China's Functional Income Distribution situation has experienceddramatically fluctuation since 1978 – the beginning of Reformation and Opening Policy. During 1978 – 1990, by Income – Based GDP approach, labor share in Primary Distribution rised from 49. 66% to 53. 42% . After 1995 the situation reversed sharply: during 1995 – 2007, labor share dropped from 51. 44% to 39. 74% . Most economists took it as the indicator of deterioration of resident's relative position in national distribution. But in recent years scholars disagree on the reason of the reverse. Bai Chongen

（2009） noticed the change of statistic caliber of Income – based GDP in 2004 for the first time, after adjustment, he concluded that the decline of China's labor share was due to the change of statistic caliber and industrial structure, it obviously does not mean that the capitalist encroach the workers. Based on the adjusted Income – Based GDP, Zhang Juwei, Zhang Shibin （2010） found that China's labor share has always been keeping extremely low. According to UN's statistic caliber Hua Sheng （2010） claimed that China's labor share in Primary Distribution has increased steadily since 1992. Obviously, there are severe disputes on the direction and extent on China's national distribution change. So this book focuses on: what's the real fluctuation range of China's labor share since 1978? And what's the influential factor?

In order to eliminate the influence of the change of statistical caliber on China's labor share, this book adjusted the Mixed – Income in three ways: Mixed – Income was all; 2/3; none included in Compensation of Employee. By the three ways of adjustment, China's labor share has dropped 6.32, 4.88, 1.00 percent during 1995 – 2007 respectively. When calculated through the data of adjusted Flow of Funds Accounts, China's labor share dropped by 4.66 percent. So we can make sure that China's labor share has decreased since 1995, the extent was nearly 5 points.

During 1978 – 2008 China has made great progress in its industrialization, the proportion if its Primary Industry has decreased substantially, and the proportion of Tertiary Industry increased dramatically. By resolving the labor share into Between – Industry – Effect and Within – Industry – Effect, this book finds that the former caused China's labor share decreasing all along during $1978 - 2004$, but the later made it rise during $1978 - 1998$, after offsetting partly, China's labor share edged $1.26\%$ during $1978 - 1998$. The Within – Industry – Effect influenced reversed since $1998$, from positive to negative, together with negative influence of Between – Industry – Effect, made China's labor share decrease $2.82\%$ during $1998 - 2004$. So in the $1978 - 2004$ period, China's labor share fell by $1.56\%$. It means that China's labor share begin to decrease really since middle of $1990$.

Furthermore, based on China's Annual – Report – Database of industry, this paper studies the vibration of labor share in $39$ sub – industries, and finds that output per labor is negative correlation with labor share significantly, which shows that the technology progressive path is Capital – Augmenting style. Together with deepening monopoly, Capital – Augmenting technological progress accounts for the fall of labor share in industry.

"Kaldor's Stylized Facts" has been generally accepted in economists, which claimed that the distribution ratio of national income in production factors would remain stable in the long run. This book studies longer economic history of developed countries – tracing back to the Industry Revolutionary, finds that the stability of labor share disappear. That is to say, the stable income proportion of Production Factor in national distribution will be observed only in some special stage, especially in industrialized countries of its mature stage.

Based on international data and China's provincial data, this paper tests so – called "U" rule in labor share – which states that the labor share will be "U" curve along with GDP per capita. We find that the "U" curve will establish only during economic transition period, so it does not have a long and general significance.

In order to research stability of labor share between countries in their different development stage, this book calculates some countries' labor share, including twelve developed countries and six developing countries during 1980 – 2008, and finds that: labor share in developed countries is not only averagely higher but also fluctuated more narrowly. According to comparable data, China's labor share is 15 – 20 percent lower than the average of developed countries, and is about 4 percent lower than the average of developing countries. China's labor share maintains a low level compared with the average of developing countries – the reason probably partly roots in its Dual Economy characteristic.

The Compensation of Employee covers more than 80 percent in Resident's Primary Distribution income, but it is not all. Finally, based on adjusted Flow of Funds Accounts data, this book study the change of situation in Primary Distribution and Redistribution, and finds that the enterprise and government's income share rises remarkably both in Primary Distribution and Redistribution, the Resident's income share dropped dramatically during 1992 – 2008 – its labor share dropped by 6.66%, income share in Primary Distribution dropped by 8.47%, Disposable Personal Income dropped by 10.45% – which illustrates that the Resident's relative situation in national income deteriorated.

In short, although the change of statistic caliber exaggerates the descendingextent of China's labor share, Chinese Resident's relative situation deteriorates since 1995 undoubtedly. What's more, under comparable data, China's labor share is substantially lower than the average of developing countries, let alone the developed countries. Just as the *the CPC Central Committee's advice on the twelfth Five – Year – Plan*points: "We will try our best to improve the labor share in Primary Distribution, and promote the Resident's income share in national income distribution. We will strive to increase the Resident's property income. " Achieving the task is the goal of China's national income distribution reformation.

As an advice, the authority should strive to develop Labor – Intensive industry and labor – using technology, expand exports; To strengthen the protection of the lawful rights of workers, train and guide the peasants when they hunt for job in town; To practice tax cuts while financial surplus, expend more on people´s livelihood; To speed up the reformation of government itself, reduce the Administrative Monopoly; To expanding the coverage of the Social Security System, etc. All these policy will be helpful to improve labor share of the Residents, make the situation of Functional Distribution more reasonable.

**KEY WORDS**: Functional Income Distribution; labor share; Primary Distribution; Within – Industry – Effect; Capital Augmenting Technology Progress

# 目　录

# 第一章 绪言

## 第一节 研究的背景及意义

在国民经济的循环中，生产、分配、交换、消费是密不可分的有机整体，分配是其中的关键环节之一。保罗·萨缪尔森（Paul A. Samuelson）把经济学定义为："经济学研究社会如何使用稀缺资源来生产有价值的商品，并把它们在不同的人之间进行分配。"[①] 国民收入分配不仅是经济学研究的核心问题，同时，收入分配格局是否合理也会极大地影响一个社会的效率、和谐与稳定。因此，研究收入分配问题具有重要的理论与现实意义。国民收入分配主要包括两个方面：功能性分配和规模性分配。前者研究国民收入总量在各类要素所有者之间的分配比例及其变动规律，简单地说，就是研究国民收入（GDP）在居民、企业、政府等机构部门之间的分配比例关系，这也正是本书的研究对象；后者也称个人收入分配或家庭收入分配，是指以居民个人（或家庭）为主体对国民收入所进行的分配，

---

① 〔美〕保罗·萨缪尔森、威廉·诺德豪斯：《经济学（第18版）》，萧琛主译，人民邮电出版社，2008，第4页。

主要研究居民之间的收入分配悬殊程度。

## 一 问题的提出背景及现实意义

### 1. 学者的观点

我国国民收入功能性分配格局在改革开放以来经历了较大的起伏。1978~1990年，随着改革的推进，政府在农村多次提高农产品的收购价格，在城市则采取了"放权让利"的措施，使得居民收入占比有较大的上升，企业和政府部门收入占比有所下降。根据石良平（1993）的测算，1979~1990年政府部门的可支配收入占比从20.9%下降到12.0%、企业部门从24.2%下降到22.2%，居民部门则从54.9%上升到65.8%。[①] 有学者（戴园晨、黎汉明，1988）认为这是"工资侵蚀利润"的结果。[②] 石良平、向书坚（1993）等则认为这是收入分配向居民部门的"还账式"倾斜，它为后来政府逐步取消各种财政补贴、全面放开粮食和农副产品价格、推进住房货币化改革、建立养老、医疗等社会保障体制打下了基础。但1995年之后我国国民收入分配格局出现了明显逆转，居民收入份额开始逐年下降，居民部门在国民收入分配格局中地位持续恶化。据白重恩（2009）的研究，1996~2005年，居民可支配收入占GDP比重下降12.72个百分点，其中，在初次分配环节居民的收入占比下降了10.71个百分点。[③] 学者们如汪

---

[①] 石良平：《国民收入分配：经济分析中的统计界定》，《统计研究》1993年第4期，第23~33页。

[②] 戴园晨、黎汉明：《工资侵蚀利润——中国经济体制改革中的潜在危险》，《经济研究》1988年第3期，第3~11页。

[③] 白重恩、钱震杰：《谁在挤占居民的收入——中国国民收入分配格局分析》，《中国社会科学》2009年第5期，第99~115页。

玉凯 (2006)[1], 李扬[2]、汪同三[3]、谢伏瞻[4] (2007), 安体富、蒋震 (2009) 等的研究也得出相近的结论。

学者们普遍认为, 由于经济转轨过程中存在资源高度集中、资本的内控性以及多元垄断等原因, 我国收入分配差距的拉大比一般市场经济国家更为迅速。当前我国国民收入分配格局存在明显的"三个集中"倾向: 从社会和政府角度看, 财富不断向政府集中。近几年财政收入占 GDP 的比重不断上升, 从 1994 年的 10.39% 提高到 2008 年的 19.99%。从劳方和资方角度看, 劳动收入份额持续下降。1996~2007 年, 我国劳动报酬总额占 GDP 的比重从 53.4% 下降到 39.7%。从普通行业和垄断行业角度看, 财富不断向垄断行业集中。[5] 国内学者普遍认为这些现象表明居民部门在国民收入分配格局中的地位明显下降, 是资本对劳动的侵蚀, 或者说在国民收入分配中形成了"强资本弱劳动"的格局 (姚先国, 2009)。

在学界的呼吁和政府官员们的推动下, 2010 年 10 月中国共产党第十七届中央委员会第五次全体会议通过的《中共中央关于制定第十二个五年规划的建议》第 32 章提出: 初次分

---

① 汪玉凯:《应重视收入分配的结构失调》,《学习时报》2006 年 8 月 21 日。

② 朱茵:《社科院金融研究所李扬: 国民收入分配格局需调整》,《中国证券报》2007 年 10 月 22 日。

③ 汪同三:《改革收入分配体系 解决投资消费失调》,《中国证券报》2007 年 10 月 29 日。

④ 谢伏瞻:《提高消费率需调整国民收入分配总体格局》, 在 2007 年 "中国发展高层论坛学术峰会" 上的发言; http://www.chinanews.com.cn/cj/news/2007/03 - 17/893861. Shtml。

⑤ 倪建伟等:《全面调整国民收入分配格局, 要 "公平与效率兼顾"》, 中国广播网, 2010 年 3 月 3 日; http://www.cnr.cn/allnews/201003/t20100303_506086314. html。

配和再分配都要处理好效率和公平的关系，再分配更加注重公平。努力提高居民收入在国民收入分配中的比重，提高劳动报酬在初次分配中的比重。创造条件增加居民财产性收入。① 因此，无论对我国经济的健康发展还是对社会的长治久安来说，扭转现有的分配格局中的某些不合理的方面已经成为迫切需要解决的问题。

但就在学界和政界基本就此观点达成共识的情况下，随着对国民收入分配问题研究的深入，经济学界出现了不同的声音。白重恩（2009）首先注意到 2004 年我国收入法 GDP 的核算口径出现了两个变化：第一，个体经济业主收入从劳动收入变为营业盈余。第二，对农业不再计营业盈余。在对统计口径的变动进行调整之后，白重恩发现，1995～2004 年劳动收入占比下降 10.73 个百分点，其中统计口径的变化使劳动收入占比下降了 6.29 个百分点，占 58.62%；产业结构转型使劳动收入占比下降 3.08 个百分点，占 28.70%，仅此两项合计占 87.32%。因此，白重恩认为："如果对劳动收入份额的变化趋势的判断仅仅停留在总量水平上，很容易将 1995 年以来劳动收入份额持续下降的事实，作为资本侵占劳动的证据，但本书的分析并不支持这种观点。"②

张车伟、张士斌（2010）对统计部门的劳动报酬数据进行了调整，发现我国劳动收入份额在 1978～2007 年的下降趋势并不明显（仅为 0.9 个百分点），更重要的是我国的劳动收

---

① 《中共中央关于制定第十二个五年规划的建议》，中国网，2010 年 10 月 28 日；http://www.china.com.cn/finance/txt/2010 - 10/28/content _ 21216304 _ 8. htm。

② 白重恩、钱震杰：《国民收入的要素分配：统计数据背后的故事》，《经济研究》2009 年第 3 期，第 27～41 页。

入份额低于其他发达国家的水平"至少 20 个百分点"①，长期以来处于低水平稳定状态。他们把这一现象称为中国经济的"非典型"特征，并认为："与中国类似的状况不仅发生在那些陷入中等收入陷阱的一些拉美国家，也存在于那些尚处在工业化进程早期阶段的低收入国家如印度等。从这个意义上看中国的工业化似乎仍然处在较低的层次上，这也意味着中国陷入中等收入陷阱的风险巨大。"②

华生（2010）发现，如果采用联合国推荐的统计口径，"1990 年以来中国初次分配中劳动报酬占 GDP 的比重并未下降，反而一直在稳定攀升……不用说和其他发展中国家相比，即使与中等发达国家相比，我国劳动者报酬占 GDP 的比例还是排在前列"。③ 贾康等（2010）利用联合国数据，选择了 7 个具有代表性的发达国家（澳大利亚、加拿大、法国、德国、日本、英国和美国）和 3 个新兴经济体与中国进行对比，发现："中国劳动报酬占比虽然低于发达国家，但大大高于其他发展中国家，与世界和各国相比，处于中等偏上水平，高于金砖四国中的其他三国 10~23 个百分点。"④

李稻葵等（2009）等经过计量研究发现，在世界各国的经济发展过程中，人均 GDP 与劳动收入份额之间存在着开口向上的抛物线关系。也就是说，经济发展水平同劳动收入份额

---

① 张车伟、张士斌：《我国初次分配中劳动报酬份额问题研究》（内部结项报告，2010 年 10 月），第 18 页。

② 张车伟、张士斌：《我国初次分配收入格局的变动与问题——以劳动报酬占 GDP 份额为视角》，《中国人口科学》2010 年第 5 期，第 24~35 页。

③ 华生：《劳动者报酬占 GDP 比重低被严重误读——中国收入分配问题研究报告之二》，《中国证券报》2010 年 10 月 14 日。

④ 贾康：《我国居民收入占比并非过低》，《中国证券报》2010 年 5 月 10 日。

之间存在着"U"形变动趋势，在工业化和城市化的过程中会先下降后上升，转折点约为人均 GDP 6000 美元（以 2000 年购买力平价）。中国初次分配中劳动收入份额的变动趋势也基本符合这一规律的，并且正处于"U"形的左半侧的下降阶段。[①]

另外，在经济增长理论中一直存在所谓"卡尔多特征化事实"，即从发达国家的经济发展历史看，经济增长过程中劳动和资本的收入份额一般保持相对稳定。那么对于改革开放以来我国国民收入分配中的劳动收入份额的变化趋势如何认识，是否与卡尔多从发达国家的经济发展历史中观察到的"特征化事实"相吻合？这些都是我国当前分配理论与现实中亟待回答的问题。

**2. 在现有文献中，对我国国民收入分配格局研究存在的问题**

（1）使用的数据主要来自统计部门的资金流量表数据和收入法 GDP 核算数据，而前者只有 1992 年以来的数据，并且可能对我国的劳动报酬数据存在高估现象；后者又涉及 2004 年统计口径的变动，导致 2004 年前后的数据可比性降低。因此，许多研究成果使用不同的分配环节、不同口径的数据进行对比，得到了截然相反的结论。虽然有些文献对收入法 GDP 中的劳动报酬进行了调整，但由于调整方法不同，得出的结论也大相径庭。因此，对于我国 1978 年以来国民收入分配格局的变动有必要进行较为彻底的梳理和研究，进一步明确该期间我国劳动收入份额的变动幅度与原因。

---

① 李稻葵、刘霖林、王红领：《GDP 中劳动收入份额演变的 U 型（形）规律》，《经济研究》2009 年第 1 期，第 70~81 页。

（2）与联合国统计署推荐的 SNA93 相比，我国统计部门对混合收入采取了不同的核算方法，得到的是宽口径的劳动报酬，使得我国劳动收入份额数据缺乏与国际的可比性，无法对其相对水平做出较为全面的判断。

（3）现有文献主要利用资金流量表数据，对我国初次分配和再分配环节中各机构部门的收入份额变动进行描述和对比，很少尝试对劳动收入份额的影响因素进行分析。

（4）对于要素收入份额的长期变动趋势，有两种看起来相互矛盾的规律性总结：要素收入份额将保持稳定的"卡尔多特征化事实"和劳动收入份额与人均 GDP 之间呈现"U"形规律。这两个规律的存在性、适用范围、深层次原因都需要进一步研究和检验。

**3. 需要厘清的问题**

如果上述问题无法明确，就无法对我国的收入分配格局的变动方向、变动幅度及其合理性做出正确判断，也无法制定正确的收入分配政策。本书对此尝试做出一些研究，试图回答的核心问题是：我国 1978～2008 年劳动收入份额的真实变动幅度有多大？主要影响因素是什么？

（1）按照不同来源的数据计算出劳动收入份额，并对 2004 年统计口径的变动进行调整后，1978 年以来我国的劳动收入份额的变化方向如何，变动的幅度是多少？

（2）剔除统计口径影响因素之后，我国整体劳动收入份额的变动分别受产业结构转型和产业内效应的影响程度分别有多大，哪个因素的影响居主导地位？

（3）从行业角度看，我国工业部门中的各行业的劳动收入份额变动的影响因素是什么？

（4）从区域经济角度看，我国各省的劳动收入份额变化趋势如何，主要影响因素是什么？

（5）对"卡尔多特征化事实"和劳动收入份额变动的"U"形规律如何认识，它们成立的条件是什么？

（6）根据统计口径调整之后的可比数据计算，劳动收入份额在不同国家之间是否存在空间稳定性，即是否呈现趋同？我国的劳动收入份额在世界各国中处于什么样的水平？

（7）劳动收入是居民收入的最重要组成部分（占居民初次分配收入的80%以上），除此之外，居民部门与其他部门之间还要进行财产性收支和其他转移支付。那么通过初次分配和再分配过程之后形成的居民部门的可支配收入份额有什么样的变动趋势？

显然，如果本项研究能够对上述问题做出初步的回答，将具有重大的理论及现实意义。

## 二　本书的数据来源、研究方法及创新点

为保证数据的权威性，本书的基础数据主要来自国家统计局发布的各种历史资料汇编：《中国国内生产总值核算历史资料（1952～1995）》[1]《China's National Income（1952 - 1995）》[2]《中国国内生产总值核算历史资料（1996～2002）》[3]《中国国内生产总值核算历史资料（1952～2004）》[4]《中国资

---

[1] 国家统计局国民经济核算司：《中国国内生产总值核算历史资料（1952～1995）》，东北财经大学出版社，1997。

[2] Hsueh Tien - tung, Li Qiang, *China's National Income* 1952 - 1995（Boulder, Colorado: Westview Press, 1999）。

[3] 国家统计局国民经济核算司：《中国国内生产总值核算历史资料（1996～2002）》，中国统计出版社，2004。

[4] 国家统计局国民经济核算司：《中国国内生产总值核算历史资料（1952～2004）》，中国统计出版社，2007。

金流量表历史资料（1992～2004）》①等。此外还包括相应年份的《中国统计年鉴》、《国际统计年鉴》以及各省统计年鉴等。

本书在研究方法上主要采用了实证分析法、因素分析法、经济计量模型、比较分析法、整体分析法等社会科学研究方法。实证分析法是经济学的基本研究方法，为了避免根据单一数据来源研究我国劳动收入份额可能带来的偏差，本书分别根据投入产出表、资金流量表、省际收入法 GDP 等几个不同来源的数据进行计算，对每种数据特点进行分析和对比，并把计算结果相互印证，以便得到较为可靠的结论。为了剔除 2004年我国统计核算口径变化所带来的影响，本书以 2004 年经济普查数据为基础，根据 1978～2007 年个体就业者与全部就业人数之间的比例关系推算出各年自我雇佣者的混合收入，并按照三种口径对现有的劳动者报酬数据进行了调整，即把混合收入全部计为劳动报酬、2/3 计为劳动报酬、全部计为资本收入。结果都显示，我国劳动收入份额自 1995 年以来的确有明显下降，但与调整之前的原始数据相比，下降幅度大为缩小。经研究发现，2004 年统计口径的变动夸大了劳动收入份额的下降幅度约 4.6 个百分点。

在因素分析法的运用上，本书对剔除了统计口径变动影响之后的中口径劳动收入份额进行分析，把它分解为产业间效应和产业内效应，并计算出不同时期两种效应的影响程度。结果发现，在短期中产业内效应的影响居主要地位，但由于第二、第三产业的劳动收入份额通常变动方向是相反的，产业内效应

---

① 国家统计局国民经济核算司、中国人民银行调查统计司：《中国资金流量表历史资料（1992～2004）》，中国统计出版社，2008。

部分相互抵消，整体劳动收入份额表现出较强的时间稳定性，因而从长期来看，产业间效应的影响更重要。

为了考察产业内劳动收入份额变动的影响因素，本书以我国 1998~2007 年工业部门中的 39 个两位数行业的面板数据为基础建立了混合效应和固定效应计量模型，发现各行业间的劳动收入份额存在显著差异，资本增强型技术进步是该期间工业行业劳动收入份额下降的主要原因，而资本深化型（提高资本产出比）则与劳动收入份额呈正相关。当以 1978~2007 年的省际面板数据为基础考察劳动收入份额的影响因素时，发现除资本增强型技术进步之外，产业结构转型也是各省市劳动收入份额变动的重要原因。显然从行业角度与从区域经济视角得到的劳动收入份额的影响因素有很大不同。其主要原因是，工业部门内的各行业之间同质性较强，产业结构的变动对它影响并不大。而这些因素，如三次产业结构的转型等，却可能对区域经济中劳动收入份额的变动产生显著影响。因此，本书把两种研究视角相结合，对劳动收入份额变动的影响因素做了更为全面的揭示。

在比较分析法的应用上，本书研究了 1980~2008 年典型的发达国家和发展中国家的劳动收入份额变动趋势，发现前者的劳动收入份额显著高于后者，表现为明显的"俱乐部趋同"现象。本书按照可比口径把中国的劳动收入份额与其他国家进行对比，发现，1980~2007 年中国的劳动收入份额低于发达国家的均值约 15~20 个百分点，也低于发展中国家的均值约 4 个百分点；在发展中国家里，中国的劳动收入份额低于其他转轨国家如捷克、波兰、俄罗斯，也低于韩国约 10 个百分点，但高于墨西哥、土耳其近 5 个百分点。

劳动者报酬是居民收入的主体部分，占比达 80% 以上，但仅仅考察劳动收入份额的变化依然无法揭示居民收入份额变动的全貌。为了反映初次分配和再分配过程对居民收入变动的综合影响，本书采用了整体分析法，以修订后的资金流量表数据为基础，进一步研究了劳动者报酬、财产性收入、生产税净额、经营性留存、经常性转移等初次分配和再分配环节对居民收入份额的影响。结果发现，1992～2008年，初次分配中居民的劳动报酬占比下降 6.66 个百分点；经过生产税、财产性收入等分配环节之后，整个初次分配过程居民收入占比下降 8.47 个百分点；经过经常性转移支付后形成的居民可支配收入所占比重下降了 10.45 个百分点。这清晰地表明，居民部门几乎在国民收入分配中的各个环节、各个分配项目上都有所下降，而政府和企业部门在初次分配和再分配后的收入份额都有所提高。

本书的创新点主要体现在以下方面。

（1）现有的反映国民收入分配格局的研究成果要么是基于资金流量表数据，要么是基于省际收入法 GDP 核算数据。资金流量表只反映总体的分配格局，没有分产业资料，无法深入产业内部进行分析；而省际收入法 GDP 核算数据的优点是连续，而且有产业分组资料，缺点是没有全面反映收入初次分配和再分配过程。本项研究把两者相结合，相互补充和印证，对 1978 年以来国民收入分配格局的描述和刻画更为全面、深入。

（2）现有的研究成果一般在进行国际对比的时候要么没有注意到统计口径的差异，直接把两种不同口径的劳动收入份额进行比较，要么只对统计口径的差异进行了部分调整，没有得到口径一致的可比数据，导致大相径庭的结论。而本书按照三种方法调整了混合收入，得到了全国及各产业的宽、中、窄三种口径的劳动收入份额。并对中口径的劳动收入份额进行分解，较为准确地度量了产业内因素和产业间因素对全国劳动收入份额的影响程度。调整后的窄口径劳动收入份额与联合国SNA93 的口径是一致的，用以进行国际比较，得到的结论更为可靠。

（3）本书分别从工业部门和区域经济两个角度考察劳动收入份额的影响因素。发现从行业的角度来看，资本增强型技术进步和垄断程度是影响劳动收入份额的重要因素；从区域的角度来看，除了资本增强型技术进步这一因素外，产业结构转型也是导致劳动收入份额下降的重要因素。与现有文献相比，提供了新的研究视角。

我国当前经济发展中的某些缺陷可能与收入分配格局的失衡密切相关。由于居民收入份额长期处于偏低水平上，造成内需不足，经济增长只能更多依赖投资和出口。在 2008 年世界金融危机之后，世界经济面临着再平衡的需要，欧美主要国家的贸易赤字逐渐下降，中国继续依赖出口拉动经济的增长方式难以为继。因此，改善国民收入分配格局，提高居民收入份额，已经成为我国政府拉动内需、转变经济增长方式的必然选择。

在国民收入分配格局的调整过程中，政府应该有所作为：大力发展劳动密集型产业、加强对劳动者合法权益的保护、进行结构性减税或者在财政支出中增加用于民生的社会性支出、对垄断企业加强资源租金性质的税收改革与征管等都是可行的政策选择。这将有利于提高居民部门的收入份额，使我国的功能性分配格局更为合理。

本书的研究思路见图 1 – 1：

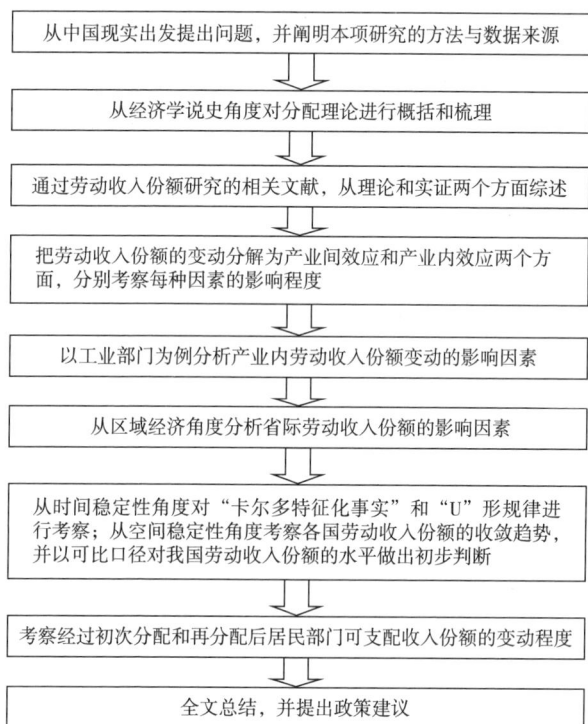

图 1 - 1　关于劳动收入的研究思路

## 第二节　经济学说史中分配理论的发展脉络

在人类社会发展的历史长河中，生产与分配是永恒的主题，自从经济学诞生之后，它也是经济学研究的中心课题。从古希腊思想家色诺芬开始，经过威廉·配第、亚当·斯密、大卫·李嘉图、艾尔弗雷德·马歇尔、卡尔·马克思，到现代西方主流经济学家萨缪尔森，都把分配理论作为经济学研究的核心之一。正如大卫·李嘉图（1821）所指出的："土地产品——即将劳动、机器和资本联合运用在地面上所取得的一切产品——要在土地所有者、耕种所需的资本的所有者以及进行耕种工作的劳动者这三个社会阶级之间进行分配。……确立支配这种分配的法则，乃是政治经济学的主要问题。"①

## 一　功能性分配与规模性分配

收入分配领域的研究主要分为两个侧面：功能性收入分配（简称功能分配，Functional Distribution）和规模分配（或个人分配，Size or Personal Distribution）。功能性收入分配的研究起源于大卫·李嘉图，他以生产要素作为分配主体，根据各种生产要素在社会产品生产中发挥的作用或做出的贡献，对国民收入分配问题进行研究。"在不同的社会阶段中，全部土地产品在地租、利润和工资的名义下分配给各个阶级的比例是极不相同的。这主要取决于土壤的实际肥力、资本累积和人口状况以及农业上运用的技术、智巧和工具。"② 这种方法不是把个人或家庭看成独立的个体，而是将"劳动所得"看作一个总量，与地租、利润在国民收入中所占的份额相比较。研究功能分配的主要目的在于分析各种生产要素对生产的贡献与其分配份额之间的关系及其变动规律。

规模性收入分配是以居民个人（或家庭）为主体对国民收入所进行的分配。它关心的是个人收入的多少及个人之间的收入差距，而不考虑这种收入是来源于劳动所得还是财产性收入。例如，它按人均收入水平的高低对所有家庭进行排序，分

① 〔英〕大卫·李嘉图：《政治经济学及税赋原理》，郭大力、王亚南译，商务印书馆，1981，第 2 页。

② 〔英〕大卫·李嘉图：《政治经济学及赋税原理》，郭大力、王亚南译，商务印书馆，1981，第 3 页原序。

析不同收入水平的家庭人口数占总人口数的比例，以及各层次家庭的收入占总收入的比例，然后通过计算基尼系数等指标反映居民收入分配的悬殊程度。这种分析思路来源于帕累托，它所要研究的问题是：某一阶层的人口比重与该阶层的收入比重之间的关系是如何变动的，这一变动是否合理等。一般来说，功能性分配和规模性分配之间存在密切的相关性：由于资本在居民中分布的集中程度比劳动力的集中程度更高，所以，如果在功能性分配过程中劳动要素的收入份额越低，居民之间的收入差距会越大。

## 二 古典经济学的分配理论

在经济学说史中，亚当·斯密（Adam Smith，1776）首先论述了资本主义社会的阶级结构，他认为商品价值由工资、利润和地租三部分构成，工人、资本家和地主三个阶级分别取得工资、利润、地租三种收入。"在商品价格中，除去土地的地租以及商品生产、制造乃至搬运所需要的全部劳动的价格外，剩余的部分必然归作利润。……工资、利润和地租，是一切收入和一切可交换价值的三个根本源泉。"① 由于斯密的价值理论丢掉了不变资本部分的价值，被马克思称为"斯密教条"，这也成为萨伊"三位一体"分配理论的基础。

李嘉图（David Ricardo，1821）继承了斯密的劳动价值论，以及分配理论中关于资本主义社会的三个阶级和三种收入的见解。"在他的分配论中一贯地坚持了这样的思想：劳动者在生产中所创造的价值，是各种所得的唯一源泉。生产物的价

---

① 〔英〕亚当·斯密：《国民财富的性质与原因的研究》，郭大力、王亚南译，商务印书馆，1981，第 48 ~ 50 页。

值分解为工资、利润、地租等所得的情况，并不能动摇生产中所消耗的劳动量决定商品价值量这一原理的正确性。从劳动所创造的价值是各种所得的来源这一前提出发，他又进一步指明了：工资等于工人及其家属的生活资料的价值，利润等于商品价值超过工资的余额，地租是商品价值超过工资和利润的余额。这样的分析，就在实际上承认了资本家、地主和工人之间的关系就是剥削者与被剥削者之间的关系。当然，在李嘉图的心目中，是把这样的关系当成自然的、合理的、永恒的关系来看待的。"①

马克思的分配理论继承了斯密和李嘉图劳动创造价值的观点，并发展出了"剩余价值理论"，用来解释资本主义社会运行的规律。马克思认为，分配关系是生产关系的另一侧面，是一定历史阶段社会生产力发展的产物。当个人以雇佣劳动形式参与生产时，他就会以工资形式参与产品的分配，而雇佣劳动制度是以生产资料和劳动者的分离为前提的。"分配的结构完全决定于生产的结构，分配本身就是生产的产物，不仅就对象说是如此，而且就形式说也是如此。就对象说，能分配的只是生产的成果，就形式说，参与生产的形式决定了参与分配的形式。"②

对于工人阶级在社会分配中的地位变动趋势问题，马克思在他的资本积累理论和资本有机构成理论中，集中体现了自己的观点。与李嘉图将利润最大化视为资本积累的主要目的不同，马克思认为，由于资本家之间的激烈竞争，资本积累和扩

---

① 王学文为大卫·李嘉图著的《政治经济学和赋税原理》（郭大力、王亚南译，商务印书馆，1981）所写的中译本序言。
② 中共中央马克思恩格斯列宁斯大林著作编译局：《马克思恩格斯选集》第二卷，人民出版社，1974，第98页。

大再生产不仅是一种选择也是一种必须。工业革命之后所形成的社会化大生产使大量手工工场在激烈竞争中倒闭，但新的生产方式又不足以吸纳大量失业者所组成的"劳动储备大军"。因此，当劳动供给超过劳动需求时，工资仅能维持在满足工人基本生活的最低水平。随着竞争的加剧和中小企业的倒闭，生产逐渐集中于少数大资本家，从而经济进入垄断资本主义阶段。在这一阶段中，资本的有机构成逐渐提高，也就是以机器设备为主的不变资本在总预付资本中的比例提高，而用于支付工人工资的可变资本比例减小，从而使工资占总产出的份额下降，工人阶级陷入相对贫困，甚至绝对贫困，这就是马克思的"生存工资"观点。资本积累过程体现了资本主义生产方式内在的对抗性矛盾：它的一极是资本家财富的积累，另一极是无产阶级的失业、贫困的积累。

马克思认为，良好的自然条件和技术的发展只提供剩余劳动、剩余价值或剩余产品的可能性，而绝不能提供它的现实性，要把剩余劳动归属于资本，必须具备特定的社会历史条件，需要外部的强制，"对这种剩余劳动的占有不是以交换为中介，而是以社会的一部分人对另一部分人的暴力统治为基础"[①]。相应地，他认为资本通过侵占劳动创造的剩余价值对劳动者构成了剥削，从而使资本和劳动两种生产要素在分配中处于敌对关系，资产阶级与工人阶级之间的矛盾是不可调和的。马克思认为只有通过增强工人阶级的集体谈判能力才能使资本家降低剥削的程度，将一部分"剩余价值"交给劳动者以提高其收入份额。因此，马克思的理论意味着分配份额是由

---

① 中共中央马克思恩格斯列宁斯大林著作编译局：《马克思恩格斯选集》第三卷，人民出版社，1974，第440页。

双方的阶级力量所决定的，要维持工资和利润的稳定分配关系，必须使工人阶级的组织和谈判能力与经济发展水平相适应。

三 新古典经济学的分配理论

新古典经济学的价值理论和分配理论与马克思的观点相反，它继承了李嘉图的"边际"原理，从生产的技术角度来解释收入分配，将现行制度中的利润和工资的分配格局看成由资本和劳动的边际生产力决定的结果。克拉克（John Bates Clark，1938）首创了边际生产力这一经济学概念，并将其运用到各种生产要素的价格决定中，从而建立起一个比较完整的要素分配理论体系。他认为，国民收入在各种要素所有者之间的分配，是由各要素在生产中的贡献所决定的，"每个生产要素在参加生产过程中，都有其独特的贡献，也都有相应的报酬——这就是分配的自然规律"[①]。从而形成了在完全竞争和规模报酬不变条件下的欧拉定理：$Q = K \times MP_K + L \times MP_L$，它也被称为产品分配净尽原理（见图 1 - 2，$Q$、$K$、$MP_K$、$L$、$MP_L$分别代表总产出、资本投入量、资本的边际产出、劳动投入量、劳动的边际产出）。

图 1 - 2 中，$AP_L$为劳动要素的平均产出曲线；$MP_L$为劳动要素的边际产出曲线。

在完全竞争的劳动力市场中，厂商根据利润最大化原则，雇佣的劳动力数量为$L_0$，支付工资水平为$W_1$，劳动要素的总收入为矩形$OL_0FW_1$，其他要素的收入则为矩形$W_1FCD$。

---

① 〔英〕约翰·贝茨·克拉克：《财富的分配》，陈福生、陈振骅译，商务印书馆，1997，第 11 页。

第一章 绪言

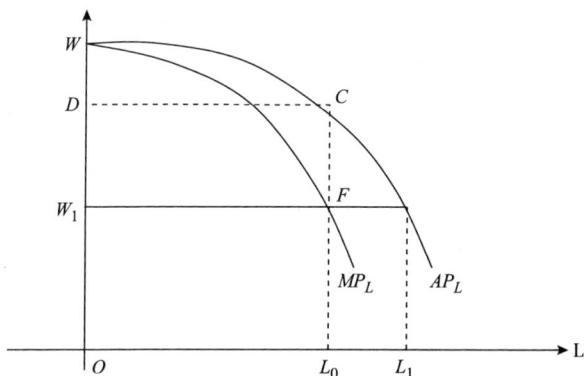

图 1 - 2 完全竞争时的工资水平的决定

　　克拉克只是从需求的角度考察了要素的分配问题，新古典经济学的集大成者，阿尔弗雷德·马歇尔（Alfred Marshall，1890）把边际效用理论和生产费用价值论结合起来，并把均衡价格的概念引入到要素价格的决定中来，从供给与需求两个方面共同解释要素价格的决定。"需求和供给对工资起着同样的影响，其中是不容有轩轾的，如同剪刀之两边，拱门之双柱一样。……这个问题中的各种因素都是相互决定（即相互制约）的，它偶尔使供给价格和需求价格相等。工资既不是由需求价格又不是由供给价格决定，而是由支配供给和需求的一系列的原因决定的。"① 他认为，任何生产要素的需求都取决于它在替代原理下的边际生产力，而供给"不论什么时候都首先取决于它的现有存量，其次取决于它的所有者把它运用到生产上的意向"②。

————————

① 〔英〕阿尔弗雷德·马歇尔：《经济学原理》下卷，陈良璧译，商务印书馆，1965，第 204 ~ 205 页。轩轾：书面语，车前高后低叫轩，前低后高叫轾，比喻高低优劣不同。
② 〔英〕阿尔弗雷德·马歇尔：《经济学原理》下卷，陈良璧译，商务印书馆，1965，第 199 页。

19

就劳动而言，劳动力的需求价格就是由最后被雇用的那个工人的劳动力，即边际生产力决定的，若劳动的边际生产力递减，厂商对劳动的需求价格也将下降。对于决定劳动力供给价格的因素，马歇尔认为是由培养、训练和维持有效率的劳动者的生产成本决定。于是，工资、利息、地租等生产要素虽然形式上互不相同，但它们的收入份额问题都被归结为要素的均衡价格的决定问题。"工资及其他的劳动报酬，和资本的利息有许多共同之点。因为决定物质资本和人身资本的供给价格的因素具有一致性。使人投资于他的儿子的教育上的动机，和使他为他的儿子积累物质资本的动机相同。"①

新古典经济学放弃了斯密和李嘉图学说中的劳动价值理论，认为资本、土地、劳动都是产品价值的创造者，偏离了古典经济学对具有资本、土地、劳动独占权的不同社会阶级的收入分配的研究，转而在完全竞争的假定下根据要素在生产过程中的边际贡献来解释要素收入。每一个人都是某种生产要素的所有者和出卖者，社会阶级关系和生产要素所有权的差别被排斥在经济理论研究之外。"从亚当·斯密到李嘉图的老的古典经济学家对分配理论和价值理论的分析方法，在'边际'方法出现以后，被淹没和遗忘了。"② 把制度看成既定条件，无视权力关系和财产关系对收入分配的作用可能是新古典经济学的根本缺陷。

四 新剑桥学派的分配理论

新剑桥学派的收入分配理论是由罗宾逊（J. Robinson）、

① 〔英〕阿尔弗雷德·马歇尔：《经济学原理》下卷，陈良璧译，商务印书馆，2009，第 362 页。

② Sraffa. P. , *Production of Commodities by Means of Commodities* (Cambridge University Press，1960)，p. 5.

卡尔多（Kaldor）、斯拉伐（Sraffa）等沿着凯恩斯（Keynes）的"投资－储蓄"分析框架发展起来的。他们认为，在就业和产出给定的条件下，凯恩斯的分析框架也可用来分析工资和利润的分配关系。

卡尔多（1955）认为当经济满足充分就业条件时，总产出可以分割为工资和利润两个部分，并将其分配给社会中的两类群体——工人和资本家，这两类人群则分别以不同的储蓄率将其收入进行储蓄。当社会的总投资等于总储蓄时，经济处于均衡状态，而工资和利润的分割比例也同时确定。

$P$ 为利润；$Y$ 为产出；$I$ 为投资；$S_W$ 为工人的储蓄率；$S_P$ 为资本家的储蓄率。

假定社会只有工人和资本家，全部国民收入 $Y$ 分为工资 $W$ 和利润 $P$ 两部分，即 $Y = W + P$，则整个社会的储蓄额 $S = W \times S_W + P \times S_P = (Y - P) \times S_W + P \times S_P = P(S_P - S_W) + Y \times S_W$，当经济实现均衡增长的时候，有 $I = S$，即：$I = P(S_P - S_W) + Y \times S_W$，对该式两边同除以 $Y(S_P - S_W)$，得到下式：

$$\frac{P}{Y} = \frac{1}{S_P - S_W} \times \frac{I}{Y} - \frac{S_W}{S_P - S_W} \tag{1}$$

（1）式表明，利润份额（$P/Y$）由投资率（$I/Y$）和工人与资本家的储蓄倾向（$S_W$ 和 $S_P$）所决定。当工人的储蓄倾向 $S_W$ 为零时，即工人将所有收入进行消费时，利润份额（$P/Y$）可简化为：

$$\frac{P}{Y} = \frac{1}{S_P} \times \frac{I}{Y} \tag{2}$$

由（2）式可以得到三个推论，一是当资本家降低其储蓄倾向，即提高其消费率时，他们的收入份额即利润率也因此提高。卡尔多认为，这就是凯恩斯所说的取之不尽用之不竭的

"寡妇的坛子"①，也就是说"资本家赚取他们所花费的，工人花费他们所赚取的"。二是当资本家的储蓄率 $S_p$ 不变时，社会的投资率（$I/Y$）越高，经济增长率越高，利润占国民收入的份额越大，相应地工资所占份额就越小。三是如果资本家的储蓄率和投资率都不变，那么劳动与资本的收入份额将保持稳定。新剑桥学派的分配模型与李嘉图（或马克思）的模型恰好相反，利润由投资率和资本家的消费倾向所决定，因而利润是国民产出的"优先支付"，而工资则变成一种"剩余"。

新剑桥学派在凯恩斯的投资－储蓄分析的基础上把经济增长与国民收入分配联系起来进行分析，得到基本的结论是：投资率是决定经济增长和收入分配最重要的因素，经济增长将引起国民收入分配朝向有利于资本家的变化；经济增长率越高，利润在国民收入中所占比重越大，工资收入所占份额越小；如果投资率一定，资本家消费愈多，所得的利润就愈多。只有当资本家的储蓄率和投资率都不变时，两种要素的收入份额才会稳定。

## 五 福利经济学及制度经济学的分配理论

对于居民收入份额的考察不能仅限于要素的市场供给与需求方面的因素，福利经济学指出：即使市场机制是有效的，通过交易，商品的分配由交换契约线以外的 M 点回到交换契约线上的某一点，实现了帕累托最优，但这一最优解只能位于互利空间内，而不可能超出这一范围，而互利空间是由两个交易者的初始要素禀赋所决定的。如图 1－3 所示，如果两种商品在两个消费者 A 和 B 之间的初始分配点为 M，那么在完全竞

---

① 丁冰：《当代西方经济学流派》，北京经济学院出版社，1993，第121页。

争条件下，通过市场交易，分配点可能会回到互利空间内的契约线上的某一点，但不可能超出互利空间之外。

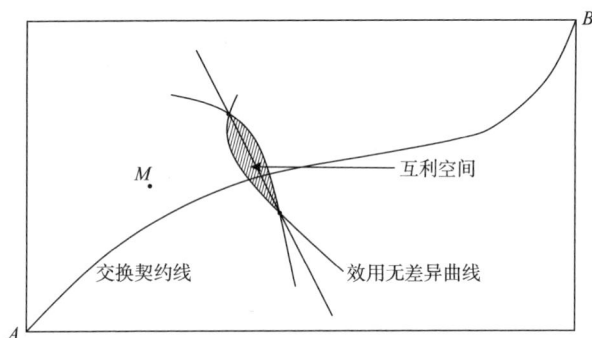

图 1-3　完全竞争时的互利空间

但初始要素禀赋是由什么所决定的呢？只能是由生产技术所决定的各类资源的重要程度、公共选择过程所决定的生产性资源配置结构，也就是社会制度所决定。而公共选择过程，或者说社会制度的制定及变迁过程不仅是个人参与推动的过程，更重要的是全部利益相关者集体行动的结果，而这取决于该利益集团的组织能力和博弈能力。曼瑟尔·奥尔森（Mancur Olson，1971）认为，由于大集团和小集团的成员面临的选择性激励强度不同，大集团成员更倾向于"搭便车"，为本集团提供公共产品的激励弱化。相反，小集团成员有更强的激励为本集团提供公共产品，更容易组织起集体行动，从而影响公共选择的方向。[①] 道格拉斯·诺思也指出，由于政府也是"经济人"，并且在使用暴力方面具有相对优势，它通常以自身利益最大化而非社会效率最大化为原则为社会成员界定产权，这使

----

① 〔美〕曼瑟尔·奥尔森：《集体行动的逻辑》，陈郁等译，格致出版社，1994，第 23 页。

得社会制度可能是无效率的，经济的停滞与僵化成为常态。也就是说政治、社会制度极大地影响甚至决定了经济结构与经济效益。①

## 六　本章小结

通过对经济学说史中分配理论的回顾，我们发现，影响收入分配格局的因素非常复杂，必须把新古典主义的框架和制度分析框架相结合，并考虑到经济全球化的现实，才能正确揭示我国国民收入分配格局的变迁及其原因。在新古典经济学看来，要素的收入就是要素价格的决定过程，所以应该从供给与需求两方面考虑要素价格的决定过程。要素的供给取决于其生产或维持成本，要素的需求取决于其边际生产力。因此一切影响要素价格的因素都可能影响到要素的分配份额，比如不完全竞争、技术进步、要素间的比价关系、对外贸易等。随着我国由计划经济向市场经济的转轨，市场机制在资源配置中逐渐起到了基础性作用，要素市场价格的形成机制、要素间的竞争和供求关系对诸要素收入在国民收入分配中的份额已经起到了决定性作用。

在制度经济学看来，国民收入分配格局主要取决于生产性财产权利的配置，即要素的初始禀赋，它决定了要素所有者参与社会分配的形式、内容和程度。财产权利的配置作为市场机制运行的基础，一般是相对稳定的，只有在社会转型时期才发生较为剧烈的转变。而1978年以来我国的改革开放正是这样的一场渐进式的、全面的社会变革。改革也是一场革命，国有

---

① 〔美〕道格拉斯·诺思：《制度、制度变迁与经济绩效》，杭行译，格致出版社，2008，第56页。

企业改制，产品和要素市场价格形成机制的变革，财政、金融、外贸体制的改革都对我国的市场运行产生了重大影响，对国民收入分配格局的影响也得到进一步凸显。因此，本书将主要从新古典主义框架出发，结合制度方面因素的分析，并考虑到经济全球化的现实，对我国国民收入分配格局的变迁进行分析和研究。

需要注意的是，新古典经济学和制度经济学的观点并不矛盾，它们只是两个层面的理论。产权结构、博弈能力、初始要素禀赋固然重要，但它们的变动是缓慢的，并且它们一般通过影响市场变量而间接地发挥作用，或者通过影响再分配过程而发挥作用。从这个意义上看，要素收入份额的最主要和直接的决定因素依然是市场供求关系所决定的要素价格水平，要素所有者所获得的可支配收入则更多取决于社会制度与该阶层的博弈能力。

# 第二章　要素分配份额的理论
　　　与实证研究


　　1978 年改革开放之前，由于我国实行严格的计划经济体制，资本和劳动等要素配置完全由国家控制，生产要素市场是不存在的，利率和工资等要素价格只是会计核算的一种手段，几乎完全不反映市场的供求关系。1978 以后，我国的计划经济开始向市场经济转型，要素市场得以形成和扩大，行政控制因素对要素价格形成过程中的影响力减弱，生产要素逐渐依照其边际贡献获得收入。1978~1998 年，我国的劳动收入份额有所提高，利益分配格局表现为向劳动者倾斜，但自 20 世纪 90 年代中后期以来，劳动收入份额增加的势头逐步发生逆转。李扬、殷剑峰（2007），李稻葵（2009），龚刚、杨光（2010）等观察到资本收入份额开始持续增加，金碚、李钢（2007），郑玉歆、李玉红（2007）认为工业企业利润的高速增长在某种程度上是以工资的缓慢增长为代价的，姚先国（2005）则指出国民收入分配形成了"强资本弱劳动"的格局①。

---

① 姚先国：《民营经济发展与劳资关系调整》，《浙江社会科学》2005 年第 2 期，第 78~86 页。

分配格局的变动引起了许多学者的关注，他们一方面对我国功能性分配格局的变动进行描述，另一方面对其变动的原因进行探索和解释，形成了大量的理论和实证研究成果。本章力图对要素分配的理论和实证研究成果进行回顾和梳理，从新古典主义和制度分析框架两个角度对相关文献进行综述，以进一步明确研究的方向。

# 第一节　生产函数的技术特征对劳动收入份额的影响

## 一　生产函数为 C – D 时的劳动收入份额

柯布 – 道格拉斯生产函数是经典的生产函数形式，当生产函数是 C – D 函数时，在完全竞争和利润最大化等假设条件下，劳动收入份额是一个常数。

假设生产函数为规模报酬不变的 C – D 函数：

$$Y = AK^{\alpha}L^{1-\alpha} = AK \times K^{\alpha-1}L^{1-\alpha} = AK\left(\frac{L}{K}\right)^{1-\alpha} = AKl^{1-\alpha}$$

利润额为：

$$\pi = PY - wL - rK = PAK^{\alpha}L^{1-\alpha} - wL - rK$$

厂商追求利润最大化时：

$$\frac{\partial \pi}{\partial L} = APK^{\alpha}(1-\alpha)L^{-\alpha} - w = 0 \Rightarrow w = APK^{\alpha}(1-\alpha)L^{-\alpha}$$

劳动收入份额为：

$$\alpha_l = \frac{wL}{PY} = \frac{APK^{\alpha}(1-\alpha)L^{-\alpha}L}{APK^{\alpha}L^{1-\alpha}} = 1 - \alpha$$

即劳动收入份额等于产出对 $L$ 的弹性，$1-\alpha$。此时，劳动收入份额恒定且与资本产出比、技术进步、要素价格等因素无关。这意味着对于 C – D 函数而言，要素投入比率的任何变化都被它们的价格比率的相反变化所抵消，结果使收入分配中各要素的相对份额保持不变。C – D 生产函数被广泛使用的结果，在一定程度上导致人们相信要素收入份额是稳定的，符合"卡尔多特征化事实"。

根据新古典要素分配理论，在完全竞争条件下，要素相对价格变化导致最优边际技术替代率发生变化，追求利润最大化的厂商会根据 $\dfrac{MP_L}{w}=\dfrac{MP_K}{r}$ 的原则增加相对价格降低的那种要素的投入量，从而使各要素间的投入比例发生改变。为了度量要素相对价格的变化对要素投入比例的影响，罗宾逊夫人在其 1933 年出版的《不完全竞争经济学》中，引入了要素替代弹性这一概念，即要素替代弹性 $e=\dfrac{\Delta\,(L/K)\,/\,(L/K)}{\Delta TRS/TRS}$（取其绝对值）。在完全竞争条件下，边际替代率（Technology Ratio of Substitution，TRS）$TRS=\dfrac{\Delta K}{\Delta L}=\dfrac{MP_L}{MP_K}=\dfrac{w}{r}$，要素替代弹性也可以表示为：

$$e=\frac{\Delta(L/K)/(L/K)}{\Delta(MP_L/MP_K)/(MP_L/MP_K)}=\frac{\Delta(L/K)/(L/K)}{\Delta(w/r)/(w/r)}$$

因此，要素替代弹性反映了资本密集度的变动对要素比价变动的敏感程度。要素替代弹性的取值范围在 0 与 ∞ 之间，如果 $e$ 为 0，表明资本与劳动之间完全无法相互替代；如果替代弹性小于 1，表明当劳动的相对价格提高 1% 时，劳动投入比例（$L/K$）的下降小于 1%，劳动的收入份额将会提高；如果 $e$ 等于 1，表明要素相对价格的变动等于要素投入比例的变动，两种要素的收入份额保持不变。显然，要素替代弹性一般取决于生产过程中的技术特征，反映了价格机制对要素配置比例的调节深度和调节效率。此外，要素替代弹性也与经济制度有一定关系。比如在计划体制下要素投入受到计划的严格控制，其对要素价格的变动并不敏感，替代弹性一般很低。

C – D 生产函数还有一个重要特点，即两种要素间的替代弹性为 1，推导过程如下。

对于生产函数 $y = f(k, l)$，有全微分 $\dfrac{\partial f}{\partial k} dk + \dfrac{\partial f}{\partial l} dl = 0 \Rightarrow$

$\dfrac{dk}{dl} = -\dfrac{\partial f / \partial k}{\partial f / \partial l}$

C – D 函数 $Y = AK^{\alpha}L^{1-\alpha}$ 的技术替代率 $TRS = \dfrac{dk}{dl} =$

$\dfrac{A\alpha K^{\alpha-1}L^{1-\alpha}}{A(1-\alpha)K^{\alpha}L^{-\alpha}} = -\dfrac{\alpha}{1-\alpha} \cdot \dfrac{L}{K}$

该式可变形为：

$$\frac{L}{K} = -\frac{1-\alpha}{\alpha}TRS \Rightarrow \ln\left(\frac{L}{K}\right) = \ln\left(\frac{1-\alpha}{\alpha}\right) + \ln(-TRS)$$

可求出：C – D 函数的要素替代弹性为：

$$e = \frac{\dfrac{\Delta(L/K)}{(L/K)}}{\dfrac{\Delta TRS}{TRS}} = \frac{d\ln(L/K)}{d\ln(-TRS)} = 1$$

这意味着对于 C – D 函数而言，当要素间的相对价格发生变化时，将导致厂商在生产中要同等幅度地改变要素投入比例，各要素在分配中的相对份额不变。[①]

---

① 〔美〕哈尔·瓦里安：《微观经济学（高级教程）》第三版，周洪等译，经济科学出版社，1997，第 16 页。

进一步讲，若生产函数为规模报酬不变的线性齐次形式，劳动收入份额可以表示为资本产出比的函数：

$$Y = F(K,L) = Kf(1, \frac{L}{K}) = Kf(l)$$

因此，资本－产出比

$$k = \frac{K}{Y} = \frac{1}{f(l)} \tag{1}$$

其中，$Y$ 代表产出；$K$ 代表资本；$L$ 代表劳动；$l = \frac{L}{K}$。

厂商的利润函数为：$\pi = PY - wL - rK \Rightarrow PKf(l) - wKl - rK$

厂商为了实现利润最大化，有：

$$\frac{\partial \pi}{\partial l} = PKf'(l) - Kw = 0 \Rightarrow f'(l) = \frac{w}{P} \tag{2}$$

劳动收入份额：

$$\alpha_l = \frac{wL}{PY} = \frac{Pf'(l)L}{PKf(l)} = \frac{lf'(l)}{f(l)} \tag{3}$$

所以劳动收入份额取决于 $l = \frac{L}{K}$ 的值（即劳均资本的倒数）。

根据（1）式，资本产出比可以表示为 $l$ 的函数，$l$ 也可以表示为资本产出比的反函数，所以劳动收入份额最终也可以表示为资本产出比 $k$ 的函数：

$$\alpha_l = g(k) \tag{4}$$

## 二　常替代弹性（CES）函数时的劳动收入份额

1961 年，阿罗与索洛等人合作，提出了著名的 CES 生产函数，即固定替代弹性生产函数（Constant Elasticity of Substitution) [1] 。

$$Y = A \left[ \alpha_1 K^\rho + \alpha_2 L^\rho \right]^{\frac{1}{\rho}}$$

$A$ 为希克斯中性技术进步系数；$\alpha_1$ 和 $\alpha_2$ 分别表示资本和劳动的产出弹性，且 $\alpha_1 + \alpha_2 = 1$。

通过推导可以得到资本 – 产出比：$k = \left[ \dfrac{K^\rho}{\alpha_1 K^\rho + \alpha_2 L^\rho} \right]^{\frac{1}{\rho}}$

劳动收入份额：

$$\alpha_l = \frac{\alpha_2 L^\rho}{\alpha_1 K^\rho + \alpha_2 L^\rho} = 1 - \alpha_1 k^\rho \tag{5}$$

并且可以推导出：CES 生产函数的技术替代率 $TRS = -\left(\dfrac{K}{L}\right)^{\rho-1}$

CES 生产函数资本与劳动之间的替代弹性为

$$e = \frac{1}{1 - \rho} \tag{6}$$

因此，劳动收入份额与资本对劳动的替代弹性 $e$ 之间的关系可表达为下式：

$$\alpha_l = \frac{\alpha_2 L^\rho}{\alpha_1 K^\rho + \alpha_2 L^\rho} = 1 - \alpha_1 k^\rho = 1 - \alpha_1 k^{\frac{e-1}{e}} \tag{7}$$

由 (7) 式可见，希克斯中性技术进步并不影响劳动收入份额。劳动收入份额是资本产出比 $k$ 的单调函数，它随着资本产出比的提高而递增或递减取决于劳动和资本间的替代弹性

[1] K. J. Arrow, H. B. Chenery, B. S. Minhas, R. M. Solo, "CaPital – Labour Sub-stitution and Economic Efficiency," *the Review of Economic and statistics* 50 (1968)：453 – 460.

$e$。当替代弹性 $e$ 为 1 时，劳动收入份额为常数 $1 - \alpha_1$，成为 C - D 函数。当替代弹性 $e$ 大于 1 时，意味着要素相对价格的微小变动将带来要素投入比的较大变动，此时劳动收入份额将随着资本产出比的上升而下降，由于两者反方向变化，称为资本与劳动是相互替代的；当替代弹性小于 1 时，意味着要素相对价格的较大变动将带来要素投入比的较小变动，此时劳动收入份额将随着资本产出比的上升而上升，由于两者之间同方向变动，称为资本与劳动是互补的。在图 2 - 1 中，横轴为资本产出比 $k$，纵轴为劳动收入份额 $\alpha_1$，Bentolina 和 Saint Paul（2003）将其称为 SK 曲线①。关于中国的劳动与资本之间的替代弹性 $e$，白重恩和钱震杰（2009）、罗长远和张军（2009）的实证研究结论认为它的取值小于 1。在这种情况下，资本与劳动是互补的，资本产出比的提高将使劳动收入份额沿既定的 SK 曲线向上移动，由 A 点上升到 B 点（见图 2 - 1）。

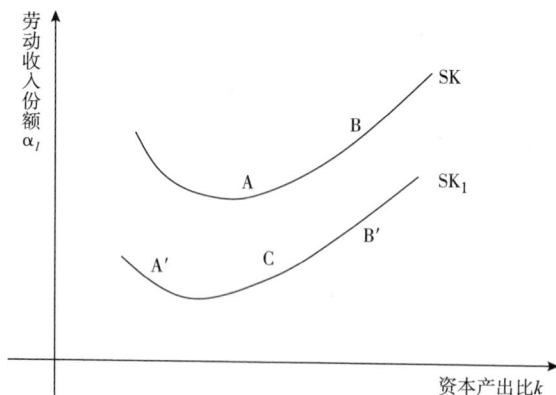

图 2 - 1 $e$ 小于 1 时劳动收入份额与资本产出比的关系：SK 曲线

---

① Bentolina, S. and Saint Paul, G., "Explaining Movements in Labor Share," *Contributions to Macroeconomics* 3（2003）.

在经济运行中，要素替代弹性一般难以直接计算，因此可以通过（7）式进行间接判断：如果劳动收入份额与资本产出比正相关，可以判断要素替代弹性小于 1；如果两者负相关，则可以判断要素替代弹性大于 1。

## 第二节　市场的不完全竞争对劳动收入份额的影响

### 一　产品市场的不完全竞争

SK 曲线成立需要一个基本条件，即产品市场和要素市场都是完全竞争的，只有如此，各种要素才能按照其边际生产力获得报酬。实际工资等于劳动的边际产出 $w/p = MP_L$，利息等于资本的边际产出 $r/p = MP_K$，产品价格等于边际成本 $p = MC$。然而，在不完全竞争市场中，企业产品的价格不再等于其边际成本，而是等于其边际收益产品 MRP（Marginal Revenue Product），这会使 SK 曲线不再成立。边际收益产品是指由于使用额外一单位投入品所带来的总收益的增加，它等于投入的边际产品乘以厂商的边际收益，$MRP = MP_l \times MR$（见图 2 - 2）。

在完全竞争条件下，厂商雇佣的劳动力数量将是 $L_0$，支付的工资水平是 $P_0$；当产品市场处于垄断状态时，厂商雇佣的劳动力数量将减少为 $L_1$，支付的工资仍然是 $P_0$。此时，对于厂商而言，所雇佣劳动的边际产品价值为 $P_1$，$P_1$ 与 $P_0$ 之间的差额就是垄断厂商对劳动要素的"剥削"，劳动收入份额将比完全竞争状态时降低。

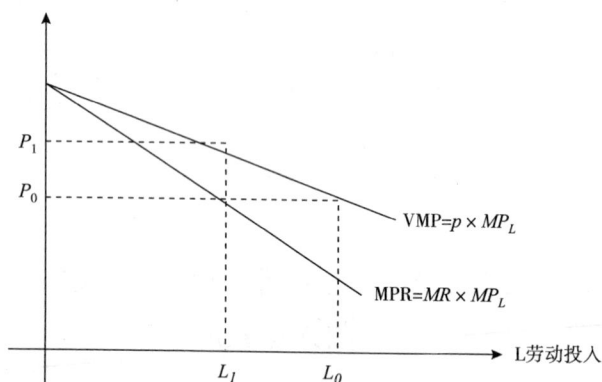

**图 2-2　产品市场卖方垄断时的工资水平的决定**

价格加成理论认为，当产品市场不完全竞争时，厂商不是按照 $\frac{w}{p} = MP_L$ 来定价，而是在此基础上对价格加成：$\mu \frac{w}{p} = f'(l)$，加成比为 $\mu = \dfrac{\text{产品价格} - \text{边际成本}}{\text{产品价格}}$，此时的劳动收入份额为：

$$\alpha_l = \frac{wL}{PY} = \frac{Pf'(l)L}{\mu PKf(l)} = \frac{lf(l)}{\mu f(l)} = \frac{g(k)}{\mu} \tag{8}$$

（8）式表明，如果加成率 $\mu$ 保持不变，那么劳动收入份额依然只取决于资本产出比 $k$，但通常价格加成比例可能随经济波动而发生变化。如果加成比例是顺经济周期的，即在经济繁荣时加成比例较高，那么劳动收入份额将表现出逆经济周期的特征，这为研究劳动收入份额变动和经济周期关系提供了一个新视角。白重恩等（2008）以 1998~2005 年的工业年报数据库为基础，以价格加成比例代表工业产品市场垄断程度，研究了我国工业部门资本收入份额的决定因素，结果发现，价格加成比例与资本收入份额正相关。

## 二 劳动力市场的不完全竞争

### (一) 劳动力市场的买方垄断

如果劳动力市场处于买方垄断，此时厂商所面临的劳动力供给曲线 S 不再是水平的，而斜率是正的，相应地，厂商的边际要素成本曲线 MFC 比 S 更为陡峭。边际要素成本曲线 MFC，即厂商增加使用一单位劳动力所支付的成本增量（见图 2 - 3）。

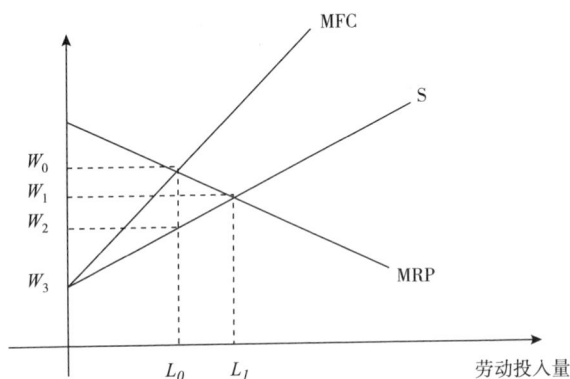

**图 2 - 3 要素市场买方垄断时的工资水平的决定**

图 2 - 3 中，MRP 是厂商对劳动力的需求曲线、S 是厂商所面临的劳动供给曲线、MFC 是厂商的边际要素成本曲线，它比劳动的供给曲线 S 更陡峭。

如果劳动力市场不存在买方垄断，那么厂商利润最大化的均衡点将根据 S 与 MPR 曲线的交点确定，雇佣劳动力的数量将是 $L_1$，支付的工资水平将是 $W_1$。如果厂商在劳动力市场处于买方垄断地位，它的利润最大化的均衡点将根据 MFC 与 MRP 的交点来确定，所雇佣的劳动力数量将是 $L_0$，支付的工

资水平是 $W_2$ ，而非 $W_0$ 。这两者之间的差额就是厂商凭借其在劳动力市场的买方垄断地位对劳动者的剥削。我国由于劳动力资源，尤其是简单劳动力资源丰富，在二元经济状态下，随着劳动力从农村转移到城市，劳动要素的供给是无限弹性的，企业在劳动力市场的定价过程中无疑处于相对强势，或者说在劳动力市场上存在一定程度的买方垄断，这可能是造成我国劳动收入份额偏低的原因之一。

（二）劳动力市场的卖方垄断

西方国家工会的力量比较强大，可能使得其作为劳动力市场的卖方拥有定价优势，也就是说劳动力市场处于卖方垄断（见图 2 - 4）。

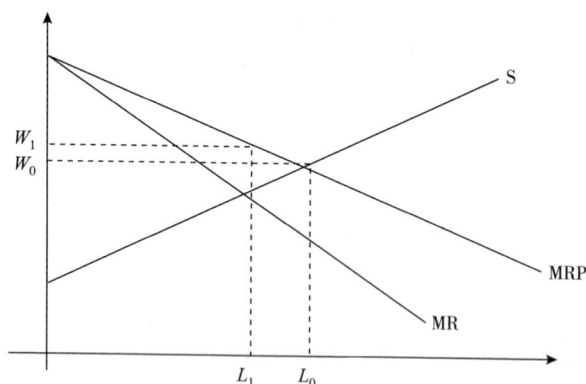

图 2 - 4　工会处于劳动力市场卖方垄断时对工资水平的决定作用

如果不存在工会，厂商根据利润最大化原则，劳动的供给曲线 S 与厂商对劳动的需求曲线 MRP 曲线的交点将是市场的均衡点，总就业数量为 $L_0$ ，工资水平为 $W_0$ 。如果存在工会作为劳动力市场的垄断卖方，工会将根据厂商对劳动力的需求曲线 MRP 得到自己的边际收益曲线 MR，并把劳动力的供给曲线看作自己的边际成本曲线 MC，它实现利润最大化的均衡点是 S 与 MR 的交点，工会向市场提供的劳动力数量将是 $L_1$，索要的工资水平则是 $W_1$，这可能会提高劳动收入份额。但工会能够在多大程度上达到自己的目的，一方面取决于工会的组织程度和谈判能力，另一方面也取决于劳动力市场的供求弹性。在我国现实经济生活中基本上不存在有效的工会组织，没有工资的集体谈判机制，基本无法对劳动收入份额产生显著影响，因此劳动力市场的卖方垄断因素几乎是不存在的，这就简化了对问题的分析。

此外，有学者认为即使劳动力市场是完全竞争的，外部冲击对劳动收入份额的长期与短期影响也有差别。在 20 世纪 70 年代，欧洲国家遭遇石油危机，经济处于衰退之中，生产效益普遍下滑，由于劳动力市场存在就业和工资刚性，无法及时做出调整，资本收入份额在危机初期明显下降。随着时间推移，企业对劳动力市场的供给状况逐渐适应，减少了劳动力冗余（labor hoarding），并发展出劳动节约型技术，导致失业率上升，资本收入份额提高，这使得欧洲国家劳动收入份额出现了先升后降的现象（Blanchard，1997）。显然，劳动收入份额与经济周期的关系显著取决于劳动力市场上工资水平的调整速度是否灵敏，即工资刚性或者黏性的大小。

在"二元经济"条件下，劳动力的供给具有无限弹性，使得工资水平相对于劳动力需求而言并不敏感，这可能是造成我国劳动收入份额较低的重要原因。龚刚、杨光（2010）建立了具有凯恩斯主义特征的非均衡动态模型，他们经研究认为，在二元经济条件下，过剩的劳动力供给使得工资增长缓慢，劳动生产率提高所带来的收益大部分转化为利润而不是工资，从而导致国民收入中劳动收入份额不断降低。然而，随着二元经济向现代经济的转型，劳动力无限供给的情况将逐步消失，工资的高低将逐渐恢复对劳动力市场上供求关系的反映，对劳动生产率和物价的变动也更为敏感，工资水平会随经济增长上升更快，这使得劳动收入份额下降的趋势可能得到扭转，以至逐步提高。整个过程如同一条正"U"形曲线。①

### 三　国有企业改制对劳动收入份额的影响

国有企业在 20 世纪 90 年代的改制是我国改革进程中最重要的事件之一，2000 年后国有企业的数量大幅度减少，它带来了大规模的下岗失业浪潮。我国的劳动收入份额也是自 20 世纪 90 年代中后期开始由升转降，因此，国有企业改制对劳动收入份额的变动可能有重大影响。

国有企业有很多重要特征：从要素投入比例看，它资金密集度高；从竞争是否充分这一角度看，它的垄断程度较高；从行业分布特征看，20 世纪 90 年代大规模改制后，国有工业企业在竞争性领域收缩，逐步集中于重工业、基础工业和原材料行业；从就业角度看，为了维持社会稳定可能存在过度就业；从融资机会角度看，它享受的政策扶持和优惠贷款较多；从技术角度看，它的全要素生产率在提高，利润在迅速增长，但这未必意味着是技术进步带来的。如此复杂的特征集于一身，使得国有企业改制对劳动收入份额的综合影响变得非常复杂。

从实证的角度看，白重恩等（2008；2009）对我国工业部门的研究表明，1998 ~ 2005 年工业部门资本收入份额提高

---

① 龚刚、杨光：《从功能性收入看中国收入分配的不平等》，《中国社会科学》2010 年第 2 期，第 54 页。

11.5 个百分点，垄断程度增加和国有企业改制等非技术因素是主要原因，其中所有制的变化是解释能力最强的因素，贡献 4.2 个百分点，而资本产出比的降低和技术因素却无显著影响。[①] 罗长远和张军（2009）通过对我国省际数据的研究也认为：民营化不利于劳动收入份额的提高，原因可能有两点："一方面随着国有企业的民营化，企业对劳动报酬的支付会反映市场的供求关系，'工资侵蚀利润现象'得到扭转。另一方面国有企业改制后大量富余员工进入劳动力市场，他们与农村的剩余劳动力一起，导致劳动力供给增加，对工资产生向下的压力。"[②]

## 第三节　国际贸易与外商直接投资理论对劳动收入份额变动的解释

一些学者的研究表明，多数欧洲国家、美国、日本、加拿大以及一些发展中国家的劳动收入份额在近年来呈下降趋势（Torrini，2005）。[③] 全球范围内劳动收入份额的下降引起了许多学者的关注，有些研究者（Harrison，2002；Guscina，2006）认为这可能是经济全球化的结果。他们给出的解释是，经济开放（或者说全球化）削弱了劳动者在企业租金上的讨

---

① 白重恩、钱震杰、武康平：《中国工业部门要素分配份额决定因素研究》，《经济研究》2008 年第 8 期，第 26 页。

② 罗长远、张军：《劳动收入占比下降的经济学解释——基于中国省级面板数据的分析》，《管理世界》2009 年第 5 期，第 30 页。

③ Torrini, R., *Profit Share and Returns on Capital Stock in Italy——the Role of Privatizations Behind the Rise of the 1990s* ( Centre of Economic Performance Discussion Papers, 2005 ), No. 0671.

价还价能力，导致资本收入份额增加。①

## 一 国际贸易理论对劳动收入份额的解释

新古典贸易理论认为国际贸易使各国依据其比较优势进行商品生产和交换，并促进国际分工和专业化。国际贸易和专业化分工将增加国内相对充裕要素的需求和利用，减少相对稀缺要素的需求和使用。充裕要素的收入份额将因此而提高，而稀缺要素的收入份额将会降低。在发达国家中，资本相对充裕而劳动则相对稀缺，新古典贸易理论对发达国家劳动收入份额的下降给出了较好的理论解释。改革开放以来，我国的对外贸易迅猛增加，按照这一理论，国际贸易应该使我国劳动要素的需求增加，劳动的收入份额应该上升，但这却与我国劳动收入份额显著下降的事实相反。因此新古典贸易理论未能对我国的劳动收入份额下降现象给出合理的解释。

同时，关于国际贸易与我国劳动收入份额关系的定量研究也没有得出一致的结论。姜磊和张媛（2008）利用中国省级1996~2006年的数据研究了国际贸易对劳动收入份额的影响，发现出口对劳动收入份额产生了正向影响，进口则产生了负向影响，支持了新古典贸易理论的预测。② 但是，利用基本相同的数据，白重恩和钱震杰（2009）的研究则表明"进出口总额占 GDP 比重"这一变量对劳动收入份额的影响并不显著。罗长远和张军（2009）利用1987~2004年我国省级面板数据建立了联立方程模型，结果发现："出口对于劳动收入占比没

---

① Harrison, A. E., *Has Globalization Eroded Labor's Share? Some Cross - Country Evidence*（UC Berkeley：Mimeo, 2002），p. 46.

② 姜磊、张媛：《对外贸易对劳动分配比例的影响——基于中国省级面板数据的分析》，《国际贸易问题》2008 年第 10 期，第 26~33 页。

有促进作用，劳动收入占比对出口也没有显著影响，……但有趣的是，包括进出口在内的整个贸易对劳动收入占比有一定的促进作用，而劳动收入占比也会反过来促进贸易的增长，这主要是劳动收入占比与进口之间存在双向的正相关关系造成的。"

罗长远、张军（2009）经研究认为，我国外资企业出口所占比重的上升、出口产品复杂度的上升使出口等诸要素对相对价格的影响并不符合 Stolper – Samuelson（1941）定理。1986 年之前，我国的出口产品以矿物燃料、农产品等初级产品为主；1986～1995 年，以服装、轻纺等轻工业产品的出口为主；1996 年之后，以机械电子等工业制成品的出口为主。很明显，我国出口产品的资本密集度在逐年上升。根据国际贸易理论，随着出口产品资本密集度的上升，资本要素将得到更为充分的利用，从而其收入份额也将得到提高。近几年，有学者（Xu，2007）对中国出口产品的复杂度（sophistication）进行了研究，发现中国出口产品的复杂度已经超出了自身的发展阶段。随着外资企业大量投资，加上自身的资本积累，中国出口产品的比较优势逐渐向资本较为密集的产品转变，出口贸易中的收益将更多流向资本。这可能是中国历年来出口增长迅速，但劳动收入份额不升反降的一个原因。[1]

周明海等（2010）利用世界银行企业调查数据的研究发现，出口对我国的劳动收入份额存在显著负效应，我国出口企业的外资主导特征可能是新古典贸易理论预测失败的原因。

尽管实证研究结论没有达成一致，但大多数文献研究认为

---

[1]　Xu. Bin，*Measuring China's Export Sophistication*（Working Paper：China Europe International Business School，2007）.

我国劳动收入份额的下降并不符合新古典理论的预期，我们需要寻找其他方面的理论进行解释。Feenstra 和 Hanson（2001）观察到国际贸易中的中间产品贸易与劳务外包现象增长迅速，他们据此提出新的观点：业务外包可能不仅转移了发达国家的低技能产品，同时也使得欠发达国家能够从事相对复杂的产品加工，从而更有利于提高欠发达国家中相对稀缺要素的收入份额（如资本、高技术工人）。因此，考虑劳务外包与中间产品贸易后，发展中国家的劳动收入份额可能出现下降的情况。[①]但这一理论对中国是否适用尚未得到实证检验。

## 二　外商直接投资与劳动收入份额

Dunning（1998）的区位优势理论认为，各国的资源和要素禀赋决定了其所能吸引外资的类型，劳动密集型企业一般选择投资于劳动要素充裕的国家，资本密集型企业则通常选择投资于资本要素充裕的国家。[②]这意味着外商直接投资（FDI）一般会使东道国中相对充裕的要素得到更充分的利用，因此，FDI 应当能够提高该充裕要素的收入份额。区位优势理论虽然对发达国家劳动收入份额下降给出了较为合理的解释，却无法解释中国劳动收入份额下降的现实。

对我国而言，自 20 世纪 90 年代中期以来，经济开放由沿海向内地深入推进，各省吸引的外商直接投资增长迅速，我国劳动收入份额大概也从这个时候开始逐年降低，因此 FDI 可能

---

① Feenstra, R. C. and G. H. Hanson, *Global Production Share and Rising Inequality*: *A Survey of Trade and Wages*（NBER Working Papers, 2001）No. 8372.

② Dunning, J. H., *Explaining International Production*（Published by London: Unwin Hyman, 1998）.

与我国劳动收入份额的变动密切相关。白重恩（2009）以我
国的省际面板数据为基础，建立了资本收入份额（被解释变
量）与其他变量如"资本产出比"、"进出口总额占 GDP 比
重"、"各省外商直接投资与 GDP 之比"、"工业部门增加值中
国有控股单位所占比例"等变量之间的计量模型。发现资本
收入份额与"进出口总额占 GDP 比重"、"各省外商直接投资
与 GDP 之比"两个变量之间的关系并不显著[①]。罗长远、张
军（2009）利用 1987~2004 年我国的省级面板数据进行分析，
表明 FDI 占 GDP 比重对于劳动收入份额的效应显著为负。他们
以"谈判力量"模型进行解释：地方政府把降低劳动力成本作
为招商引资的重要手段，弱化劳动力的谈判地位，使资本谈判
能力上升，劳动收入份额因此而降低。外资企业通过用脚投票
的方式在不同省份间转移资本，而劳动力却因户籍制度等因素
的约束存在流动障碍。周明海等（2010）也发现企业外资股份
的上升将使劳动收入份额下降，他认为原因是外资进入将使经
济效益的提高快于劳动报酬的增长，从而使劳动收入份额下降。

## 三 经济周期理论与劳动收入份额

在经济周期和劳动收入份额的关系问题上，Giammarioli
（2002）研究了欧洲 20 世纪 60~90 年代的劳动收入份额，发
现了欧洲各国劳动收入份额具有逆周期特征[②] Diwan（2001）

---

① 白重恩、钱震杰：《我国资本收入份额影响因素及变化原因分析——基于
省际面板数据的研究（哲学社会科学版）》，《清华大学学报》2009 年第
4 期，第 137~147 页。

② Giammarioli, N., J. Messina, T. Steinberger and C. Strozzi, *European Labor
Share Dynamics：An Institutional Perspective*（European University Institute,
2002）.

探讨了劳动收入份额和金融危机之间的关系，发现金融危机之后，劳动收入份额大多降低，这表明金融危机的社会损失更多地由劳动者承担了。[①] 肖红叶、郝枫（2009）研究了我国各时期的劳动收入份额与人均实际 GDP 增长率之间的关系，结果见表 2-1。

表 2-1 中国各时期的劳动收入份额及其经济背景

| 经济背景 | 考察时期 | | 人均实际 GDP 增长率 | 国民经济的劳动收入份额 | |
|---|---|---|---|---|---|
| | 基期 | 报告期 | | 相对变动 | 绝对变动 |
| 完成社会主义合作化 | 1952 | 1957 | 3.77 | 111.69 | 0.09 |
| "大跃进" | 1957 | 1960 | 7.93 | 75.03 | -0.21 |
| "困难时期" | 1960 | 1963 | -9.58 | 128.65 | 0.18 |
| 经济调整 | 1963 | 1966 | 12.44 | 76.59 | -0.19 |
| "文革"初期 | 1966 | 1968 | -7.34 | 116.38 | 0.10 |
| "文革"中期 | 1968 | 1972 | 8.63 | 83.46 | -0.12 |
| "文革"后期 | 1972 | 1977 | 3.03 | 89.33 | -0.06 |
| 整个计划经济时期 | 1952 | 1977 | 4.21 | 77.11 | -0.17 |
| 改革初期 | 1978 | 1990 | 7.47 | 107.88 | 0.04 |
| | 1990 | 1993 | 11.05 | 93.71 | -0.04 |
| 改革深化 | 1993 | 1998 | 9.06 | 101.75 | 0.01 |
| | 1998 | 2004 | 8.30 | 82.29 | -0.10 |
| 整个市场转型 | 1978 | 2004 | 8.37 | 84.64 | -0.09 |
| 完成社会主义改造以来 | 1952 | 2004 | 6.23 | 65.27 | -0.26 |

资料来源：肖红叶、郝枫：《中国收入初次分配结构及其国际比较》，《财贸经济》2009 年第 2 期。

他们分析认为，"绝大多数时期国民经济劳动收入份额与人均 GDP 增长速度呈反方向变动，往往在经济紧缩之际，劳

---

[①] Diwan, I., *Debt as Sweat: Labor, Financial Crises, and the Globalization of Capital* (Washington D. C., World Bank working paper, 2001).

动者在初次分配中的地位才得到提高，经济高速增长时，增长成果更多倾向资本，劳动者相对地位反而下降。"在 1952~2004 年仅有三个考察期例外（此处共划分 14 个阶段），即 1952~1957 年社会主义改造基本完成，国民经济恢复到新中国成立前的最高水平；1978~1990 年改革开放初期摆脱了计划经济的制度束缚，劳动者切实分享到了经济增长的利益；1993~1998 年有效治理了 20 世纪 90 年代初期的经济过热，实现"软着陆"。只有在这三个时段内，劳动收入份额才随着人均实际 GDP 增长而提高，在其余的 11 个考察时段内，两者都呈负相关。据此，作者认为"中国的劳动收入份额变动表现出逆周期特征，揭示出我国经济增长陷入以劳动收入份额下降为代价，增长成果更多流向资本的发展模式"[①]。白重恩（2009）根据我国省际面板数据的研究结果也支持了资本收入份额具有顺周期性这一观点。

## 第四节　人力资本及制度因素对
## 劳动收入份额的影响

### 一　工会谈判力量对劳动收入份额的影响

包括公共选择学派在内的新制度经济学更多地强调分配格局背后的制度因素。工资率的高低不仅取决于市场的供求关系，也取决于劳动者的谈判能力。在劳动者谈判能力强的经济体中，工资率可能就比较高，劳动收入份额也会比较高。因此，制度

---

① 肖红叶、郝枫：《中国收入初次分配结构及其国际比较》，《财贸经济》2009 年第 2 期，第 13~21 页。

学派的推论是政治社会体制、阶级力量决定初次分配格局。

以"有效讨价还价"模型为例，厂商与工会就工资和就业人数问题进行谈判，实际工资是劳动力的平均产出（Y/L）和实际保留工资的加权平均。权重 $\theta$ 则取决于工人的谈判力量，$\bar{w}$ 代表工人的保留工资水平（Beniolina and Saint Paul，2003），此时厂商利润最大的一阶条件为：

$$\frac{w}{p} = \theta \frac{f(l)}{l} + (1-\theta) \cdot \frac{\bar{w}}{p}$$

据此可得劳动收入份额的决定方程：

$$\alpha_l = \frac{wL}{PY} = \frac{wl}{Pf(l)} = \theta + (1-\theta)\frac{lf(l)}{f(l)} = \theta + (1-\theta)g(k)$$

公式表明，工会谈判力量的减弱（即 $\theta$ 下降）将使劳动收入份额下降。同时，加入 $\theta$ 这一变量后劳动收入份额对资本产出比的变动敏感性也降低了。[1]

另一些学者如 Johnson（1975）等的研究表明，是否有工会组织对工人的工资水平存在显著影响。[2] 还有一系列研究表明，工人确实能从罢工运动中获得额外收益。例如，Wallace（1993）在研究劳动力市场时发现，如果控制了工会的组织等因素的影响，参加罢工运动的工人收入比没有参加罢工运动的工人收入更高。[3]

---

[1] Bentolila, S. and Gilles Saint Paul, "Explaining Movements in the Labor Share," *Contributions to Macroeconomics* 3 (2003): 1103.

[2] George E. Johnson, "Economic Analysis of Trade Unionism," *American Economic Review* 2 (1975): 65.

[3] Leicht M. Wallace. "Positional Power, Class, and Individual Earnings Inequality: Advancing New Structuralist Explanations," *The Sociological* Quarterly 1 (1993): 34.

## 二　原始劳动与人力资本的区分对整体劳动收入份额的影响

劳动者报酬与劳动者拥有的人力资本密不可分，Krueger（1999）将劳动者报酬分为两部分，一部分是人力资本的回报，另一部分为简单体力劳动所获得的回报，将其称为原始劳动（Raw Labor）报酬。[①]

$$\ln w_i = b_0 + b_1 S_i + b_2 X_i + b_3 X_i^2 + e_i$$

其中，$\ln w_i$ 表示第 $i$ 个工人年平均工资的对数值，$X_i$ 表示工作经验，$X_i^2$ 为经验的平方项，$S_i$ 表示教育年限。所谓原始劳动报酬是指当教育年限 $S_i$ 和工作经验 $X_i$ 均为 0 时的工资收入 $b_0$，因此原始劳动报酬也可称为截距工资（Intercept Labor）。原始劳动报酬在总劳动报酬中的比例可以表为：

$$S_R = \frac{\sum W_0}{\sum W_i}$$

将这一比例与全国劳动收入份额相乘，可以得到原始劳动在国民收入分配中的份额：

$$\alpha_R - \frac{Y_L}{Y} \times \frac{\sum W_0}{\sum W_i} = \alpha_l S_R$$

周明海（2010）利用大样本的个体微观数据，将劳动要素进一步划分为原始劳动和人力资本，发现 1988~2007 年我国人力资本收入份额显著提升，同时原始劳动收入份额持续下

① Krueger, Alan, B., "Measuring Labor's Share," *American Economic Review* 89 (1999): 45-51.

降。他认为，改革开放使人力资本的收入获得较快的增长，而那些没有受过教育、凭简单劳动就业者的收入增长缓慢，这在一定程度上带来总体劳动收入份额的下降。[①]

### 三　制度因素及政府角色对劳动收入份额的影响

很多理论成果研究了劳动力市场供求对劳动收入份额的影响，但按照政治经济学的观点，财产所有权才是决定性的。那么居民收入份额下降的过程就是劳动者财产权利的逐渐丧失，或者说资本强势逐渐形成的过程。根据福利经济学理论，即使通过市场机制实现了交换的帕累托最优，市场交易只能使交易者从契约线外回到互利空间内的契约线上，不可能超越出互利空间之外，互利空间本身只能由交易双方最初的资源禀赋决定。

在纯公有制经济中，居民并不持有财产性生产要素，也不会在初次分配中获得财产性收入，劳动报酬是初次分配中居民收入的唯一来源，财产性收益全部流向企业和政府。随着中国市场化体制改革的推进，居民部门所拥有的财产得到迅速积累，也改变了财产性收入的流向和国民收入初次分配的格局。樊刚、姚枝仲（2002）对我国居民、企业、政府之间的财产分布状况进行了研究，发现：第一，居民部门的营利性资产比重与发达国家相比依然偏低，这可能是造成居民财产性收入比重偏低的重要原因。第二，居民部门是资本净输出方。居民拥有43%的生产性资本，但只使用了17%的生产性资本。第三，在居民部门所持有的总资产中，自有住房和储蓄存款占73.39%，流动性和营利能力差，这使得居民财产的收益率低

---

① 周明海：《中国劳动收入份额变动的测度与机理分析》，浙江大学博士学位论文，2011。

于全社会的平均资本收益率，居民所获得的财产性收入所占比重大大低于其所持有的资本比例。[①]

关于政府角色在国民收入分配中的作用，道格拉斯·诺思认为，政府在暴力方面具有比较优势，它为全社会成员界定产权结构，其目的一方面是获得垄断租金的最大化，另一方面是促进社会经济效益的提高。但这两个目的之间存在着持久的冲突，所以对于社会经济增长而言无效率的产权结构可能长期存在。[②] 政府本身就是参与国民收入分配的成员之一，为了自身利益最大化，它可能凭借对暴力的垄断优势不适当地分割社会产出，或者搞选择性执法或者为方便寻租而在政策制定中采取策略性模糊等。从新政治经济学的分析角度来看，收入分配格局的失衡和贫困现象的持续以及大规模存在，是由于不同的社会群体在政府政策制定过程中的影响力不同。既得利益集团或者精英阶层显然拥有更多话语权，通过寻租影响法律规则的制定过程，寻求自身利益最大化，这显然是一种非生产性的寻利活动。

从实证角度看，Lee 和 Jayadev（2005）用国民收入中政府所占份额代表政府对经济的干预，发现该值越高，劳动收入份额越高。[③] 罗长远、张军（2009）根据中国的省际面板数据考察"财政支出占 GDP 比例"、"政府消费占 GDP 比例"对劳动收入份额的影响，发现政府财政支出对劳动收入份额的影响

---

① 樊纲、姚枝仲：《中国财产性生产要素总量与结构的分析》，《经济研究》2002 年第 11 期，第 12~19 页。

② 〔美〕道格拉斯·诺思：《制度、制度变迁与经济绩效》，杭行译，格致出版社，2008，第 25 页。

③ Lee, K. and Jayadev, A., "The Effects of Capital Account Liberalization on Growth and the Labor Share of Income: Reviewing and Extending the Cross - Country Evidence," in G. Epstein, eds., *Capital Flight and Capital Controls in Developing Countries* (Cheltenham: Edward Elgar, 2005).

在 10% 的水平上显著为正。这说明政府支出的增加可能在某种程度上促进了社会分配格局的公平化。

但也有学者持相反观点，认为政府角色错位可能是引起我国国民收入分配格局失衡的重要原因，甚至是推动力量。高培勇（2008）认为，当前居民收入分配差距是在体制转轨时期的"制度真空"状态下产生并拉大的，缺乏甚至没有相应的制度规范，在相当程度上使得中国的收入分配陷于"失控"境地。要把规范政府行为作为主要线索解决中国当前的收入分配问题。[①] 也就是说，居民分配份额的下降不能仅仅从要素市场供求、产业结构与技术变化、国际贸易与国际投资等经济领域中寻找原因，而是应该从政治体制中寻找原因。从理论的角度看，一个有效的政府应该符合以下标准：它是有限政府、是法治政府、是分权的政府、是民主的政府，沿着这个方向进行制度与法制建设是我国分配格局合理化的长久治本之策。

四　本章小结

本章对要素收入份额影响因素的理论和实证研究成果进行了回顾和梳理，现有文献的研究方向基本可以归纳为新古典经济学视角和制度分析视角两个层次。

从新古典主义的市场供求角度看，要素份额的影响因素可以进一步细化为两个方面。一方面在完全竞争条件下，各种要素的实际收入等于其边际生产力，生产函数类型无论是 C – D 还是 CES，劳动收入份额都可以表示为资本产出比的函数，称为 SK 曲线。如果要素相对价格发生变化，将导致要素投入比

---

① 高培勇：《规范政府行为：解决中国当前收入分配问题的关键》，《财贸经济》2002 年第 1 期，第 22 页。

例的变化，这一变化对劳动收入份额的影响方向取决于要素替代弹性。当替代弹性小于 1 时，资本产出比的提高与劳动收入份额同方向变动，SK 曲线斜率为正，即资本深化有助于劳动收入份额的提高，资本与劳动互补；反之，若要素替代弹性大于 1，则资本产出比与劳动收入份额就会出现反方向变动，资本与劳动相互替代。另一方面当市场不完全竞争时，如产品市场和要素市场中的垄断、行政控制导致的要素价格扭曲等，都可能导致 SK 曲线失效。因此，从新古典主义视角看，技术的变动、要素比价关系变动、市场中的垄断程度变动等是要素分配份额的最重要影响因素。

从制度学派角度看，产权的配置，初始要素禀赋决定了要素所有者参与分配的形式、内容与程度。大量的国外文献研究了工会的组织程度、政府对社会经济参与程度及所扮演的角色、劳资双方议价能力（bargaining power）等因素对劳动收入份额的影响。由于国情不同，即我国基本不存在工会对劳动力市场的垄断，也不存在劳资双方的议价机制，这些研究成果的结论对于我国的适用程度依然需要进一步检验，但其研究方法对于我们有重要的参考意义。

结合全球经济一体化和我国经济转型的实际，学者们研究了产业结构变动、国有企业改制带来的所有制结构的变动、原始劳动与人力资本、经济对外开放程度、经济发展水平等因素对劳动收入份额的影响。由于数据来源和研究方法不同，学者们所得到的结论并不一致，但大多数的研究成果认为，垄断程度的提高与我国劳动收入份额呈反方向变化；经济全球化程度（进出口总额占 GDP 比重、FDI 占 GDP 比重）与我国的劳动收入份额呈负相关；经济发展水平与劳动收入份额呈负相关；劳动收入份额呈逆经济周期运动。

# 第三章 劳动收入份额的统计口径及数据调整

在测度 1978～2007 年我国的功能性收入分配格局变迁时，有两个方面的问题容易混淆研究者的视线：一是 2004年我国统计口径发生了变动，导致 2004 年前后的劳动报酬数据不可比；二是统计部门对混合收入采用了与 SNA93 不同的核算方式，这使得我国的劳动报酬数据是宽口径的，与其他大多数国家窄口径的劳动报酬数据不可比。很多学者对我国劳动收入份额的变动趋势和变动幅度进行了研究，但得出的结论却大相径庭，其中一个原因是有些学者把不同口径、不同分配环节的指标进行对比。因此，对劳动报酬数据进行适当的调整，获得可比数据是一个首先需要解决的问题。

本章首先根据不同的数据来源计算了我国劳动收入份额，并对数据质量进行了比较和分析；其次，以 2004 年的经济普查数据为基础，对自我雇佣者的混合收入按照宽、中、窄三种口径进行调整，消除了上述的两个不可比因素，并对我国 1978～2007 年劳动收入份额的变动幅度进行了测算。

# 第一节 计算劳动收入份额的数据来源及其特点

由于统计部门在不同的核算表中依据不同的数据来源发布了不同的数据，并且有的数据先后经过较大幅度的调整，所以到目前为止，中国的劳动报酬实际上并没有一个权威的准确数据。归纳起来看，学者们在计算中国劳动收入份额时所依据的数据主要有这样三个来源，分别是国家统计局公布的投入产出表数据、资金流量表数据、收入法GDP核算数据。虽然从三种数据中计算得到的劳动收入份额的变动趋势基本一致，但他们之间的绝对水平仍然存在相当明显的差异，采用不同的数据进行比较足以导致大相径庭的结论。

## 一 根据投入产出表的计算结果

投入产出表是根据各产业部门之间的投入和产出联系编制的，反映一定时期内国民经济各行业间的物质技术联系。到目前为止国家统计局共编制了1987、1990、1992、1995、1997、2000、2002、2005、2007共9个年度的投入产出表，由于数据不够连续，利用它研究劳动收入份额的变动规律存在着局限性。根据投入产出表数据计算得到的劳动收入份额见图3-1。

图3-1显示：1987年劳动报酬占GDP份额为47.23%，1995年上升到55.40%，之后则呈现下降趋势，2002年下降到48.38%，2007年下降到41.36%。

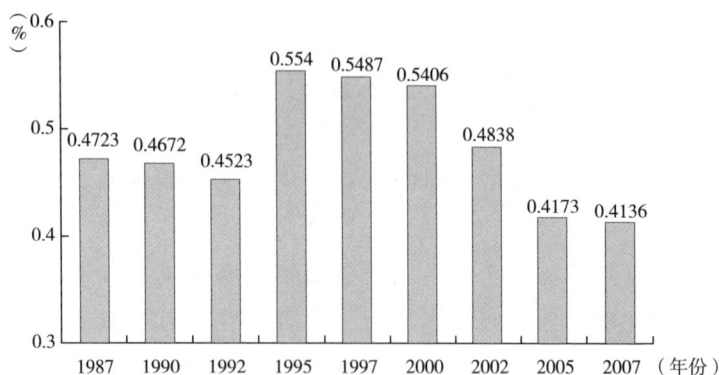

**图 3 - 1　根据投入产出表数据计算的劳动收入份额**
资料来源：相关年份的《中国统计年鉴》中的投入产出表。

## 二　根据资金流量表的计算结果

资金流量表作为国民经济核算体系的重要组成部分，记录了非金融企业部门、金融机构、政府部门、住户部门、国外部门等五大机构部门间的收支情况，资产流量表的样式见表 3 - 1。

由表 3 - 1 可见，在资金流量表的核算过程中，以各机构部门的增加值为起点，经过"劳动者报酬"、"生产税净额"、"财产收入"三个环节之后，形成各部门的初次分配收入。在此基础上，再经过"收入税"、"社会保险缴款"、"社会保险福利"、"社会补助"、"其他"五个转移支付环节形成各部门的可支配收入。其中，劳动者报酬是居民部门最主要的收入来源，一般说来占居民初次分配收入的比重达 80% 以上。各部门的初次分配收入总和就是国内生产总值，把居民部门的劳动报酬除以 GDP 可以计算出劳动收入份额的比重。

表 3 – 1　资金流量表表式

| 机构部门<br>交易项目 | 非金融企业部门 | | 金融机构部门 | | 政府部门 | | 住户部门 | | 国内合计 | | 国外部门 | | 合计 | |
|---|---|---|---|---|---|---|---|---|---|---|---|---|---|---|
| | 使用 | 来源 | 使用 | 来源 | 使用 | 来源 | 使用 | 来源 | 使用 | 来源 | 使用 | 来源 | 使用 | 来源 |
| 一、净出口 | | | | | | | | | | | | | | |
| 二、增加值 | | | | | | | | | | | | | | |
| 三、劳动者报酬 | | | | | | | | | | | | | | |
| （一）工资及工资性收入 | | | | | | | | | | | | | | |
| （二）单位社会保险付款 | | | | | | | | | | | | | | |
| 四、生产税净额 | | | | | | | | | | | | | | |
| （一）生产税 | | | | | | | | | | | | | | |
| （二）生产补贴（-） | | | | | | | | | | | | | | |
| 五、财产收入 | | | | | | | | | | | | | | |
| （一）利息 | | | | | | | | | | | | | | |
| （二）红利 | | | | | | | | | | | | | | |
| （三）土地租金 | | | | | | | | | | | | | | |
| （四）其他 | | | | | | | | | | | | | | |
| 六、初次分配总收入 | | | | | | | | | | | | | | |
| 七、经常转移 | | | | | | | | | | | | | | |
| （一）收入税 | | | | | | | | | | | | | | |
| （二）社会保险缴款 | | | | | | | | | | | | | | |
| （三）社会保险福利 | | | | | | | | | | | | | | |

续表

| 机构部门<br>交易项目 | 非金融企业部门 | | 金融机构部门 | | 政府部门 | | 住户部门 | | 国内合计 | | 国外部门 | | 合计 | |
|---|---|---|---|---|---|---|---|---|---|---|---|---|---|---|
| | 使用 | 来源 | 使用 | 来源 | 使用 | 来源 | 使用 | 来源 | 使用 | 来源 | 使用 | 来源 | 使用 | 来源 |
| （四）社会补助 | | | | | | | | | | | | | | |
| （五）其他 | | | | | | | | | | | | | | |
| 八、可支配总收入 | | | | | | | | | | | | | | |
| 九、最终消费 | | | | | | | | | | | | | | |
| （一）居民消费 | | | | | | | | | | | | | | |
| （二）政府消费 | | | | | | | | | | | | | | |
| 十、总储蓄 | | | | | | | | | | | | | | |
| 十一、资本转移 | | | | | | | | | | | | | | |
| （一）投资性补助 | | | | | | | | | | | | | | |
| （二）其他 | | | | | | | | | | | | | | |
| 十二、资本形成总额 | | | | | | | | | | | | | | |
| （一）固定资本形成总额 | | | | | | | | | | | | | | |
| （二）存货增加 | | | | | | | | | | | | | | |
| 十三、其他非金融资产获得减处置 | | | | | | | | | | | | | | |
| 十四、净金融投资 | | | | | | | | | | | | | | |
| 十五、统计误差 | | | | | | | | | | | | | | |

资料来源：中国国家统计局：《中国国民经济核算体系（2002）》，中国统计信息网，2003年5月26日，http://www.stats.gov.cn/tjdt/gmjhs/t20030527_80222.htm。

56

需要指出的是，在 2004 年我国劳动报酬的统计口径发生了变化，一是个体经济业主收入从劳动收入变为营业盈余，二是农业部门不再计算营业盈余。2004 年我国进行第一次经济普查后，根据劳动报酬统计口径的这一变化，国家统计局重新对此前的资金流量表数据进行了修订，编制了《中国资金流量表历史资料 1992 ~ 2004》。这样，在利用资金流量表数据时，往往会得到两套数据，一套是从各相关年份《中国统计年鉴》的资金流量表中得到的未调整的数据，另一套是从修订后的资金流量表中得到的数据。从两个不同序列中计算得到的劳动报酬数据相差较大。这正是很多研究文献虽然都使用资金流量表数据，但结果却相差甚远的原因。本书根据两种数据分别计算了劳动收入份额（见图 3 - 2）。

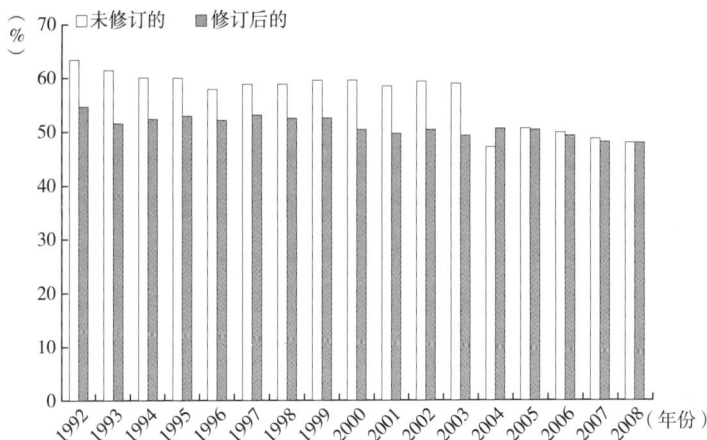

**图 3 - 2 根据资金流量表计算的 1992 ~ 2008 年劳动收入份额**

资料来源：修订前数据来自相应年份的《中国统计年鉴》；修订后数据来自《中国资金流量表历史资料（1992 ~ 2004)》，2004 ~ 2008 年数据来自国家统计局数据库。

由图 3 - 2 可见，修订前的劳动收入份额在 2003 年之前和 2004 年之后都表现出基本稳定的走势，但在 2003 ~ 2004 年出现了一个突然的下降，从 58.9% 下降到 50.6%，这显然是统计口径变动的结果。而根据修订之后的数据计算结果显示，从 1992 年到 2007 年劳动收入份额的波动一直较为平缓。

1992~2008 年，根据修订前的数据得到的劳动收入份额从 63.47% 下降到 47.93%，降幅为 15.54 个百分点；根据修订后的数据得到的劳动收入份额从 54.59% 下降到 47.93%，降幅为 6.66 个百分点，降幅大大缩小，两者均显示出下降的趋势。

## 三　根据省际收入法 GDP 核算数据的计算结果

《中国统计年鉴》从 1995 年开始提供全国的收入法 GDP 数据。此外，国家统计局还提供与《中国统计年鉴》相同口径的统计资料汇编：《中国国内生产总值核算历史资料（1952~1995）》[1]、《中国国内生产总值核算历史资料（1996~2002）》[2]、《中国国内生产总值核算历史资料（1952~2004）》[3]。这些历史资料汇编基本都提供了各省按三次产业划分的收入法 GDP 核算数据，因此，我们可以把各省的劳动者报酬和 GDP 分别加总，再把两者相除就得到了全国的劳动收入份额的比重；如果把各产业的劳动报酬和 GDP 分别加总，再把两者相除就得到了全国各产业的劳动收入份额的比重，为分析产业结构转型对劳动收入份额的影响提供了可能。

---

① 国家统计局国民经济核算司：《中国国内生产总值核算历史资料（1952~1995）》，东北财经大学出版社，1997。

② 国家统计局国民经济核算司：《中国国内生产总值核算历史资料（1996~2002）》，中国统计出版社，2004。

③ 国家统计局国民经济核算司：《中国国内生产总值核算历史资料（1952~2004）》，中国统计出版社，2007。

我国在 2004 年进行了第一次经济普查，《中国国内生产总值核算历史资料（1952~2004）》一书"根据经济普查资料对 2004 年 GDP 进行了重新核算，并按照国际惯例，对 2004 年以前年度的生产法 GDP 和支出法 GDP 历史数据进行了系统的修订"。但该书并未提及对收入法 GDP 进行修正。

根据省际收入法 GDP 计算的劳动收入份额分别见图 3 - 3 和图 3 - 4。

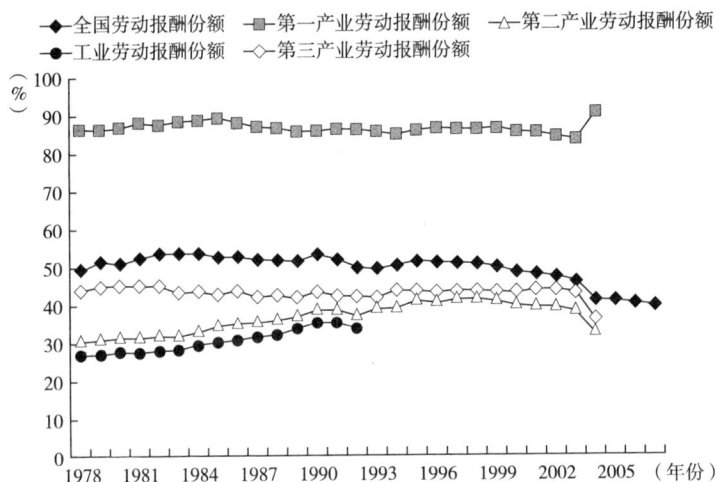

**图 3 - 3　根据省际收入法 GDP 核算数据计算的各年劳动收入份额**

注：全国劳动收入份额数据期间为 1978~2007 年；第一、二、三产业的劳动收入份额数据期间为 1978~2004 年；工业内部的劳动收入份额数据期间为 1978~1992 年。

由图 3 - 3 可见到以下现象。

（1）1978~1984 年全国劳动收入份额从 49.64% 上升到 53.68% 的顶点；1985~1998 年这一指标基本保持在 50% 以上，处于相对稳定时期；1998 年之后则趋于下降，到 2007 年全国劳动收入份额降至 39.74% 的历史最低水平。

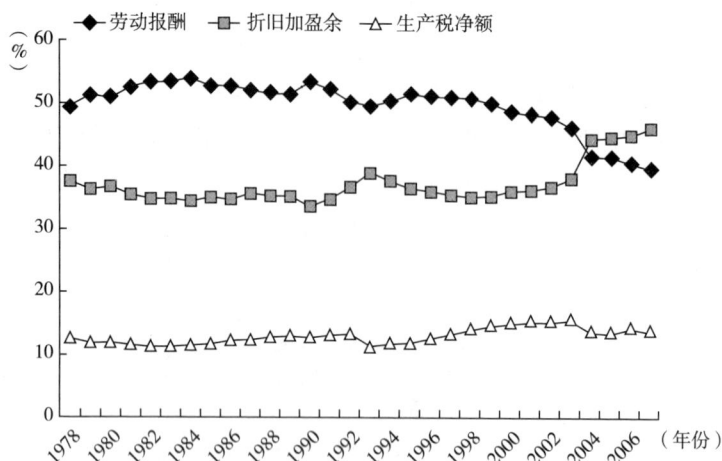

图 3 - 4　省际收入法 GDP 构成中居民、企业、政府收入所占比重

（2）如果对三次产业的劳动收入份额进行排序，依次是第一产业、第三产业、第二产业。第二产业中工业的劳动收入份额是最低的，只有 30% 左右。农业中的劳动收入份额明显高于其他产业，平均达到 85.62%，是第二产业劳动收入份额平均值（36.93%）的 2.32 倍，是第三产业平均值（43.84%）的 1.95 倍。

（3）需要指出的是，根据省际收入法 GDP 数据计算的劳动收入份额在 2003~2004 年出现了剧烈变动：全国的劳动收入份额从 2003 年的 46.16% 下降到 2004 年的 41.55%；同时，第一产业的劳动收入份额有明显上升，从 83.44% 上升到 90.56%；第二产业的劳动收入份额则从 38.75% 下降到 33.25%；第三产业的劳动收入份额也从 43.36% 下降到 36.26%，这些变化显然反映了 2004 年劳动报酬统计口径变动的影响。

（4）在收入法 GDP 构成中，居民部门劳动收入份额所占比重的下降，必然伴随着企业或政府部门收入比重的上升。

1978～2007 年，劳动收入份额下降了 9.91 个百分点，企业收入份额，即折旧和营业盈余占 GDP 比重上升了 8.57 个百分点，政府的生产税净额占比上升了 1.34 个百分点。

## 四　不同来源数据的计算结果比较

我们可以把上述四个来源的数据计算结果做一简单对比，考察我国劳动收入份额的变化过程（见表 3 - 2）。

表 3 - 2　不同来源数据计算结果比较

单位：%

| 年份 | 投入产出表 (1) | 资金流量表 | | | 收入法 GDP 数据 (5) |
| --- | --- | --- | --- | --- | --- |
| | | 未修订 (2) | 已修订 (3) | 差额（4）= (2) - (3) | |
| 1978 | — | — | — | — | 49.66 |
| 1979 | — | — | — | — | 51.38 |
| 1980 | — | — | — | — | 51.15 |
| 1981 | — | — | — | — | 52.68 |
| 1982 | — | — | — | — | 53.57 |
| 1983 | — | — | — | — | 53.54 |
| 1984 | — | — | — | — | 53.68 |
| 1985 | — | — | — | — | 52.90 |
| 1986 | — | — | — | — | 52.82 |
| 1987 | 47.23 | — | — | — | 52.02 |
| 1988 | — | — | — | — | 51.72 |
| 1989 | — | — | — | — | 51.51 |
| 1990 | 46.72 | — | — | — | 53.42 |
| 1991 | — | — | — | — | 52.16 |
| 1992 | 45.23 | 63.47 | 54.59 | 8.88 | 50.09 |
| 1993 | — | 61.49 | 51.43 | 10.06 | 49.49 |
| 1994 | — | 60.17 | 52.30 | 7.87 | 50.35 |

| 年份 | 投入产出表（1） | 资金流量表 | | | 收入法 GDP 数据（5） |
|---|---|---|---|---|---|
| | | 未修订（2） | 已修订（3） | 差额（4）=（2）-（3） | |
| 1995 | 55.4 | 60.00 | 52.78 | 7.22 | 51.44 |
| 1996 | — | 57.86 | 52.10 | 5.76 | 51.21 |
| 1997 | 54.87 | 58.73 | 53.02 | 5.71 | 51.03 |
| 1998 | — | 58.71 | 52.51 | 6.20 | 50.83 |
| 1999 | — | 59.61 | 52.56 | 7.05 | 49.97 |
| 2000 | 54.06 | 59.51 | 50.42 | 9.09 | 48.71 |
| 2001 | — | 58.49 | 49.59 | 8.90 | 48.23 |
| 2002 | 48.38 | 59.43 | 50.41 | 9.02 | 47.75 |
| 2003 | | 58.91 | 49.21 | 9.70 | 46.16 |
| 2004 | — | 47.07 | 50.63 | -3.56 | 41.55 |
| 2005 | 41.73 | 50.65 | 50.37 | 0.28 | 41.40 |
| 2006 | — | 49.72 | 49.17 | 0.55 | 40.61 |
| 2007 | 41.36 | 48.65 | 48.12 | 0.53 | 39.74 |
| 2008 | — | 47.93 | 47.93 | 0 | — |
| 平均值 | 48.33 | 56.49 | 51.01 | 5.48 | 49.69 |
| 最大值 | 55.4 | 63.47 | 54.59 | 8.88 | 53.68 |
| 最小值 | 41.36 | 47.07 | 47.93 | -0.86 | 39.74 |
| Range | 14.04 | 16.40 | 6.66 | — | 13.94 |
| 标准差系数 | 0.1112 | 0.0941 | 0.0365 | — | 0.0799 |
| 1995~2007 年变动 | -14.04 | -11.35 | -4.66 | — | -11.70 |
| 2003~2004 年波动 | -6.65 | -11.84 | 1.42 | — | -4.61 |

数据来源：投入产出表数据和未修订的资金流量表数据来自相应年份的《中国统计年鉴》；已修订的资金流量表数据来源于《中国资金流量表历史资料（1992~2004）》；收入法 GDP 数据来源于《中国国内生产总值核算历史资料（1952~1995）》和《中国国内生产总值历史资料（1952~2004）》，2004 年之后的数据来自相应年份的《中国统计年鉴》。

由表3-2可以观察到以下现象。

（1）四种来源的数据计算结果都表明，1995年以来劳动收入份额呈现下降趋势。根据投入产出表、未修订的资金流量表、省际收入法GDP数据计算得到的劳动收入份额的下降幅度都比较大，1995～2007年的降幅分别为14.04、11.35、11.7个百分点；而根据已修订的资金流量表数据计算得到的劳动收入份额则下降幅度较小，仅为4.66个百分点，变化也比较平缓。

（2）资金流量表的修订效果非常明显，1992～2003年修订前后的劳动收入份额平均差距为7.95个百分点。2004～2008年两者之间的平均差距仅为0.44个百分点。总的看来，1992～2008年，根据修订前的资金流量表计算的劳动收入份额平均为56.49%，修订后的平均值为51.01%，平均降幅为5.49个百分点。标准差系数也由修订前的0.0941下降到修订后的0.0365。

（3）根据投入产出表、未修订的资金流量表、省际收入法GDP数据计算得到的劳动收入份额在2003～2004年都出现剧烈的下降，降幅分别为，6.65①、11.84、4.61个百分点。而根据修订后的资金流量表数据计算得到的劳动收入份额则没有表现出这种剧烈下降，反而上升1.42个百分点。修订后的资金流量表在2004年经济普查年份的劳动报酬直接取自普查数据，并以此为基础，对2004年之前的劳动报酬进行推算，消除了2003～2004年统计口径变化的影响。因此，它表现出来的趋势和变动幅度应该是比较可信的。另外三个来源的数据都没有经过修订，所以2004年统计口径

———————————

① 指2002～2005年的差额。

的变化对它们的影响很大，劳动收入份额都出现了剧烈下降（见图 3 – 5）。

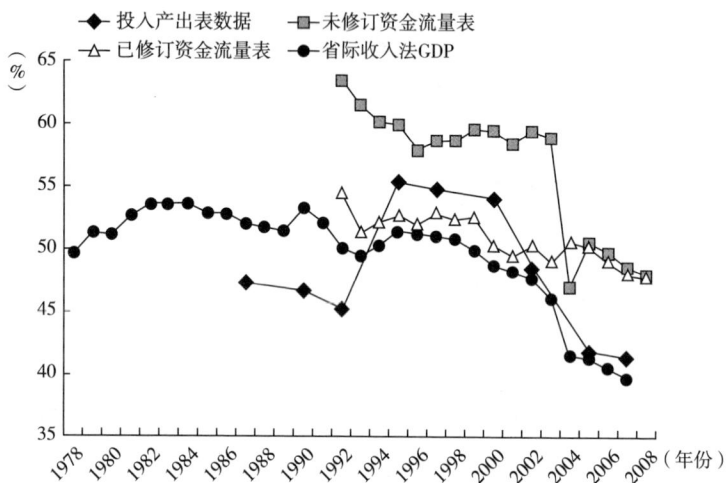

图 3 – 5　不同来源数据计算的劳动收入份额比较

## 五　对各种来源的数据质量分析

综合上述四种数据的计算结果我们可以得出这样的结论：我国劳动收入份额自 1995 年以来确实出现了下降趋势，但根据不同的数据来源所计算出的下降幅度有很大差距。在这四种数据来源中，投入产出表不够连续；修订后的资金流量表可能正确反映了劳动收入份额的变动趋势，但它只有全国数据，没有分产业的核算资料，并且可能存在对劳动报酬的高估。因为按照国家统计局的解释，资金流量表的修订方法为："第一步，将城乡人均可支配收入的增长速度通过人口加权求得历年全社会人均可支配收入增长速度，调整得到国内机构部门合计的劳动者报酬增长速度；第二步，以 2004

年经济普查数据计算的劳动者报酬为基础，用第一步中得到的劳动者报酬增长速度推算得到以前年份的劳动者报酬总量。"[1]这实际上是假设劳动者报酬的增长速度与人均可支配收入的增长速度相同。1995 年以来，GDP 中劳动报酬下降幅度较大，但构成居民可支配收入的其他部分（如经营性留存和财产收入等），下降的幅度则相对较小，因此，这一修订方法可能高估了 1995 年以来非经济普查年份的劳动者报酬（白重恩、钱震杰，2009）。[2]

　　收入法 GDP 数据不仅连续性强，而且有分产业的核算资料，能够更好地满足经济分析的需要，但它的核算口径在 2004 年出现了两个方面的变动。第一，个体经济收入从劳动收入变为营业盈余。在 2004 年之前，国家统计局出版的《中国国民经济核算体系（2002）》中规定："个体劳动者通过生产经营获得的纯收入，全部视为劳动者报酬，包括个人所得的劳动报酬和经营获得的利润。"在 2004 年之后，国家统计局的统计口径改变为："对于个体经济来说，业主的劳动报酬和经营利润不易区分，这两部分视为营业利润，而劳动者报酬仅包括个体经济中的雇员报酬。"第二，对农业不再计营业盈余。在 2004 年经济普查中，国家统计局国民经济核算司规定："由于国有和集体农场的财务资料难以收集，应将营业盈余与劳动者报酬合并，统一作为劳动报酬"，在此之前却无类似的规定。显然，国家统计局对混合收入处理方法的变动将在 2003～2004 年造成劳动

---

① 国家统计局国民经济核算司：《中国资金流量表历史资料（1992～2004）》，中国统计出版社，2008，第 59 页。

② 白重恩、钱震杰：《谁在挤占居民的收入——中国国民收入分配格局分析》，《中国社会科学》2009 年第 5 期，第 107 页。

收入份额的剧烈下降。因此，需要对收入法 GDP 中的劳动报酬数据进行调整，以消除 2004 年统计口径变动带来的影响。

## 第二节　收入法 GDP 中劳动报酬的统计口径及调整方法

### 一　劳动者报酬的统计口径

由于大多数国家均采用了联合国推荐的国民经济核算体系 SNA93，国际数据的可比性有了初步基础。对于收入法 GDP 核算而言，各国的主要区别是对自我雇佣者的混合收入处理方式不同，大概有三种做法。

**1. 中国收入法 GDP 的统计口径**

中国收入法 GDP 核算公式为：GDP = COMP + NTP + DEP + NOS。

**COMP** 为劳动者报酬。根据国家统计局的指标解释，劳动者报酬是指劳动者因从事生产活动所获得的全部报酬。包括劳动者获得的各种形式的工资、奖金和津贴，既包括货币形式的，也包括实物形式的，还包括劳动者所享受的公费医疗和、上下班交通补贴和单位支付的社会保险费等。对于个体经济来说，其所有者所获得的劳动报酬和经营利润不易区分，这两部分统一作为劳动者报酬处理。① 因此，中国的收入法 GDP 中的劳动报酬包括了混合收入。我国历年农业中的劳动收入份额都

---

① 国家统计局指标解释，中国统计信息网，2001 年 3 月 15 日；http://www.stats.gov.cn/tjzd/tjzbjs/t20020327_ 14293. htm。

非常高，平均在 85% 以上，远高于其他亚洲和欧美国家
(30% 以下)，这一现象与我国统计部门对混合收入的处理方
式密切相关。

**NTP** 为生产税净额，指生产税扣除生产补贴后的差额。
生产税指政府对生产单位从事生产、销售和经营活动以及使用
某些生产要素，如固定资产、土地、劳动力所征收的各种税、
规费和附加费。生产补贴与生产税相反，是政府对生产单位单
方面的转移支付，因此被视为负生产税处理，包括价格补贴、
政策性亏损补贴等。

**DEP** 为固定资产折旧，指一定时期内为弥补固定资产损
耗按照核定的固定资产折旧率提取的折旧，或按国民经济核算
统一规定的虚拟折旧率计算的固定资产折旧。

**NOS** 为净营业盈余，指常住单位创造的增加值扣除劳动
者报酬、生产税净额和固定资产折旧后的余额。

### 2. 联合国推荐的 SNA93 的统计口径

按照联合国及美国等大多数国家的统计口径，收入法
GDP 的定义是："Income – based GDP is compensation of employ-
ees, plus taxes less subsidies on production and imports, plus gross
mixed income, plus gross operating surplus." (Source publica-
tion: *System of National Accounts 1993*. Paragraphs: 2.222 )[①]即
GDP = COMP + TXPIXS + GOS。

**COMP** 为雇员报酬，它只包括受雇就业者所获得的工资
性收入，不包括农场主和个体业主的混合收入。

**TXPIXS** 为产品税与进口税减补贴，与中国的生产税净额

---

NTP 概念基本一致。

**GOS** 为总营业盈余。相当于中国的 DEP 与 NOS 之和，但其中包含了全部混合收入。

### 3. 混合收入单独列出

有些发展中国家，如伊朗、格鲁吉亚、巴西等，其收入法 GDP 核算公式为：GDP = COMP + TXPIXS + GOS + GMI。其中 GMI 代表总混合收入。

在 SNA93 中，混合收入（GMI）是指："Mixed income is the surplus or deficit accruing from production by unincorporated enterprises owned by households; it implicitly contains an element of remuneration for work done by the owner, or other members of the household, that cannot be separately identified from the return to the owner as entrepreneur but it excludes the operating surplus coming from owner – occupied dwellings." （Source publication：*System of National Accounts 1993* Paragraphs：7. 8）[①] 一些发展中国家的就业结构中"自我雇佣者"比重较高，小型非法人企业与个体经营者的收入为劳动收入和资本收入之和，但由于难以准确区分，予以单独列出。

### 4. 劳动者报酬的统计口径

综上所述，在统计理论和实践中存在着劳动者报酬的三种不同统计口径：

**窄口径的劳动报酬**，也称雇员报酬（compensation of employees），联合国推荐各国使用的 SNA93 和美国等大部分国家都采用这一口径。根据联合国统计部门的指标解释，雇员报酬是指：Compensation of employees is the total remuneration, in

---

① 联合国统计署，http：//data. un. org/Glossary. aspx? q = mixed + income。

cash or in kind, payable by an enterprise to an employee in return for work done by the latter during the accounting period. [①] 在这一统计口径下，混合收入全部记为资本所得。

**宽口径的劳动报酬**，在这一统计口径下，劳动报酬包括了混合收入。在 2004 年之前我国即采用这一统计口径。相应地，我国的资金流量表、投入产出表中的劳动报酬也是宽口径的。

**中口径的劳动报酬**，这通常是经济学者所采用的一种口径。从纯粹的经济学理论上讲，混合收入是多种要素共同创造的，既包括劳动报酬也包括资本所得，但在实践中却无法区分开来。因此，一些学者根据对生产函数的理论研究把混合收入按照某种比例分开，分别归入劳动和资本两种要素的收入之中，所得到的劳动报酬是中口径的。

## 二　劳动收入份额计算过程中的具体问题

### 1. 劳动者报酬界定中的争议

为了准确界定劳动报酬，Comme 和 Rupert（2004）深入讨论了各种生产要素的收入。他们将增加值划分为四部分：第一部分是明确归属劳动者的收入，包括工资、福利、和奖金等货币和实物收入；第二部分是明确归属资本要素的收入，包括公司利润、净利息收入、租金收入、折旧；第三部分是政府对企业的税收和补贴的差额，即政府的净税收，它既不属于劳动收入也不属于资本收入，可以被看成劳动和资本之外的"楔子"；第四部分是不能明确归属资本或劳动的个体经济收入，

---

[①] 联合国统计署，http：//data. un. org/Glossary. aspx？q = SNA93 + compensation + of + employee。

称为混合收入。①

不仅如此，Comme 和 Rupert 还指出，各机构部门的增加值构成差异也将对总体劳动收入份额产生影响。首先，政府部门中只有工资、固定资产折旧而几乎没有资本收入，如果将政府部门考虑进来，将会高估整体的劳动收入份额。其次，在居民部门中，房屋出租所得的收入一般都计入资本收入，而房主对房屋的维护、对房客提供的劳动服务却很少予以考虑，这可能会导致劳动收入份额的低估。最后，甚至在企业部门中，劳动和资本收入的区分界线在很多情况下也是模糊不清的；如在公司制企业中的职业经理人（如华尔街的高管），不仅工资收入丰厚，而且还可以获得大量股权激励，因此股票期权激励给职业经理人带来的高额收益应该属于劳动收入还是资本收入存在争议；另外，劳动者报酬中相当一部分可被理解为人力资本的回报，而人力资本带来的回报应算资本收入还是劳动收入也存在争议。对上述争议问题的辨析已经超越了本书的内容要求，这里暂不做进一步分析阐述。本书所指的劳动收入份额依然采用常规计算方法。

**2. 劳动收入份额的计算方法**

顾名思义，劳动收入份额是国民收入中劳动者所得的比例，它反映了生产过程中投入的劳动要素在分配时所占比例的大小。根据收入法 GDP 的核算过程，增加值 = 劳动者报酬 + 生产税净额 + 固定资产折旧 + 营业盈余，因此，劳动收入份额可简单地看成是劳动者报酬占国内生产总值（GDP）的比重。

---

① Gomme, P. and Rupert, P. , "Measuring Labor's Share of Income," *Policy discussion papers No.7*, November 2004, Federal Reserve Bank of Cleveland.

有的学者为了单独反映劳动与资本两种要素之间的分配关系，把企业的生产税净额作为劳动和资本之间的"楔子"，认为它既不属于劳动收入也不属于资本收入，计算劳动收入份额时将生产税净额从国内生产总值中扣除，分母为要素成本法增加值，即：

劳动收入份额 ＝ 劳动者报酬／（国内生产总值 － 生产税净额）

究竟应该采取哪种计算方法取决于不同的研究目的，如果为了反映劳动与资本之间分配关系的演变，比较适合采用上述的计算方法。但本书的研究可能不仅包括劳动与资本，而且包括政府收入份额的变动，因此，本书的计算依然采用常规计算方法，即各种要素的收入份额都以整个收入法 GDP 作为对比基础。

劳动收入份额（LS）＝ 劳动者报酬／国内生产总值
资本收入份额（KS）＝（固定资产折旧 ＋ 营业盈余）／国内生产总值
政府收入份额（GS）＝ 生产税净额／国内生产总值

需要强调的是，采用不同的计算方法只影响到要素收入份额的绝对值，并不影响对要素收入份额变动趋势的判断。

## 三 收入法 GDP 中劳动报酬的调整方法综述

在不同国家或者同一国家的不同发展阶段，自我雇佣者占全部劳动者的比重有很大不同。一般来说经济越发达，生产过程中的公司化程度就越高，正规部门中的就业者占全部劳动者比重越大；相反，欠发达国家一般拥有庞大的非正规部门，农民和个体工商业者占总就业人数比重较高，经济体中的混合收入所占比重也较高。在这种情况下，采用不同的方式核算混合收入将直接影响到劳动收入份额计算的结果。如果不同国家在这方面的计算方法不同，则会降低这方面数据在国际间的可比性。学者们一般采用表 3 - 3 所列的方法对劳动者报酬进行调整，以便得到不同口径的劳动报酬数据。

表 3 - 3　自我雇佣者混合收入的调整方法

| 研究者 | 调整方法 | 研究的国家和地区 |
|---|---|---|
| Young (1994) | 自雇者与部门、性别、年龄和教育程度相同的雇员具有同样的小时工资 | 韩国、中国香港、中国台湾 |
| Johnson (1954) | 农业自雇者的收入有 64%，非农业自雇者的收入有 2/3 是劳动报酬 | 美国 |
| Gollin (2002) | （1）自雇者的所有收入均属于劳动报酬；（2）自雇者与公司经营者的资本与劳动收入份额相同；（3）自雇者与雇员有相同的劳动报酬 | 42 个不同发展水平的国家和地区 |

资料来源：张车伟、张士斌：《我国初次分配中劳动报酬份额问题研究》（内部报告），2010。

就我国情况而言，劳动者报酬主要有两个方面需要调整：一个是第一产业的劳动报酬。自 1978 年以来，我国农村实行家庭联产承包责任制，农民属于典型的自我雇佣者；另一个是经营第二、三产业的个体业主的经营性收入。为了获得可比数据，消除 2004 年统计口径变动带来的影响，学者们采用了不同的方式对收入法 GDP 中的劳动报酬进行了调整。

白重恩、钱震杰（2009）首先注意到 2003 ~ 2004 年统计口径的变动，并利用《中国经济普查年鉴》报告中 2004 年按行业分的个体经济的增加值资料对 2004 年的劳动者报酬数据进行了调整，使之与 2003 年的劳动者报酬统计口径完全可比。他由此得到的结论是：1995 ~ 2004 年劳动收入份额下降了 10.73 个百分点，其中统计口径的变化使之下降了 6.29 个百分点（见表 3 - 4），占 58.62%；产业结构转型使之下降了

3.08 个百分点，占 28.70% 。仅此两项就占了 87.32% 。因此
白重恩等认为：“如果对劳动收入份额的变化趋势的判断仅仅
停留在总量水平上，很容易将 1995 年以来劳动收入份额持续
下降的事实，作为资本侵占劳动的证据，但本书的分析并不支
持这种观点。”[①]

　　但这一调整方法存在两个问题，一是作者利用了 2004 年
《经济普查年鉴》所提供的个体经营者的增加值资料进行调
整，使 2004 年的数据与此前年份的统计口径一致起来。但国
家统计局在其他非普查年份并不提供这一数据，因此 2004 年
之后无法再利用相同方法调整劳动者报酬，导致数据的不连
续。二是白重恩和钱震杰的调整结果使得 2004 年与之前的年
份保持了可比性，但采用这种调整方法得到的都是宽口径的劳
动报酬数据，与其他国家窄口径的劳动报酬依然不具有可
比性。

　　肖文、周明海（2010）利用《中国劳动统计年鉴》中的
个体就业人数对劳动收入份额进行了调整，公式如下：

$$劳动收入份额 = \frac{\dfrac{劳动者报酬}{非个体就业人数} \times (非个体就业人数 + 个体就业人数)}{国内生产总值}$$

　　他们的研究结果表明：“如果将个体经济重新考虑，劳动
报酬将提高 14% ~17% 左右，从而使劳动收入份额提高 6 ~7
个百分点。”[②] 这种调整方式就是 Gollin（2002）的第三种调整
方式，也是“Young 方法”，即假设自雇者与雇员有相同的劳

①　白重恩、钱震杰：《国民收入的要素分配：统计数据背后的故事》，《经
　　济研究》2009 年第 3 期，第 39 页。
②　肖文、周明海：《劳动收入份额变动的结构因素——收入法 GDP 和资金
　　流量表的比较分析》，《当代经济科学》2010 年第 5 期，第 70 页。

表3－4 白重恩等对1995年以来劳动收入份额变化的原因分解

| 影响因素 | 百分点 | | 贡献率（%） | | |
|---|---|---|---|---|---|
| 1995～2004 期间劳动收入份额下降原因 | -10.73 | 100.00 | — | — | — |
| 1995～2003 年劳动收入份额下降原因 | -5.48 | 51.10 | 100.00 | — | — |
| 其中：（1）结构转型带来的影响 | -3.36 | — | 61.31 | — | — |
| （2）产业部门劳动收入份额变化的影响 | -2.12 | — | 38.69 | 100.00 | — |
| 其中：（2.1）工业部门的影响 | -1.65 | — | — | 77.83 | 100.00 |
| 其中：国有企业改制 | -1.00 | — | — | — | 60.00 |
| 垄断程度增强 | -0.49 | — | — | — | 30.00 |
| 其他因素 | -0.16 | — | — | — | 10.00 |
| （2.2）农业、建筑业和第三产业的影响 | -0.47 | — | — | 22.17 | — |
| 2003～2004 年劳动收入份额下降原因 | -5.25 | 48.9.00 | 100.00 | — | — |
| 其中：（1）统计口径改变的影响 | -6.29 | — | 120.00 | 100.00 | — |
| 其中：（1.1）个体业主收入计为营业盈余的影响 | -7.09 | — | — | 113.00 | — |
| （1.2）国有和集体农场不计营业盈余的影响 | 0.81 | — | — | -13.00 | — |
| （2）结构转型带来的影响 | 0.28 | — | -5.30 | — | — |
| （3）产业部门劳动收入份额变化带来的影响 | 0.77 | — | -14.70 | — | 100.00 |
| 其中：（3.1）农业部门 | 0.11 | — | — | — | 14.29 |
| （3.2）工业部门 | -0.81 | — | — | — | -105.00 |
| （3.3）建筑业部门 | -0.32 | — | — | — | -41.60 |
| （3.4）第三产业 | 1.79 | — | — | — | 132.00 |

资料来源：白重恩、钱震杰：《国民收入的要素分配：统计数据背后的故事》，《经济研究》2009年第3期。

动报酬。这一方法并不适合我国国情，因为中国城乡收入差距较大，劳动力市场严重分割，用职工工资水平代表城乡个体经营者的收入水平将高估后者。

华生（2010）对比联合国定义的劳动者报酬口径，发现我国统计部门在"2004 年与国际接轨所作的调整并不彻底。因为按照各国执行的联合国 SNA93 标准，不仅非农个体经营户而且农户的收入也是混合收入，因此农户的收入也不应全部被记为劳动者报酬，而统计局 2004 年的调整只走了半步。如将农户收入去除后，我国劳动者报酬占比将再大幅下降 5 个百分点，即我国与国际同口径的劳动收入份额约为 44% 左右。……实际上，我们的研究进一步表明，中国与国际同口径可比的劳动者报酬在初次分配及占 GDP 的比重并未下降，反而一直在稳定攀升"[1]。对此华生还绘制了一张表（见表 3 – 5）。

表 3 – 5 华生对劳动者报酬的调整过程

单位：亿元,%

| 年份 | 家庭经营性纯收入中农林牧渔收入总和 | 劳动者报酬 | 调整后劳动者报酬 | GDP | 家庭经营性纯收入中农林牧渔收入总和/GDP | 劳动者报酬/GDP | 调整后劳动者报酬/GDP |
|---|---|---|---|---|---|---|---|
| 1992 | 3895. 112 | 14696. 70 | 10801. 59 | 26923. 48 | 14. 47 | 54. 59 | 40. 12 |
| 1993 | 4648. 346 | 18173. 40 | 13525. 05 | 35333. 92 | 13. 16 | 51. 43 | 38. 28 |
| 1994 | 6099. 630 | 25206. 00 | 19106. 37 | 48197. 86 | 12. 66 | 52. 30 | 39. 64 |
| 1995 | 7873. 519 | 32087. 40 | 24213. 88 | 60793. 73 | 12. 95 | 52. 78 | 39. 83 |
| 1996 | 9351. 182 | 37085. 80 | 27734. 62 | 71176. 59 | 13. 14 | 52. 10 | 38. 97 |

---

① 华生：《劳动者报酬占 GDP 比重低被严重误读——中国收入分配问题研究报告之二》，《中国证券报》2010 年 10 月 14 日。

| 年份 | 家庭经营性纯收入中农林牧渔收入总和 | 劳动者报酬 | 调整后劳动者报酬 | GDP | 家庭经营性纯收入中农林牧渔收入总和/GDP | 劳动者报酬/GDP | 调整后劳动者报酬/GDP |
|------|------|------|------|------|------|------|------|
| 1997 | 9832.547 | 41870.40 | 32037.85 | 78973.03 | 12.45 | 53.02 | 40.57 |
| 1998 | 9447.927 | 44337.20 | 34889.27 | 84402.28 | 11.19 | 52.53 | 41.34 |
| 1999 | 9343.718 | 47177.90 | 37834.18 | 89677.05 | 10.42 | 52.61 | 42.19 |
| 2000 | 8816.649 | 50075.90 | 41259.25 | 99214.55 | 8.89 | 50.47 | 41.59 |
| 2001 | 8963.170 | 54444.80 | 45481.63 | 109655.20 | 8.17 | 49.65 | 41.48 |
| 2002 | 8880.275 | 60732.00 | 51851.72 | 120332.70 | 7.38 | 50.47 | 43.09 |
| 2003 | 9188.229 | 66925.00 | 57736.77 | 135822.80 | 6.76 | 49.27 | 42.51 |
| 2004 | 10583.940 | 75366.20 | 64782.26 | 159878.30 | 6.62 | 47.14 | 40.52 |
| 2005 | 10954.990 | 92948.80 | 81993.81 | 183217.40 | 5.98 | 50.73 | 44.75 |
| 2006 | 11218.390 | 105555.30 | 94336.91 | 211923.50 | 5.29 | 49.81 | 44.51 |
| 2007 | 12695.750 | 125359.10 | 112663.40 | 257305.60 | 4.93 | 48.72 | 43.79 |

这一调整思路实际上是把农业中家庭经营性纯收入中的农林牧渔业收入看成是第一产业的混合收入，从现有的劳动者报酬数据中扣除这部分之后，剩下的部分与联合国雇员报酬指标是可比的。该方法显然没有考虑城镇个体工商户的劳动者报酬调整问题。也就是说，在2004年之前的劳动者报酬不仅需要扣除第一产业中的混合收入，也需要扣除城镇个体工商户的混合收入，才能得到与联合国数据可比的雇员劳动报酬数据，显然该调整方法并不彻底。

张车伟、张士斌（2010）研究比较了 Johnson（1954）调整方法和 Gollin（2002）的第二种调整方法，即假设受雇者与自雇者的劳动收入份额相同，发现根据两种方法调整得到的结果非常相近。他们把农村和城镇家庭的经营性收入看成是混合收入，在 2004 年之前，他们从原有的劳动报酬中扣除家庭经营收入的 1/3；在 2004 年之后，他们把第一产业原有的劳动报酬扣除农民家庭经营性收入的 1/3，第二、三产业则把原有的劳动报酬再加上家庭经营收入的 2/3（见表 3 - 6）。

表 3 - 6　张车伟、张士斌对 1978 ~ 2007 年我国劳动报酬的调整过程

单位：亿元

| 年份 | 调整前劳动报酬① | 需剔除的资本性收入 | | 调整后劳动报酬① - ② - ③ | GDP | 调整后劳动报酬占增加值份额（%） |
|------|------|------|------|------|------|------|
| | | 农户② | 城镇③ | | | |
| 1978 | 1708 | 327 | — | 1381 | 3442 | 40.1 |
| 1979 | 2017 | 381 | — | 1636 | 3920 | 41.7 |
| 1980 | 2238 | 448 | — | 1790 | 4372 | 40.9 |
| 1981 | 2512 | 528 | — | 1984 | 4766 | 41.6 |
| 1982 | 2840 | 658 | — | 2182 | 5300 | 41.2 |
| 1983 | 3186 | 745 | — | 2441 | 5951 | 41.0 |
| 1984 | 3807 | 771 | — | 3036 | 7092 | 42.8 |
| 1985 | 4537 | 797 | 9 | 3731 | 8602 | 43.4 |
| 1986 | 5092 | 847 | 9 | 4236 | 9640 | 43.9 |
| 1987 | 5950 | 940 | 10 | 5000 | 11438 | 43.7 |
| 1988 | 7466 | 1107 | 16 | 6343 | 14445 | 43.9 |
| 1989 | 8437 | 1205 | 20 | 7212 | 16366 | 44.1 |
| 1990 | 9846 | 1454 | 23 | 8369 | 18470 | 45.3 |
| 1991 | 11078 | 1477 | 26 | 9575 | 21255 | 45.0 |
| 1992 | 13030 | 1591 | 31 | 11408 | 26038 | 43.8 |
| 1993 | 16935 | 1930 | 45 | 14960 | 34219 | 43.7 |
| 1994 | 22829 | 2519 | 70 | 20240 | 45345 | 44.6 |
| 1995 | 29597 | 3225 | 85 | 26287 | 57535 | 45.7 |

| 年份 | 调整前劳动报酬① | 需剔除的资本性收入 | | 调整后劳动报酬①－②－③ | GDP | 调整后劳动报酬占增加值份额（％） |
|------|------|------|------|------|------|------|
| | | 农户② | 城镇③ | | | |
| 1996 | 34704 | 3864 | 144 | 30696 | 67764 | 45.3 |
| 1997 | 38954 | 4132 | 221 | 34601 | 76339 | 45.3 |
| 1998 | 41960 | 4063 | 259 | 37638 | 82558 | 45.6 |
| 1999 | 44082 | 3961 | 324 | 39797 | 88216 | 45.1 |
| 2000 | 47978 | 3846 | 377 | 43755 | 98504 | 44.4 |
| 2001 | 52351 | 3871 | 439 | 48041 | 108546 | 44.3 |
| 2002 | 57577 | 3877 | 556 | 53144 | 120571 | 44.1 |
| 2003 | 64272 | 3948 | 705 | 59619 | 139250 | 42.8 |

| 年份 | 调整前劳动报酬④ | 农户资本收入⑤ | 城镇个体劳动报酬⑥ | 调整后劳动报酬④－⑤＋⑥ | GDP | 调整后劳动报酬占增加值份额（％） |
|------|------|------|------|------|------|------|
| 2004 | 69640 | 4405 | 1787 | 67022 | 167587 | 40.0 |
| 2005 | 81885 | 4583 | 2547 | 79849 | 197789 | 40.4 |
| 2006 | 93831 | 4746 | 3114 | 92199 | 231053 | 39.9 |
| 2007 | 101283 | 5320 | 3724 | 99687 | 254864 | 39.1 |

资料来源：张车伟、张士斌：《中国初次分配收入格局的变动与问题——以劳动报酬占 GDP 份额为视角》，《中国人口科学》2010 年第 5 期。

1978～2003 年：

$$L_s' = \frac{W'}{Y} = \frac{[(W_a - \frac{1}{3}I_{am}) + (W_n - \frac{1}{3}I_{nm})]}{Y}$$

2004～2007 年：

$$L_s' = \frac{W'}{Y} = \frac{[(W_a - \frac{1}{3}I_{am}) + (W_n + \frac{2}{3}I_{nm})]}{Y}$$

公式中，$L_s{}'$ 表示调整后的劳动收入份额，$W$ 为未调整（统计年鉴上）的劳动者报酬；$W'$ 为调整后的劳动者报酬数据，$Y$ 为国民收入（GDP）；$W_a$ 为未调整（统计年鉴上）的农业劳动者报酬数据，$W_n$ 为非农业劳动者报酬数据；$I_{am}$ 为农民的经营性收入，$I_{nm}$ 为城镇个体工商户的经营性收入。

张车伟、张士斌的研究结果表明，1978~2007 年调整后的劳动收入份额比调整前平均下降了 6.6 个百分点，而这主要是由于调整后农业劳动收入份额的变动引起的。仅就调整后的数据而言，劳动收入份额从 1978 年的 40.1% 下降到 2007 年的 39.2%，仅降低 0.9 个百分点。[①]

张车伟、张士斌的调整方法把居民家庭收入中的经营性收入按 2∶1 的比例分劈。这种方法也可能存在一定的问题，因为居民家庭经营性收入与增加值的口径并不一致。按照国家统计局的指标解释，居民家庭总收入是指农村住户从各种渠道得到的收入总和，它被划分为工资性收入、家庭经营收入、财产性收入和转移性收入。[②] 根据这一解释，家庭经营性收入是毛收入概念，并未扣除成本支出；而混合收入是个增加值的概念，在计算增加值时必须扣除中间投入。因此，家庭经营收入与混合收入的经济含义相差很大。根据这种调整方式得到的结果是中口径的劳动报酬，它与其他国家窄口径的劳动报酬数据依然不具有可比性。

---

①　张车伟、张士斌：《中国初次分配收入格局的变动与问题——以劳动报酬占 GDP 份额为视角》，《中国人口科学》2010 年第 5 期，第 24~35 页。

②　国家统计局指标解释，中国统计信息网，2001 年 3 月 15 日，http：//www.stats.gov.cn/tjzd/tjzbjs/t20020327_ 14293.htm。

## 第三节　对我国收入法 GDP 中劳动者
## 报酬数据的调整

综上所述，对混合收入的调整方法，存在一些共同的缺陷：国民收入分配问题讨论的是增加值的分配，所以直接把农户或者城镇个体户的经营收入作为混合收入并不合适。因为经营性收入中尚未扣除成本支出，它只是一个收入的概念，与增加值的经济含义相差很大。因此，对劳动报酬的调整依然应该从增加值的角度入手，而不是从收入的角度入手，否则将造成统计口径的混乱，导致重复计算或者重复扣除等问题。本节试图通过对我国收入法 GDP 中劳动者报酬数据进行适当的调整得到全国及各产业的混合收入，并分别按照宽、中、窄三种口径计算各产业的劳动报酬及劳动收入份额，以消除 2004 年统计口径变动的影响。

### 一　对第一产业增加值中劳动者报酬的调整

第一产业包括农、林、牧、渔业。由于其混合收入不易区分究竟是劳动所得还是资本所得，我国统计部门把它全部计入了劳动报酬。

考虑到现有的调整方法可能带来的问题，本书直接把扣除折旧和生产税净额后的增加值作为混合收入，因为只有这一部分收入无法明确划分归属。如果从现有的劳动报酬中扣除混合收入的 1/3，即得到中口径的劳动报酬。

$$调整后的劳动者报酬 = \frac{（第一产业增加值 - 生产税净额 - 折旧）\times 2}{3}$$

$$调整后的资本性收入 = \frac{(第一产业增加值 - 生产税净额 - 折旧)}{3}$$

这一调整思路更符合经济学中要素分配理论的要求。调整前后的数据见表 3-7。

**表 3-7　第一产业劳动报酬的调整过程**

单位：亿元,%

| 年份 | 增加值 | 调整前数据 | | | | 混合收入 | 调整后的劳动报酬 | 劳动收入份额 | |
| | | 劳动报酬 | 折旧 | 净生产税 | 营业盈余 | | | 调整前 | 调整后 |
| 1978 | 997.6 | 864.6 | 31.6 | 30.7 | 70.7 | 935.3 | 623.6 | 86.67 | 62.51 |
| 1980 | 1311.3 | 1141.4 | 42.0 | 34.2 | 93.6 | 1235.1 | 823.4 | 87.05 | 62.79 |
| 1985 | 2534.3 | 2264.7 | 73.1 | 64.0 | 132.4 | 2397.2 | 1598.1 | 89.36 | 63.06 |
| 1990 | 5050.7 | 4337.0 | 163.7 | 154.0 | 396.1 | 4733.0 | 3155.4 | 85.87 | 62.47 |
| 1991 | 5297.0 | 4565.2 | 169.6 | 163.0 | 399.2 | 4964.4 | 3309.6 | 86.18 | 62.48 |
| 1992 | 5785.2 | 4987.5 | 196.7 | 161.6 | 439.4 | 5426.9 | 3617.9 | 86.21 | 62.54 |
| 1993 | 6821.4 | 5845.5 | 168.8 | 248.1 | 558.9 | 6404.4 | 4269.6 | 85.69 | 62.59 |
| 1994 | 9212.5 | 7842.4 | 227.7 | 323.2 | 819.3 | 8661.7 | 5774.4 | 85.13 | 62.68 |
| 1995 | 11805.0 | 10162.1 | 300.2 | 404.1 | 938.5 | 11100.6 | 7400.4 | 86.08 | 62.69 |
| 1996 | 13673.5 | 11833.3 | 346.0 | 482.0 | 1012.1 | 12845.5 | 8563.7 | 86.54 | 62.63 |
| 1997 | 14458.1 | 12492.9 | 383.3 | 513.5 | 1068.4 | 13561.3 | 9040.9 | 86.41 | 62.53 |
| 1998 | 14797.3 | 12821.2 | 373.1 | 527.7 | 1075.3 | 13896.5 | 9264.3 | 86.65 | 62.61 |
| 1999 | 14573.2 | 12601.7 | 359.8 | 525.8 | 1086.0 | 13687.6 | 9125.1 | 86.47 | 62.62 |
| 2000 | 14804.6 | 12680.6 | 382.1 | 573.7 | 1168.3 | 13848.8 | 9232.5 | 85.65 | 62.36 |
| 2001 | 15487.2 | 13231.6 | 389.8 | 618.8 | 1246.9 | 14478.6 | 9652.4 | 85.44 | 62.32 |
| 2002 | 16185.2 | 13669.4 | 495.5 | 677.1 | 1343.2 | 15012.6 | 10008.4 | 84.46 | 61.84 |
| 2003 | 17142.2 | 14303.7 | 522.8 | 754.6 | 1561.1 | 15864.8 | 10576.0 | 83.44 | 61.70 |
| 2004 | 20866.6 | 18897.0 | 374.4 | 812.7 | 782.5 | 19679.5 | 13119.7 | 90.56 | 62.87 |

## 二 对第二、第三产业增加值中劳动报酬的调整

我国统计部门在 2004 年之前把个体经济的混合收入全部计入劳动报酬，2004 年及以后又把混合收入计为资本性收入。为了估算出个体经济的混合收入，笔者采取以下调整方法。

第一步：根据 2004 年经济普查资料计算出当年个体经济在第二、三产业中的增加值（见表 3 - 8 第 5 列），以及个体经济分布在第二、三产业中的增加值比例（见表 3 - 8 第 10 列）；

第二步：劳动统计年鉴中提供了各年的个体就业人数，根据个体经济就业人数与全部就业人数之间的比值，推算出 2004 年之前各年的个体经济的增加值；

第三步：按照 2004 年普查数据中第二、三产业之间的比例关系（0.276∶0.724），推算出各年度个体经济 GDP 中的二、三产业的增加值。然后按照 2004 年普查数据中个体经济增加值中的生产税、折旧、雇员报酬比重，推算 2004 年之前各年度二、三产业 GDP 中的生产税、折旧和雇员报酬数值；

第四步：按照 Gollin 的第二种调整方法，把个体经济的增加值扣除折旧、生产税净额和雇员报酬之后的部分作为混合收入，这部分收入无法明确归属劳动或者资本创造。

然后调整各年度各产业的劳动者报酬：即在 2004 年之前把已有的劳动者报酬扣除混合收入的 1/3，2004 年及以后则把已有的劳动者报酬加上混合收入的 2/3，得到的就是中口径的劳动报酬（见表 3 - 9）。

**表 3 - 8　2004 年经济普查年份的个体经济增加值及相关比例**

单位：亿元，%

| 产业类别 | 劳动者报酬 | 生产税 | 折旧 | 营业盈余 | 增加值 | 劳动者报酬份额 | 生产税比重 | 折旧比重 | 营业盈余比重 | 各产业增加值比重 |
|---|---|---|---|---|---|---|---|---|---|---|
| | 1 | 2 | 3 | 4 | 5 | 6 = 1/5 | 7 = 2/5 | 8 = 3/5 | 9 = 4/5 | 10 |
| 第二产业 | 1940.58 | 470.00 | 229.40 | 5051.90 | 7691.90 | 0.2523 | 0.0610 | 0.0298 | 0.6568 | 0.276 |
| 第三产业 | 2123.98 | 1526.92 | 589.20 | 15929.00 | 20169.10 | 0.1053 | 0.0757 | 0.0292 | 0.7898 | 0.724 |
| 合　计 | 4064.66 | 1996.92 | 818.60 | 20980.90 | 27861.00 | 0.1459 | 0.0717 | 0.0294 | 0.7531 | 1.000 |

数据来源：国务院第一次全国经济普查领导小组办公室：《中国经济普查年鉴（2004）》，中国统计出版社，2001。

表 3 - 9　第二、第三产业中个体经济混合收入的调整过程

| 年份 | 自雇者人数（万人） | 全部就业数（万人） | 个体劳动者比例（％） | 全国 GDP 总额（亿元） | 自雇者 GDP（亿元） |
|---|---|---|---|---|---|
| | 1 | 2 | 3 = 1/2 | 4 | 5 = 3 × 4 |
| 1978 | 15.00 | 40152 | 0.0004 | 3440.49 | 1.29 |
| 1980 | 81.00 | 42361 | 0.0019 | 4367.87 | 8.30 |
| 1985 | 450.00 | 49873 | 0.0090 | 8577.40 | 77.39 |
| 1990 | 2105 | 64749 | 0.0325 | 18357.23 | 596.80 |
| 1991 | 2308 | 65491 | 0.0352 | 21142.01 | 745.08 |
| 1992 | 2468 | 66152 | 0.0373 | 25892.32 | 965.99 |
| 1993 | 2940 | 66808 | 0.0440 | 34219.55 | 1505.89 |
| 1994 | 3776 | 67455 | 0.0560 | 45345.14 | 2538.33 |
| 1995 | 4614 | 68065 | 0.0678 | 57535.20 | 3900.20 |
| 1996 | 5017 | 68950 | 0.0728 | 67764.15 | 4930.71 |
| 1997 | 5441 | 69820 | 0.0779 | 76339.24 | 5949.04 |
| 1998 | 6114 | 70637 | 0.0866 | 82558.51 | 7145.87 |
| 1999 | 6241 | 71394 | 0.0874 | 88215.62 | 7711.05 |
| 2000 | 5070 | 72085 | 0.0703 | 98504.14 | 6924.84 |
| 2001 | 4760 | 73025 | 0.0652 | 108545.75 | 7075.35 |
| 2002 | 4743 | 73740 | 0.0643 | 120571.02 | 7755.20 |
| 2003 | 4637 | 74432 | 0.0623 | 139250.04 | 8675.02 |
| 2004 | 4587 | 75200 | 0.0610 | 167587.11 | 10222.37 |
| 2005 | 4901 | 75825 | 0.0646 | 197789.03 | 12784.03 |
| 2006 | 5160 | 76400 | 0.0675 | 231053.34 | 15605.11 |
| 2007 | 5497 | 76990 | 0.0713 | 275624.62 | 19679.29 |

| 年份 | 第二产业 | | | | |
|---|---|---|---|---|---|
| | 增加值 | 生产税 | 折旧 | 雇员报酬 | 混合收入 |
| | $6 = 5 \times 0.276$ | $7 = 6 \times 0.061$ | $8 = 6 \times 0.03$ | $9 = 6 \times 0.2523$ | $10 = 6 - 7 - 8 - 9$ |
| 1978 | 0.35 | 0.02 | 0.01 | 0.09 | 0.23 |
| 1980 | 2.31 | 0.14 | 0.07 | 0.58 | 1.51 |
| 1985 | 21.37 | 1.31 | 0.64 | 5.39 | 14.03 |
| 1990 | 164.76 | 10.07 | 4.91 | 41.57 | 108.21 |
| 1991 | 205.70 | 12.57 | 6.14 | 51.90 | 135.10 |
| 1992 | 266.69 | 16.30 | 7.95 | 67.28 | 175.16 |
| 1993 | 415.75 | 25.40 | 12.40 | 104.89 | 273.06 |
| 1994 | 700.79 | 42.82 | 20.90 | 176.80 | 460.26 |
| 1995 | 1076.77 | 65.79 | 32.12 | 271.66 | 707.21 |
| 1996 | 1361.28 | 83.18 | 40.60 | 343.43 | 894.06 |
| 1997 | 1642.42 | 100.36 | 48.99 | 414.36 | 1078.71 |
| 1998 | 1972.84 | 120.55 | 58.84 | 497.72 | 1295.73 |
| 1999 | 2128.96 | 130.09 | 63.50 | 537.11 | 1398.27 |
| 2000 | 1912.74 | 116.87 | 57.05 | 482.56 | 1256.25 |
| 2001 | 1953.48 | 119.36 | 58.26 | 492.84 | 1283.01 |
| 2002 | 2141.03 | 130.82 | 63.86 | 540.16 | 1406.19 |
| 2003 | 2394.78 | 146.33 | 71.43 | 604.18 | 1572.85 |
| 2004 | 2822.27 | 172.45 | 84.18 | 712.03 | 1853.62 |
| 2005 | 3529.15 | 215.64 | 105.26 | 890.37 | 2317.89 |
| 2006 | 4308.02 | 263.23 | 128.49 | 1086.87 | 2829.43 |
| 2007 | 5433.08 | 331.98 | 162.04 | 1370.70 | 3568.35 |

续表

| 年份 | 第三产业 | | | | |
|---|---|---|---|---|---|
| | 增加值 | 生产税 | 折旧 | 雇员报酬 | 混合收入 |
| | 11 = 5 × 0.724 | 12 = 11 × 0.076 | 13 = 11 × 0.037 | 14 = 11 × 0.105 | 15 = 11 − 12 − 13 − 14 |
| 1978 | 0.93 | 0.07 | 0.03 | 0.10 | 0.7276 |
| 1980 | 6.05 | 0.46 | 0.22 | 0.64 | 4.7280 |
| 1985 | 56.03 | 4.24 | 2.07 | 5.90 | 43.8123 |
| 1990 | 432.03 | 32.71 | 15.98 | 45.50 | 337.8465 |
| 1991 | 539.37 | 40.83 | 19.95 | 56.80 | 421.7875 |
| 1992 | 699.30 | 52.94 | 25.87 | 73.64 | 546.8478 |
| 1993 | 1090.14 | 82.53 | 40.32 | 114.80 | 852.4843 |
| 1994 | 1837.54 | 139.11 | 67.97 | 193.51 | 1436.9507 |
| 1995 | 2823.43 | 213.75 | 104.44 | 297.33 | 2207.9062 |
| 1996 | 3569.43 | 270.23 | 132.03 | 375.89 | 2791.2781 |
| 1997 | 4306.61 | 326.04 | 159.30 | 453.52 | 3367.7510 |
| 1998 | 5173.02 | 391.63 | 191.35 | 544.76 | 4045.2776 |
| 1999 | 5582.40 | 422.62 | 206.49 | 587.88 | 4365.4125 |
| 2000 | 5015.42 | 379.70 | 185.52 | 528.17 | 3922.0380 |
| 2001 | 5122.26 | 387.79 | 189.47 | 539.42 | 4005.5867 |
| 2002 | 5614.05 | 425.02 | 207.66 | 591.21 | 4390.1576 |
| 2003 | 6279.41 | 475.39 | 232.28 | 661.28 | 4910.4706 |
| 2004 | 7400.33 | 560.25 | 273.74 | 779.32 | 5787.0208 |
| 2005 | 9253.86 | 700.57 | 342.30 | 974.51 | 7236.4758 |
| 2006 | 11296.15 | 855.19 | 417.85 | 1189.58 | 8833.5388 |
| 2007 | 14246.18 | 1078.52 | 526.97 | 1500.25 | 11140.4490 |

注：第三列"个体劳动者比例"的数据由于是计算机自动生成的数据，而书面文字按四舍五入书写，因此造成后面第 5～10 列的数据产生一定的误差，但这种误差不影响本书对问题趋势的判断。

## 三 中口径的劳动收入份额

根据已有的统计数据，把全国整体及各产业劳动报酬调整前后的结果作为劳动报酬的中口径（见表3-10）。

**表3-10 调整后的各产业劳动者报酬**

单位：亿元

| 年份 | 全国GDP总额 | 全国劳动报酬 | | 第一产业GDP | 第一产业劳动报酬 | |
|---|---|---|---|---|---|---|
| | | 调整前 | 调整后 | | 调整前 | 调整后 |
| 1978 | 3440.4900 | 1708.4100 | 1467.01 | 997.6000 | 864.6400 | 623.5533 |
| 1980 | 4367.8700 | 2234.0600 | 1913.92 | 1311.2700 | 1141.4300 | 823.3667 |
| 1985 | 8577.4000 | 4537.5100 | 3851.54 | 2534.3100 | 2264.7300 | 1598.1133 |
| 1990 | 18357.2300 | 9806.2700 | 8470.58 | 5050.6900 | 4336.9600 | 3155.3600 |
| 1991 | 21142.0100 | 11027.8200 | 9586.63 | 5297.0200 | 4565.1500 | 3309.5867 |
| 1992 | 25892.3200 | 12970.5500 | 11363.23 | 5785.2300 | 4987.5400 | 3617.9400 |
| 1993 | 34219.5466 | 16934.5454 | 14983.51 | 6821.3973 | 5845.5041 | 4269.6233 |
| 1994 | 45345.1380 | 22829.0397 | 20128.69 | 9212.5472 | 7842.4004 | 5774.4473 |
| 1995 | 57535.1962 | 29596.8013 | 25863.38 | 11804.9484 | 10162.1170 | 7400.3854 |
| 1996 | 67764.1504 | 34703.6409 | 30205.54 | 13673.5028 | 11833.3260 | 8563.6498 |
| 1997 | 76339.2363 | 38954.4912 | 34020.34 | 14458.0586 | 12492.8530 | 9040.8530 |
| 1998 | 82558.5106 | 41960.4601 | 36623.23 | 14797.3151 | 12821.1960 | 9264.3373 |
| 1999 | 88215.6168 | 44082.1645 | 38684.33 | 14573.2157 | 12601.6590 | 9125.0843 |
| 2000 | 98504.1378 | 47977.6914 | 42803.60 | 14804.6281 | 12680.5680 | 9232.5486 |
| 2001 | 108545.7461 | 52351.2910 | 47009.17 | 15487.1957 | 13231.6340 | 9652.3761 |
| 2002 | 120571.0200 | 57576.7861 | 51983.68 | 16185.2232 | 13669.3600 | 10008.3822 |
| 2003 | 139250.0429 | 64271.5269 | 58383.22 | 17142.1809 | 14303.7260 | 10576.5310 |
| 2004 | 167587.1133 | 69639.6367 | 69013.65 | 20866.5535 | 18896.9910 | 13119.6673 |
| 2005 | 197789.0300 | 81888.0200 | 81280.64 | — | — | — |
| 2006 | 231053.3400 | 93822.8300 | 94124.17 | — | — | — |
| 2007 | 275624.6200 | 109532.2700 | 110442.20 | — | — | — |

续表

| 年份 | 第二产业 GDP | 第二产业劳动报酬 | | 第三产业 GDP | 第三产业劳动报酬 | | 调整后全国劳动收入份额 |
|---|---|---|---|---|---|---|---|
| | | 调整前 | 调整后 | | 调整前 | 调整后 | |
| 1978 | 1792. 7800 | 557. 0100 | 556. 93 | 650. 110 | 286. 7700 | 286. 53 | 42. 64 |
| 1980 | 2204. 4900 | 707. 2300 | 706. 73 | 852. 110 | 385. 4000 | 383. 82 | 43. 82 |
| 1985 | 4001. 2200 | 1396. 3600 | 1391. 68 | 2041. 870 | 876. 3500 | 861. 75 | 44. 90 |
| 1990 | 7701. 3300 | 3008. 0300 | 2971. 96 | 5605. 210 | 2455. 8800 | 2343. 26 | 46. 14 |
| 1991 | 8938. 2400 | 3507. 0100 | 3461. 98 | 6906. 750 | 2955. 6600 | 2815. 06 | 45. 34 |
| 1992 | 11493. 9700 | 4334. 0100 | 4275. 62 | 8613. 120 | 3651. 9500 | 3469. 67 | 43. 89 |
| 1993 | 16093. 9270 | 6335. 1690 | 6244. 15 | 11304. 233 | 4753. 9023 | 4469. 74 | 43. 79 |
| 1994 | 21138. 1644 | 8373. 8604 | 8220. 44 | 14994. 441 | 6612. 7847 | 6133. 80 | 44. 39 |
| 1995 | 26251. 1232 | 10900. 3946 | 10664. 66 | 19479. 150 | 8534. 2991 | 7798. 33 | 44. 95 |
| 1996 | 30589. 7479 | 12663. 0467 | 12365. 03 | 23500. 910 | 10207. 2880 | 9276. 86 | 44. 57 |
| 1997 | 34433. 5816 | 14475. 8344 | 14116. 26 | 27447. 586 | 11985. 8040 | 10863. 22 | 44. 56 |
| 1998 | 37000. 9624 | 15701. 8576 | 15269. 95 | 30760. 183 | 13437. 3660 | 12088. 94 | 44. 36 |
| 1999 | 39390. 7949 | 16497. 6887 | 16031. 60 | 34251. 576 | 14982. 7870 | 13527. 65 | 43. 85 |
| 2000 | 44307. 3693 | 17996. 5005 | 17577. 75 | 39392. 160 | 17300. 6430 | 15993. 30 | 43. 45 |
| 2001 | 48413. 8987 | 19507. 2418 | 19079. 57 | 44645. 242 | 19612. 4150 | 18277. 22 | 43. 31 |
| 2002 | 53829. 4041 | 21487. 1379 | 21018. 41 | 50556. 373 | 22420. 2780 | 20956. 89 | 43. 11 |
| 2003 | 64668. 1475 | 25061. 7796 | 24537. 50 | 57439. 714 | 24906. 0210 | 23269. 20 | 41. 93 |
| 2004 | 79795. 4138 | 26532. 5582 | 27768. 30 | 66924. 695 | 24267. 6690 | 28125. 68 | 41. 18 |
| 2005 | — | — | — | — | — | — | 41. 09 |
| 2006 | — | — | — | — | — | — | 40. 74 |
| 2007 | — | — | — | — | — | — | 40. 07 |

　　数据来源：根据《中国经济普查年鉴（2004）》、《中国国内生产总值核算历史资料（1952～2004）》等数据计算得到。

本调整方法有以下特点。

（1）从各产业的增加值开始调整，而不是按照通常的做法，从家庭经营收入开始调整。这样就避免了家庭经营收入与增加值的口径不一致所带来的重复计算，使我们在估算的准确性上前进了一步。

（2）现有文献中的调整方法只能获得全国层面的中口径劳动报酬数据。本节的调整方法不仅能够获得全国层面的劳动报酬数据，而且得到了 1978～2004 年分产业的劳动报酬数据，它有利于进一步分析产业结构的变动对整体劳动收入份额的影响。通过对混合收入的分劈比例不同，还能得到各全国及各产业的宽、中、窄三种口径的劳动报酬。其中窄口径的劳动报酬与联合国推荐口径一致，这就为劳动收入份额的国际比较提供了可能性，可以判断我国劳动收入份额在国际上的相对水平。

（3）调整过程中隐含以下假设：个体经济的人均 GDP 与全国所有就业人员的人均 GDP 相同；各年度个体经济在二、三产业中的分布比例；生产税净额、折旧、雇员报酬占其增加值的比例与 2004 年经济普查时相同。由于 2005～2007 年只有全国的收入法 GDP 数据，没有各产业的收入法核算数据，因此也无法得到该期间各产业的调整数据。

由表 3-11 可以看到，在 1978～2003 年，调整前的劳动收入份额均值为 50.27%，调整后下降为 44.06%，说明宽口径的劳动收入份额比中口径的劳动收入份额平均高出 6.21 个百分点。整个 1978～2007 年全国劳动收入份额调整前比调整后平均高出 5.04 个百分点（48.47-43.43）。但自 2003 年以后两者数据则非常接近，平均相差仅为 0.06 个百分点（40.83-40.77）。

表 3-11　调整前后的劳动收入份额对比
（混合收入的 2/3 计入劳动报酬）

单位：%

| 年份 | 全国劳动收入份额 | | 第一产业劳动收入份额 | | 第二产业劳动收入份额 | | 第三产业劳动收入份额 | |
|---|---|---|---|---|---|---|---|---|
| | 调整前 | 调整后 | 调整前 | 调整后 | 调整前 | 调整后 | 调整前 | 调整后 |
| 1978 | 49.66 | 42.64 | 86.67 | 62.51 | 31.07 | 31.07 | 44.11 | 44.07 |
| 1980 | 51.15 | 43.82 | 87.05 | 62.79 | 32.08 | 32.06 | 45.23 | 45.04 |
| 1985 | 52.90 | 44.90 | 89.36 | 63.06 | 34.90 | 34.78 | 42.92 | 42.20 |
| 1990 | 53.42 | 46.14 | 85.87 | 62.47 | 39.06 | 38.59 | 43.81 | 41.81 |
| 1991 | 52.16 | 45.34 | 86.18 | 62.48 | 39.24 | 38.73 | 42.79 | 40.76 |
| 1992 | 50.09 | 43.89 | 86.21 | 62.54 | 37.71 | 37.20 | 42.40 | 40.28 |
| 1993 | 49.49 | 43.79 | 85.69 | 62.59 | 39.36 | 38.80 | 42.05 | 39.54 |
| 1994 | 50.35 | 44.39 | 85.13 | 62.68 | 39.61 | 38.89 | 44.10 | 40.91 |
| 1995 | 51.44 | 44.95 | 86.08 | 62.69 | 41.52 | 40.63 | 43.81 | 40.03 |
| 1996 | 51.21 | 44.57 | 86.54 | 62.63 | 41.40 | 40.42 | 43.43 | 39.47 |
| 1997 | 51.03 | 44.56 | 86.41 | 62.53 | 42.04 | 41.00 | 43.67 | 39.58 |
| 1998 | 50.83 | 44.36 | 86.65 | 62.61 | 42.44 | 41.27 | 43.68 | 39.30 |
| 1999 | 49.97 | 43.85 | 86.47 | 62.62 | 41.88 | 40.70 | 43.74 | 39.49 |
| 2000 | 48.71 | 43.45 | 85.65 | 62.36 | 40.62 | 39.67 | 43.92 | 40.60 |
| 2001 | 48.23 | 43.31 | 85.44 | 62.32 | 40.29 | 39.41 | 43.93 | 40.94 |
| 2002 | 47.75 | 43.11 | 84.46 | 61.84 | 39.92 | 39.05 | 44.35 | 41.45 |
| 2003 | 46.16 | 41.93 | 83.44 | 61.70 | 38.75 | 37.94 | 43.36 | 40.51 |
| 2004 | 41.55 | 41.18 | 90.56 | 62.87 | 33.25 | 34.80 | 36.26 | 42.03 |
| 2005 | 41.40 | 41.09 | — | — | — | — | — | — |
| 2006 | 40.61 | 40.74 | — | — | — | — | — | — |
| 2007 | 39.74 | 40.07 | — | — | — | — | — | — |
| 1978~2003年平均 | 50.27 | 44.06 | 86.08 | 62.50 | 38.93 | 38.25 | 43.61 | 40.94 |
| 2004~2007年平均 | 40.83 | 40.77 | — | — | — | — | — | — |

| 年份 | 全国劳动收入份额 | | 第一产业劳动收入份额 | | 第二产业劳动收入份额 | | 第三产业劳动收入份额 | |
|---|---|---|---|---|---|---|---|---|
| | 调整前 | 调整后 | 调整前 | 调整后 | 调整前 | 调整后 | 调整前 | 调整后 |
| 1978～2007年平均 | 48.47 | 43.43 | 86.33 | 62.52 | 38.62 | 38.06 | 43.20 | 41.00 |
| 最小值 | 39.74 | 40.07 | 83.44 | 61.70 | 31.07 | 31.07 | 36.26 | 39.30 |
| 最大值 | 53.42 | 46.14 | 90.56 | 63.06 | 42.44 | 41.27 | 45.23 | 45.04 |
| 极差 | 13.68 | 6.07 | 7.12 | 1.36 | 11.37 | 10.20 | 8.97 | 5.74 |
| 标准差系数 | 0.0858 | 0.0373 | 0.0185 | 0.0052 | 0.0903 | 0.0787 | 0.0435 | 0.0387 |
| 2004年与1978年相比（百分点） | -8.11 | -1.46 | 3.89 | 0.36 | 2.18 | 3.73 | -7.85 | -2.04 |
| 2004年与1998年相比（百分点） | -9.28 | -3.18 | 3.91 | 0.26 | -9.19 | -6.47 | -7.42 | 2.73 |

由图3-6可见，调整前第二产业的劳动收入份额从1978年的31.07%上升到1998年的42.44%，之后又迅速下降到2004年的33.25%，调整后劳动收入份额的变动节奏与调整前非常接近，说明由于第二产业中的自我雇佣者较少，受统计口径变动的影响也较小。

第三产业的劳动收入份额变动趋势在调整前后有明显改变，调整前的劳动收入份额在1978～2003年波动幅度很小，但在2003～2004年有7.1个百分点的剧烈下降，这显然是统计口径调整的原因。调整后则表现为从1978年的44.07%下降到1998年的最低点39.3%，之后又逐渐上升到2004年的42.03%，与第二产业的劳动收入份额变动方向相反，这也使得数据调整后全国的劳动收入份额表现比较稳定。对此，一个很可能的解释是：个体工商户70%以上集中于第三产业中，

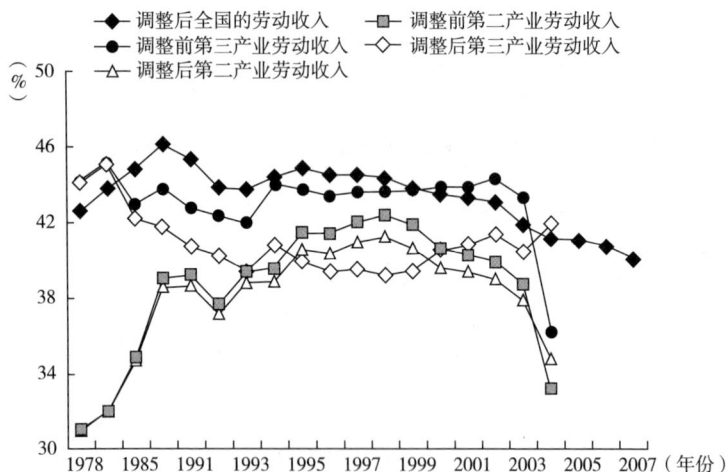

图3-6　调整前后的全国及各产业劳动收入份额对比
（混合收入2/3计入劳动报酬）

他们的混合收入被全部计入劳动报酬，当按照就业人数进行调整后其劳动收入份额变动幅度比较大是合理的。

四　宽口径的劳动收入份额

当把混合收入全部计为劳动要素的收入时，便得到了宽口径的劳动报酬，它与 GDP 的比值，就是宽口径的劳动收入份额（见表3-12）。

表3-12　调整后劳动收入份额（混合收入全部计入劳动报酬）

单位:%

| 年　份 | 全国劳动收入份额 | | 第一产业 LS | | 第二产业 LS | | 第三产业 LS | |
|---|---|---|---|---|---|---|---|---|
| | 调整前 | 调整后 | 调整前 | 调整后 | 调整前 | 调整后 | 调整前 | 调整后 |
| 1978 | 49.66 | 49.66 | 86.67 | 86.67 | 31.07 | 31.07 | 44.11 | 44.11 |
| 1980 | 51.15 | 51.15 | 87.05 | 87.05 | 32.08 | 32.08 | 45.23 | 45.23 |
| 1985 | 52.90 | 52.90 | 89.36 | 89.36 | 34.90 | 34.90 | 42.92 | 42.92 |
| 1990 | 53.42 | 53.39 | 85.87 | 85.87 | 39.06 | 39.06 | 43.81 | 43.81 |

续表

| 年　份 | 全国劳动收入份额 | | 第一产业 LS | | 第二产业 LS | | 第三产业 LS | |
|---|---|---|---|---|---|---|---|---|
| | 调整前 | 调整后 | 调整前 | 调整后 | 调整前 | 调整后 | 调整前 | 调整后 |
| 1991 | 52.16 | 52.16 | 86.18 | 86.18 | 39.24 | 39.24 | 42.79 | 42.79 |
| 1992 | 50.09 | 50.11 | 86.21 | 86.21 | 37.71 | 37.71 | 42.40 | 42.40 |
| 1993 | 49.49 | 49.49 | 85.69 | 85.69 | 39.36 | 39.36 | 42.05 | 42.05 |
| 1994 | 50.35 | 50.35 | 85.13 | 85.13 | 39.61 | 39.61 | 44.10 | 44.10 |
| 1995 | 51.44 | 51.44 | 86.08 | 86.08 | 41.52 | 41.52 | 43.81 | 43.81 |
| 1996 | 51.21 | 51.21 | 86.54 | 86.54 | 41.40 | 41.40 | 43.43 | 43.43 |
| 1997 | 51.03 | 51.03 | 86.41 | 86.41 | 42.04 | 42.04 | 43.67 | 43.67 |
| 1998 | 50.83 | 50.83 | 86.65 | 86.65 | 42.44 | 42.44 | 43.68 | 43.68 |
| 1999 | 49.97 | 49.97 | 86.47 | 86.47 | 41.88 | 41.88 | 43.74 | 43.74 |
| 2000 | 48.71 | 48.71 | 85.65 | 85.65 | 40.62 | 40.62 | 43.92 | 43.92 |
| 2001 | 48.23 | 48.23 | 85.44 | 85.44 | 40.29 | 40.29 | 43.93 | 43.93 |
| 2002 | 47.75 | 47.75 | 84.46 | 84.46 | 39.92 | 39.92 | 44.35 | 44.35 |
| 2003 | 46.16 | 46.16 | 83.44 | 83.44 | 38.75 | 38.75 | 43.36 | 43.36 |
| 2004 | 41.55 | 46.15 | 90.56 | 90.56 | 33.25 | 35.57 | 36.26 | 44.91 |
| 2005 | 41.40 | 46.27 | — | — | — | — | — | — |
| 2006 | 40.61 | 45.69 | | | | | | |
| 2007 | 39.74 | 45.12 | — | — | — | — | — | — |
| 1978～2007 年均值 | 48.47 | 49.42 | 86.33 | 86.33 | 38.62 | 38.75 | 43.20 | 43.68 |
| 2004 年与 1978 年相比 | -8.10 | -3.51 | 3.89 | 3.89 | 2.18 | 4.50 | -7.85 | 0.80 |
| 2004 年与 1998 年相比 | -9.27 | -4.68 | 3.92 | 3.92 | -9.19 | -6.86 | -7.42 | 1.22 |

　　由于我国统计部门在 2004 年之前把混合收入全部计入劳动报酬，所以在表 3 - 12 的调整结果中，1978～2003 年调整前后的数值是完全相同的。在 2003 年之后我国依然把第一产

业中的混合收入计入劳动报酬，但对于第二、三产业中个体工商户的混合收入则计入资本收入中，因此第二、三产业中2003年之后的劳动收入份额调整后的结果会比调整前有明显提高，提高幅度分别为2.32和8.65个百分点。由于个体经济大多分布在第三产业，统计口径的改变显然对它影响更大。按照这种调整方法，2004～2007年这四年期间全国的劳动收入份额调整后比调整前分别提高4.59、4.87、5.09、5.38个百分点，平均提高幅度为4.98个百分点（见图3-7）。

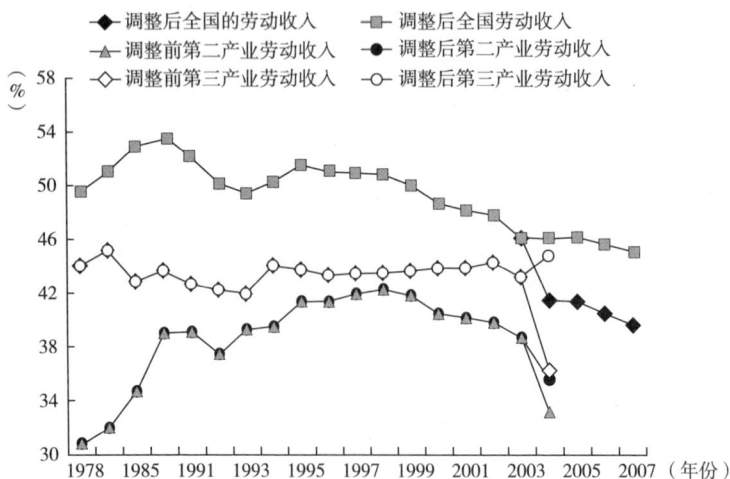

图3-7　调整前后劳动收入份额（调整方法：
混合收入全部计入劳动报酬）

## 五　窄口径的劳动收入份额

在联合国所推荐的SNA93中，劳动报酬中只包含雇员报酬，不包括农民及个体业主的混合收入，是窄口径的，这一口径也被大多数国家所采用。为了方便国际对比，本书按照窄口径调整得到了全国及各产业的劳动报酬。

对于第一产业，如果把混合收入（增加值扣除折旧、净生产税后的余额）全部计入资本收入，则无法得到农业中的雇员报酬。《农业统计年鉴》中的"农民纯收入"中的"工资性收入"并非合适的替代变量，因为它并非全部来自于第一产业。由于无法找到合适的指标推算农业中的雇员报酬，笔者以 1990 年韩国、日本、美国、英国、德国第一产业中的劳动收入份额平均值 22.34% 作为我国农业中的雇员报酬份额，因为上述国家的劳动收入份额一直较为稳定，更具代表性。但由于上述五国 1990 年的人均 GDP 水平比中国高，因而农业中的产业化水平也比较高，这种做法可能高估中国农业中的雇员报酬。

对于第二、三产业中的个体工商户，仍依据表 3 - 9 中得到的混合收入进行调整，但此处采取了不同的扣除方法：从 2004 年之前各产业的劳动报酬中扣除全部混合收入，对 2004 年及以后的劳动报酬不必再做调整。调整结果见表 3 - 13。

表 3 - 13　调整后的劳动收入份额（把全部混合收入计入资本收入）

单位:%

| 年份 | 全国劳动收入份额 | | 第一产业 | | 第二产业 | | 第三产业 | |
|------|--------|--------|--------|--------|--------|--------|--------|--------|
| | 调整前 | 调整后 | 调整前 | 调整后 | 调整前 | 调整后 | 调整前 | 调整后 |
| 1978 | 49.66 | 30.97 | 86.67 | 22.34 | 31.07 | 31.06 | 44.11 | 44.00 |
| 1980 | 51.15 | 31.58 | 87.05 | 22.34 | 32.08 | 32.01 | 45.23 | 44.67 |
| 1985 | 52.90 | 32.42 | 89.36 | 22.34 | 34.90 | 34.55 | 42.92 | 40.77 |
| 1990 | 53.42 | 33.48 | 85.87 | 22.34 | 39.06 | 37.65 | 43.81 | 37.79 |
| 1991 | 52.16 | 33.53 | 86.18 | 22.34 | 39.24 | 37.72 | 42.79 | 36.69 |
| 1992 | 50.09 | 33.05 | 86.21 | 22.34 | 37.71 | 36.18 | 42.40 | 36.05 |
| 1993 | 49.49 | 33.57 | 85.69 | 22.34 | 39.36 | 37.67 | 42.05 | 34.51 |

| 年份 | 全国劳动收入份额 | | 第一产业 | | 第二产业 | | 第三产业 | |
|---|---|---|---|---|---|---|---|---|
| | 调整前 | 调整后 | 调整前 | 调整后 | 调整前 | 调整后 | 调整前 | 调整后 |
| 1994 | 50.35 | 33.40 | 85.13 | 22.34 | 39.61 | 37.44 | 44.10 | 34.52 |
| 1995 | 51.44 | 33.30 | 86.08 | 22.34 | 41.52 | 38.83 | 43.81 | 32.48 |
| 1996 | 51.21 | 32.82 | 86.54 | 22.34 | 41.40 | 38.47 | 43.43 | 31.56 |
| 1997 | 51.03 | 33.07 | 86.41 | 22.34 | 42.04 | 38.91 | 43.67 | 31.40 |
| 1998 | 50.83 | 32.83 | 86.65 | 22.34 | 42.44 | 38.93 | 43.68 | 30.53 |
| 1999 | 49.97 | 32.84 | 86.47 | 22.34 | 41.88 | 38.33 | 43.74 | 31.00 |
| 2000 | 48.71 | 33.93 | 85.65 | 22.34 | 40.62 | 37.78 | 43.92 | 33.96 |
| 2001 | 48.23 | 34.36 | 85.44 | 22.34 | 40.29 | 37.64 | 43.93 | 34.96 |
| 2002 | 47.75 | 34.61 | 84.46 | 22.34 | 39.92 | 37.30 | 44.35 | 35.66 |
| 2003 | 46.16 | 33.98 | 83.44 | 22.34 | 38.75 | 36.32 | 43.36 | 34.81 |
| 2004 | 41.55 | 33.09 | 90.56 | 22.34 | 33.25 | 33.25 | 36.26 | 36.26 |
| 2005 | 41.40 | 33.28 | — | — | — | — | — | — |
| 2006 | 40.61 | 33.15 | — | — | — | — | — | — |
| 2007 | 39.74 | 32.30 | — | — | — | — | — | — |
| 1978~2004 年平均 | 49.78 | 33.16 | 86.33 | 22.34 | 38.62 | 36.67 | 43.20 | 35.65 |
| 标准差系数 | 0.0549 | 0.0268 | 0.0185 | 0.0000 | 0.0903 | 0.0651 | 0.0435 | 0.1144 |
| 2007 年与 1978 年相比 | -9.92 | 1.32 | — | — | — | — | — | — |
| 2004 年与 1978 年相比 | -8.10 | 2.12 | 3.89 | 0.00 | 2.18 | 2.19 | -7.85 | -7.74 |
| 1998 年与 1978 年相比 | 1.17 | 1.86 | -0.03 | 0.00 | 11.37 | 7.88 | -0.43 | -13.47 |
| 2004 年与 1998 年相比 | -9.27 | 0.26 | 3.92 | 0.00 | -9.19 | -5.68 | -7.42 | 5.73 |

调整结果显示，就全国而言，1978～2004 年调整后的劳动收入份额比调整前平均下降 16.62 个百分点（49.78 - 33.16）。由于第一产业的市场化程度低，调整前后劳动收入份额下降了 63.99 个百分点（86.33 - 22.34）；第二产业内由于个体工商户相对较少，因而混合收入所占比重也小，调整后下降了 1.95 个百分点（38.62 - 36.67）；由于自我雇佣者主要集中于第三产业中，所以调整后下降幅度较大，为 7.55 个百分点（43.20 - 35.65）（见图 3 - 8）。

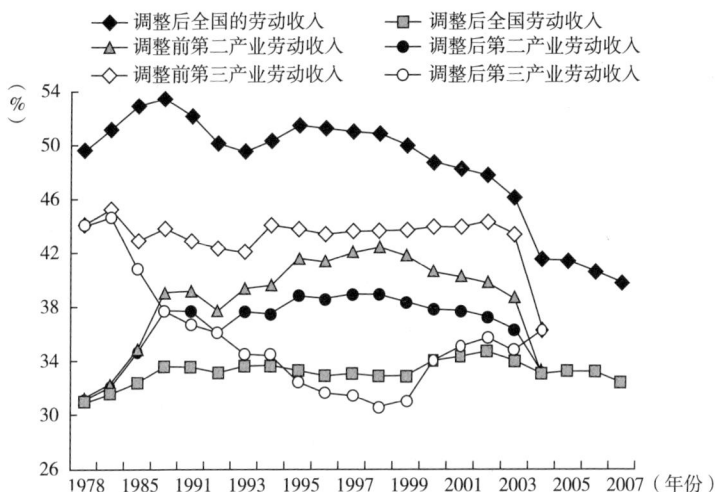

图 3 - 8 调整前后的劳动收入份额（调整方法：把全部混合收入计入资本所得）

就调整后的数据而言，2007 年和 2004 年全国劳动收入份额分别比 1978 年上升了 2.19 和 2.12 个百分点。如果分产业看，第二产业的雇员报酬在 1978～1998 年出现了 7.87 个百分点的上升，1998～2004 年则又有较大幅度的下降，为 5.68 个百分点；第三产业则相反，在 1978～1998 年下降 13.47 个百分点，1998~2004 年间又上升 5.73 个百分点。也就是说，在 1978~1998 年和 1998~2004 年两个阶段中，第二、三产业内的劳动收入份额的运行方向都是相反的，这可能是整体劳动收入份额表现较为稳定的原因之一：1978~1998 年上升 1.86 个百分点，1998~2004 年又微升 0.26 个百分点。

## 六 收入法 GDP 的调整结果与资金流量表的对比

通过对混合收入的调整，得到了宽、中、窄三种口径的劳动收入份额。在这三种口径下，劳动收入份额自 1978 年以来的变动幅度有明显不同，为了更清晰地观察每种调整方法的效果，我们把调整前后的劳动收入份额放在一起，并与把它们与资金流量表中的劳动收入份额进行对比（见表 3-14）。

由表 3-14 可见：

（1）对自雇者的混合收入采取不同的核算方式对劳动收入份额影响非常显著。在 1978~2007 年，调整前的劳动收入份额均值为 48.47%。若采用宽口径劳动报酬概念，劳动收入份额的均值为 49.42%；若采用中口径和窄口径的劳动报酬概念，劳动收入份额的均值分别为 43.43% 和 33.12%，宽口径与窄口径的劳动收入份额相差达 16.3 个百分点（49.42-33.12）。不过，无论采用哪种调整方式，调整后的劳动收入份额的极差和标准差系数都大为缩小，这说明 2004 年统计口径的变动夸大了劳动收入份额的下降幅度，下降幅度约为 4.6 个百分点（46.15-41.55）。

（2）对混合收入采用不同的核算方式，导致劳动收入份额变动幅度有很大差别。1978~2007 年，如果根据调整前的劳动报酬计算结果看，我国整体的劳动收入份额下降幅度很明显，降幅为 9.92 个百分点；如果采用宽、中口径的劳动

表3-14　地区收入法 GDP、修订后的资金流量表数据对比

单位：%

| 年份 | 收入法 GDP | | | | 资金流量表 | | 资金流量表与调整后收入法 GDP 差额 | 张车伟的调整结果 |
|---|---|---|---|---|---|---|---|---|
| | 调整前劳动收入份额 | 调整后劳动收入份额 | | | 修订前 | 修订后 | 7=6-2 | 8 |
| | 1 | 宽口径 2 | 中口径 3 | 窄口径 4 | 5 | 6 | | |
| 1978 | 49.66 | 49.66 | 42.64 | 30.97 | — | — | — | 40.10 |
| 1980 | 51.15 | 51.15 | 43.82 | 31.58 | — | — | — | 40.90 |
| 1985 | 52.90 | 52.9 | 44.9 | 32.42 | — | — | — | 43.40 |
| 1990 | 53.42 | 53.39 | 46.14 | 33.48 | — | — | — | 45.30 |
| 1991 | 52.16 | 52.16 | 45.34 | 33.53 | — | — | — | 45.00 |
| 1992 | 50.09 | 50.11 | 43.89 | 33.05 | 63.47 | 54.59 | 4.48 | 43.80 |
| 1993 | 49.49 | 49.49 | 43.79 | 33.57 | 61.49 | 51.43 | 1.94 | 43.70 |
| 1994 | 50.35 | 50.35 | 44.39 | 33.40 | 60.17 | 52.30 | 1.95 | 44.60 |
| 1995 | 51.44 | 51.44 | 44.95 | 33.30 | 60.00 | 52.78 | 1.34 | 45.70 |
| 1996 | 51.21 | 51.21 | 44.57 | 32.82 | 57.86 | 52.10 | 0.89 | 45.30 |
| 1997 | 51.03 | 51.03 | 44.56 | 33.07 | 58.73 | 53.02 | 1.99 | 45.30 |
| 1998 | 50.83 | 50.83 | 44.36 | 32.83 | 58.71 | 52.51 | 1.68 | 45.60 |
| 1999 | 49.97 | 49.97 | 43.85 | 32.84 | 59.61 | 52.56 | 2.59 | 45.10 |
| 2000 | 43.71 | 48.71 | 43.45 | 33.93 | 59.51 | 50.42 | 1.71 | 44.40 |

续表

| 年份 | 收入法 GDP | | | | 资金流量表 | | 资金流量表与调整后收入法 GDP 差额 7=6-2 | 张车伟的调整结果 8 |
| | 调整前劳动收入份额 1 | 调整后劳动收入份额 | | | 修订前 5 | 修订后 6 | | |
| | | 宽口径 2 | 中口径 3 | 窄口径 4 | | | | |
|---|---|---|---|---|---|---|---|---|
| 2001 | 48.23 | 48.23 | 43.31 | 34.36 | 58.49 | 49.59 | 1.36 | 44.30 |
| 2002 | 47.75 | 47.75 | 43.11 | 34.61 | 59.43 | 50.41 | 2.66 | 44.10 |
| 2003 | 46.16 | 46.16 | 41.93 | 33.98 | 58.91 | 49.21 | 3.05 | 42.80 |
| 2004 | 41.55 | 46.15 | 41.18 | 33.09 | 47.07 | 50.63 | 4.48 | 40.00 |
| 2005 | 41.40 | 46.27 | 41.09 | 33.28 | 50.65 | 50.37 | 4.10 | 40.30 |
| 2006 | 40.61 | 45.69 | 40.74 | 33.15 | 49.72 | 49.17 | 3.48 | 39.90 |
| 2007 | 39.74 | 45.12 | 40.07 | 32.30 | 48.65 | 48.12 | 3.00 | 39.20 |
| 1978~2007 年均值 | 48.47 | 49.42 | 43.43 | 33.12 | 57.03 | 51.20 | 2.55* | 43.28 |
| 最小值 | 39.74 | 45.12 | 40.07 | 30.97 | 47.07 | 48.12 | 0.89* | 39.20 |
| 最大值 | 53.42 | 53.39 | 46.14 | 34.61 | 63.47 | 54.59 | 4.48* | 45.70 |
| Range | 13.68 | 8.27 | 6.07 | 3.63 | 16.4 | 6.47 | 3.60* | 6.50 |
| 标准差系数 | 0.086 | 0.050 | 0.037 | 0.025 | 0.088 | 0.034 | — | 0.051 |
| 2007 与 1978 相比 | -9.92 | -4.54 | -2.57 | 1.32 | | | — | -0.90 |
| 2007 与 1995 相比 | -11.70 | -6.32 | -4.88 | -1.00 | -11.35 | -4.66 | — | -6.50 |

注：* 不是 6-2 的数据。

报酬计算，劳动收入份额降幅分别为 4.54 和 2.57 个百分点；如果采用窄口径的劳动报酬计算，劳动收入份额反而上升 1.32 个百分点。原因是：如果采用宽口径的劳动报酬，则第一产业的劳动收入份额很高，产业结构转型将夸大整体劳动收入份额下降的幅度，我国的情况就是如此。如果采用窄口径的劳动报酬，产业结构转型反而有助于提高整体的劳动收入份额，使劳动收入份额降幅缩小，甚至可能有所上升。

一般来说，发展中国家在工业化过程中，随着市场化程度和雇员化程度的提高，经济体中的混合收入所占比重将逐步下降，宽口径的劳动收入份额会明显下降；窄口径的劳动收入份额则会明显上升；中口径的调整结果从经济学的要素分配理论上说可能正确反映了劳动收入份额的变动趋势和变动程度。

（3）无论根据哪种调整结果，我国的劳动收入份额自 1995 年以来都是呈下降走势的。2007 年与 1995 年相比，调整前的劳动收入份额下降了 11.7 个百分点，调整方法 1、2、3 的结果则分别下降了 6.32、4.88、1.00 个百分点。因此可以确定无疑的是：1995 年以来我国的劳动收入份额的确是下降的，而不是华生所说的"稳定攀升"。

（4）根据修订后的资金流量表数据得到的劳动报酬也是宽口径的，它一直高于同口径的收入法 GDP 数据计算结果，平均高出 2.55 个百分点，最多高出 4.48 个百分点。这表明我们前面对资金流量表数据质量的分析是可信的：统计部门用人均可支配收入的增长率代替劳动者报酬的增长率推算 2004 年之前的劳动报酬，很可能高估了资金流量表中的劳动者报酬（见图 3-9）。

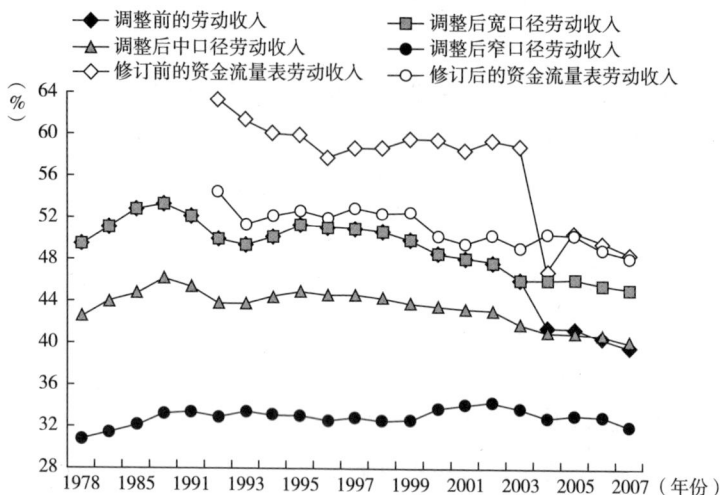

图 3-9　省际收入法 GDP、修订后的资金流量表数据对比

（5）把调整得到的宽、中、窄口径的劳动收入份额与根据修订后的资金流量表计算出的结果相结合，我们可以对1995~2007 年我国的劳动收入份额的变动趋势做出如下判断：按照调整前的资金流量表和收入法 GDP 计算，劳动收入份额的下降幅度分别为 11.35 和 11.7 个百分点；如果按照修订后的资金流量表和收入法 GDP（中口径）计算，下降幅度分别为 4.66 和 4.88 个百分点，两者相当接近，这应该是比较真实的下降幅度。尽管资金流量表数据因为口径问题导致了对劳动收入份额的明显高估，但是，由于其统计口径是前后一贯的，因而就我国劳动收入份额的变动来看，这套数据所反映出来的趋势仍然与其他口径数据所反映的趋势一致。这就进一步证明，这一时期中，我国劳动收入份额确实是下降的。

（6）本书根据方法 2 调整后的结果与张车伟的研究结论比较接近（都是中口径），从均值上看，两种调整方法相差

0.16 个百分点。张车伟的研究结果表明 1978～2007 年，我国的劳动收入份额在 39.2% 至 45.7% 之间波动，而本书的调整结果是在 40.07% 至 46.14% 之间波动。这也表明了本书调整方法的稳定性。但本书从调整方法上看是从增加值入手开始对劳动报酬进行调整，而不是从城乡自雇者的经营性收入开始调整；从调整效果上看，本书不仅通过调整获得了全国层面的劳动收入份额，而且获得了各产业的，宽、中、窄三种口径的劳动收入份额，有助于进一步的经济分析。

## 七 本章小结

本章全面地分析和检验了 1978～2008 年我国劳动收入份额的变动趋势及幅度。在根据投入产出表、资金流量表、省际收入法 GDP 三种不同来源的数据计算出劳动收入份额之后，我们发现，投入产出表数据连续性较差；资金流量表只有全国层面的数据，没有分产业的数据；省际收入法 GDP 数据连续性强，并且有分产业数据，但 2004 年的核算口径发生了变动。

为了剔除统计口径的变动对劳动收入份额的影响，有必要对收入法 GDP 中的劳动报酬数据进行调整。笔者比较了现有文献中对劳动报酬数据调整所使用的不同方法，以及各种方法的优劣，发现以 2004 年经济普查数据为基础，从增加值入手进行调整避免了统计口径的混乱，而且更符合要素分配理论的要求。为此，笔者采用三种方法来调整收入法 GDP 数据中的劳动报酬，即自我雇佣者的混合收入全部计入劳动报酬、混合收入 2/3 计入劳动报酬、混合收入全部计入资本收入。调整后获得了全国层面的，以及分产业的宽、中、窄三种口径的劳动收入份额，并与修订后的资金流量表数据相结合，对我国劳动收入份额的变动趋势做出了更为可靠的判断，得到如下的基本结论。

（1）对自雇者的混合收入采用不同的核算方式对劳动收入份额的影响非常显著。在 1978～2007 年，调整前的劳动收入份额均值为 48.47%；若采用宽口径劳动报酬概念，劳动收入份额的均值为 49.42%；若采用中口径和窄口径的劳动报酬概念，劳动收入份额的均值分别为 43.43% 和 33.12%，宽口径与窄口径的劳动收入份额相差达 16.3 个百分点。不过，无论采用哪种调整方式，调整后的劳动收入份额的极差和标准差系数都大为缩小，这说明 2004 年统计口径的变动夸大了劳动收入份额的下降幅度约为 4.6 个百分点。

（2）对混合收入采用不同的核算方式，导致劳动收入份额变动幅度有很大差别。1978～2007 年，如果根据调整前的劳动报酬计算结果，我国整体的劳动收入份额下降幅度很明显，降幅为 9.92 个百分点；如果采用宽、中口径的劳动报酬计算，劳动收入份额的降幅分别为 4.54 个、2.57 个百分点；如果采用窄口径的劳动报酬计算，劳动收入份额反而上升 1.32 个百分点。原因是：如果采用宽口径的劳动报酬，则第一产业的劳动收入份额很高，产业结构转型将夸大整体劳动收入份额下降的幅度，我国的情况就是如此。如果采用窄口径的劳动报酬，产业结构转型反而有助于提高整体的劳动收入份额，使劳动收入份额降幅缩小，甚至可能有所上升。一般来说，发展中国家在工业化过程中，随着市场化程度和雇员化程度的提高，经济体中的混合收入所占比重将逐步下降，宽口径的劳动收入份额会明显下降；窄口径的劳动收入份额则会明显上升；中口径的调整结果从经济学的要素分配理论上说可能正确反映了劳动收入份额的变动趋势和变动程度。

（3）无论根据哪种调整结果，我国的劳动收入份额自

1995 年以来都是呈下降走势的。2007 年与 1995 年相比，调整前的劳动收入份额下降了 11.7 个百分点，调整方法 1、2、3 的结果则分别下降了 6.32、4.88、1.00 个百分点。因此可以确定无疑的是：1995 年以来我国的劳动收入份额的确是下降的，而不是华生所说的"稳步攀升"。

（4）根据修订后的资金流量表数据得到的劳动报酬也是宽口径的，它一直高于同口径的收入法 GDP 数据计算结果，平均高出 2.55 个百分点，最多高出达 4.48 个百分点。这表明我国统计部门对资金流量表的修订方法可能高估了资金流量表中的劳动者报酬。

（5）把调整得到的宽、中、窄口径的劳动收入份额与根据修订后的资金流量表计算的结果相结合，我们可以对 1995～2007 年间我国的劳动收入份额的变动趋势做出如下判断：按照调整前的资金流量表和收入法 GDP 计算，劳动收入份额的下降幅度分别为 11.35 和 11.7 个百分点；如果按照修订后的资金流量表和收入法 GDP（中口径）计算，下降幅度则分别为 4.66 和 4.88 个百分点，两者相当接近，这应该是比较真实的下降幅度。尽管资金流量表的数据中因为口径问题导致了对劳动收入份额的明显高估，但是，由于其统计口径是前后一贯的，因而就我国劳动收入份额的变动来看，这套数据所反映出来的趋势仍然与其他口径数据所反映的趋势一致。

# 第四章　基于产业结构转型视角对我国劳动收入份额变动的分析

新中国成立初期，我国是个典型的农业国，实现工业化、现代化是我国经济建设追求的目标。自 1978 年改革开放以来，我国产业结构发生了令人瞩目的变化：一是三次产业结构的变化，第一产业增加值比重逐年降低，第三产业的比重逐渐提高；二是工业中的重工业产值比重大幅度攀升；三是工业内部行业结构发生了变化，资金和技术密集型行业产值比重上升。由于各产业、各行业内劳动、资本、技术的密集度不同，劳动收入份额也相差较大，那么产业结构的转变对整体劳动收入份额必然带来明显的影响。白重恩（2009）研究认为，1995～2004 年，统计口径的变动、产业结构转型、产业内劳动收入份额变化的贡献分别为 59%、29% 和 12%。[①] 罗长远、张军（2009）对全国劳动收入份额的波动进行了分解，发现在 1993～2004 年，产业内劳动收入份额的变化能够解释劳动收入份额波动的 60%。[②]

---

① 白重恩、钱震杰：《国民收入的要素分配：统计数据背后的故事》，《经济研究》2009 年第 3 期，第 39 页。

② 罗长远、张军：《经济发展中的劳动收入占比：基于中国产业数据的实证研究》，《中国社会科学》2009 年第 4 期，第 71 页。

由于各产业在 GDP 中的比重随着时间推移发生了变化，同时各产业内部的劳动收入份额也随着技术的发展而发生着变化，这两方面的因素都会对全国总劳动收入份额的变化产生影响。前一种影响可称之为"产业间效应"；后一种影响可称之为"产业内效应"。本章将从这一角度入手，把整体（全国）的劳动收入份额变动分解为两个方面的影响：产业间效应、产业内效应，然后在此基础上综合评估这两方面因素对全国劳动收入份额变化产生的影响。

# 第一节  改革开放以来我国产业结构的演变

## 一  三次产业结构的变化

根据《国民经济行业分类》（GB/T4754—2002），一、二、三次产业范围划分如下：

第一产业是指农、林、牧、渔业；

第二产业是指采矿业，制造业，电力、燃气及水的生产和供应业，建筑业；

第三产业是指除第一、二产业以外的其他行业，包括：交通运输、仓储和邮政业，信息传输、计算机服务和软件业，水利、环境和公共设施管理业，住宿和餐饮业，批发和零售业，金融业，房地产业，教育，卫生、社会保障和社会福利业，科学研究、文化、体育和娱乐业，公共管理和社会组织，国际组织等。①

自 1978 年改革开放后，我国的经济体制改革首先在农村

---

① 国家统计局统计指标解释，中国统计信息网，2001 年 3 月 15 日，ht-tp：//www. stats. gov. cn/tjzd/tjzbjs/t20020327_ 14284. htm。

推行，以家庭联产承包责任制为主要形式的改革措施大大解放了农业生产力。第一产业占 GDP 的比重迅速上升，从 1978 年的 28.19% 提高到 1982 年的 33.39%，提高了 5.2 个百分点，同时，第二、三产业的比重则分别下降了 3.11 和 2.09 个百分点，这使改革开放前积累的工农业比例不协调状况得到改善。从 1983 年开始，我国第一产业的比重开始逐年降低，到 2009 年其增加值占 GDP 比重已经降低到 10.35%。

第二产业增加值占 GDP 比重在 1978~2009 年波动幅度不大，在 41.34% 至 48.22 之间。1978~1990 年，第二产业比重从 47.88% 下降到 41.34%，随后又缓慢回升，到 2009 年时第二产业比重为 46.3%。

第三产业增加值占 GDP 比重从 1978 年的 23.94% 上升到 2009 年的 43.36%，上升幅度为 19.42 个百分点。

1978~1983 年，第三产业增加值占 GDP 比重略有下降，从 23.94% 下降到 22.44，降幅为 1.5 个百分点，之后开始稳步上升。随着我国经济的快速发展，商品批发和零售业、金融、房地产、旅游等产业迅速兴起，成为接纳城市和农村剩余劳动力的主要产业，第三产业就业比重从 1985 年的 16.8% 上升到 1992 年的 19.8%，到 1994 年达到了 23%，开始超过第二产业。第三产业增加值比重从 1984 年的 24.78% 上升到 2009 年的 43.36%，已经超过了工业产值的比重（39.72%），接近整个第二产业产值的比重（46.30%）。

二 工业中轻重工业结构的变化

轻工业是指提供生活消费品或制作手工工具的工业。按其所使用的原料不同，可分为两大类：一类是以农产品为原料的轻工业，是指直接或间接以农产品为基本原料的轻工业，主要包括食品制造、烟草加工、纺织、缝纫、饮料制造、皮革和毛皮制作、造纸以及印刷等行业；另一类是以工业品为原料的轻工业，主要包括合成纤维制造、文教体育用品、日用玻璃制品、化学药品制造、日用化学制品、日用金属制品、医疗器械制造、手工工具制造、文化和办公用机械制造等行业。

重工业是指为国民经济各部门提供生产资料的行业。按其生产性质和产品用途，可以分为三类：一类是采掘（伐）工业，指对自然资源的开采，包括煤炭开采、石油开采、非金属矿和金属矿的开采、木材采伐等行业；第二类是原材料工业，指为国民经济各部门提供动力和燃料、基本原材料的行业，包括炼焦及焦炭、金属冶炼及加工、化学、化工原料、人造板以及电力、水泥、煤炭和石油加工等行业；第三类是加工工业，指对工业原材料进行再加工制造的工业，包括机械设备制造业、水泥制品、金属结构等行业，以及为农业提供生产资料如农药、化肥等的行业。

在改革开放初期，我国为了扭转"重工业过重"的局面，改善居民的衣食住行条件，1978～1985 年采取了扶持轻工业发展的"六优先"政策①，尤其是纺织工业被放在优先发展的地位。1978～1990 年，轻工业增加值占工业增加值比重从43.1% 上升到49.4%。此后一直到 2000 年，轻重工业之间基本保持了平衡发展的局面，轻工业占工业增加值的比例在46.3%～49.4%。发达国家的历史发展经验表明：工业化进入中后期阶段，重化工业比重将会逐渐上升。进入 21 世纪以来，中国家庭消费支出的重点从一般家用电器转向汽车、住房、旅游等方面，由此导致以能源、钢铁基础产业为代表的重化工业

---

① "六优先"是指：原材料、燃料、电力供应优先；挖潜、改造、革新措施优先；基本建设优先；银行贷款优先；外汇和引用新技术优先；交通运输优先。

进入高速发展时期，重工业在工业增加值中的比例明显提高。重工业增加值占工业增加值比重从 1999 年的 50.8% 上升到 2008 年的 71.1%，升幅达 20.3 个百分点（见表 4 - 1，图 4 - 1）。显然，重工业的迅速增长意味着生产要素的投入比例发生了变化，它可能影响要素的分配份额，成为国民收入分配格局中劳动收入份额下降的原因之一。

表 4 - 1　1978 ~ 2007 年各次产业增加值在 GDP 中的比重

单位:%

| 年份 | 第一产业 | 第二产业 | 其中: | | 第三产业 |
|------|---------|---------|---------|---------|---------|
| | | | 工业占 GDP 总额 | 重工业占 工业比例 | |
| 1978 | 28.19 | 47.88 | 44.09 | 56.9 | 23.94 |
| 1979 | 31.27 | 47.10 | 43.56 | 56.3 | 21.63 |
| 1980 | 30.17 | 48.22 | 43.92 | 52.8 | 21.60 |
| 1981 | 31.88 | 46.11 | 41.88 | 48.5 | 22.01 |
| 1982 | 33.39 | 44.77 | 40.62 | 49.8 | 21.85 |
| 1983 | 33.18 | 44.38 | 39.85 | 51.5 | 22.44 |
| 1984 | 32.13 | 43.09 | 38.69 | 52.6 | 24.78 |
| 1985 | 28.44 | 42.89 | 38.25 | 52.6 | 28.67 |
| 1986 | 27.15 | 43.72 | 38.61 | 52.4 | 29.14 |
| 1987 | 26.81 | 43.55 | 38.03 | 51.8 | 29.64 |
| 1988 | 25.70 | 43.79 | 38.41 | 50.7 | 30.51 |
| 1989 | 25.11 | 42.83 | 38.16 | 51.1 | 32.06 |
| 1990 | 27.12 | 41.34 | 36.74 | 50.6 | 31.55 |
| 1991 | 24.53 | 41.79 | 37.13 | 51.6 | 33.69 |
| 1992 | 21.79 | 43.44 | 38.20 | 53.4 | 34.76 |
| 1993 | 19.71 | 46.57 | 40.15 | 53.5 | 33.72 |
| 1994 | 19.76 | 46.57 | 40.42 | 53.7 | 33.57 |
| 1995 | 19.86 | 47.18 | 41.04 | 52.7 | 32.86 |

续表

| 年份 | 第一产业 | 第二产业 | 其中： | | 第三产业 |
|------|---------|---------|--------|--------|---------|
| | | | 工业占 GDP 总额 | 重工业占工业比例 | |
| 1996 | 19.69 | 47.54 | 41.37 | 51.9 | 32.77 |
| 1997 | 18.29 | 47.54 | 41.69 | 51.0 | 34.17 |
| 1998 | 17.56 | 46.21 | 40.31 | 50.7 | 36.23 |
| 1999 | 16.47 | 45.76 | 39.99 | 50.8 | 37.67 |
| 2000 | 15.06 | 45.92 | 40.35 | 60.2 | 39.02 |
| 2001 | 14.39 | 45.05 | 39.74 | 60.6 | 40.46 |
| 2002 | 13.74 | 44.79 | 39.42 | 60.9 | 41.47 |
| 2003 | 12.80 | 45.97 | 40.45 | 64.5 | 41.23 |
| 2004 | 13.39 | 46.23 | 40.79 | 68.4 | 40.38 |
| 2005 | 12.12 | 47.37 | 41.76 | 68.9 | 40.51 |
| 2006 | 11.11 | 47.95 | 42.21 | 70.0 | 40.94 |
| 2007 | 10.77 | 47.34 | 41.58 | 70.5 | 41.89 |
| 2008 | 10.73 | 47.45 | 41.48 | 71.1 | 41.82 |
| 2009 | 10.35 | 46.30 | 39.72 | — | 43.36 |

资料来源：国家统计局：《中国统计年鉴（2010）》，中国统计出版社，2010。

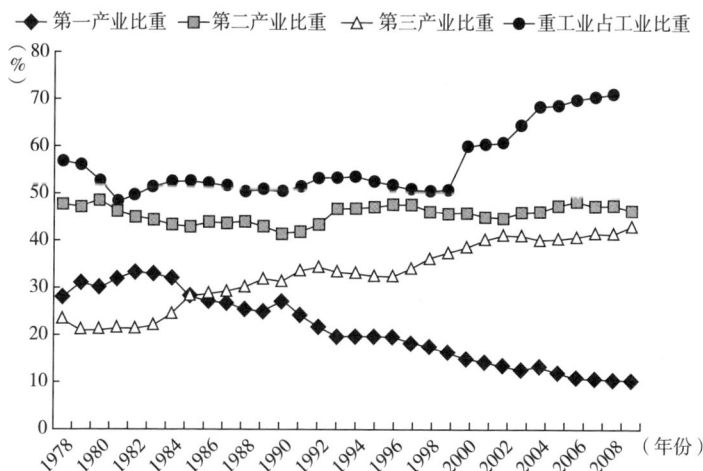

图 4 - 1　1978~2009 年我国三次产业比重

### 三　工业内部行业结构的演变

按照生产要素的密集程度可以将工业内的行业划分为劳动密集型、资本密集型和技术密集型三大类，它们分别包括的具体行业如表4－2所示。

表4－2　工业行业按要素密集程度的分类

| 技术密集型行业 | 资本密集型行业 | 劳动密集型行业 |
| --- | --- | --- |
| 电子及通信设备制造业 | 石油加工及炼焦业 | 食品加工业 |
| 化学纤维制造业 | 石油和天然气开采业 | 食品制造业 |
| 烟草加工业 | 电力蒸汽热水生产业 | 纺织业 |
| 化学原料及化学制品业 | 有色金属冶炼及压延业 | 皮革、毛皮及其制品业 |
| 黑色金属冶炼及压延业 | 饮料制造业 | 木材加工制品业 |
| 医药制造业 | 造纸及纸制品业 | 家具制造业 |
| 通用设备制造业 | 煤气生产及供应业 | 文教体育用品制造业 |
| 专用设备制造业 | 自来水生产及供应业 | 煤炭开采和洗选业 |
| 交通运输设备制造业 | — | 黑色金属矿采选业 |
| 电气机械及器材制造业 | — | 有色金属矿采选业 |
| 仪器及办公机械制造业 | — | 非金属矿采选业 |
| 塑料制品业 | — | 橡胶制品业 |
| 印刷及记录媒介复制业 | — | 非金属矿物制品业 |
| — | — | 金属制品业 |

资料来源：王岳平：《开放条件下的工业结构升级》，经济管理出版社，2004。

从工业的行业结构角度看，自2000年以来，我国一般加工制造业的产值比重比较稳定或略有下降；以石油、电力、能源为主的基础能源工业的产值比重明显提高；以电子及通信设备制造业等为主的技术密集型产业的产值比重有了快速增长。目前我国工业逐步进入以加工组装工业为中心的高加工度化阶段，正在经历从劳动密集型向技术密集型和资本密集型的转变。

20 世纪 90 年代以来，我国工业部门内部行业结构出现了巨大变化，其中技术密集型行业总产值所占比重呈逐年递增态势，已由 1990 年的 40% 左右上升至 2006 年的 49% 左右。资本密集型行业总产值所占比重也基本呈震荡上升态势，由 1990 年的 26.1% 上升到 2006 年的 31.5%，提高了 5.4 个百分点。劳动密集型工业行业的总产值所占比重则呈逐年递减态势，已由 1990 年的 34.3% 降到 2006 年的 20.4%，下降了近14 个百分点。

从总体来看，2006 年我国的食品加工业、橡胶制品业、纺织业三个行业的比重与 1990 年相比明显下降；黑色金属冶炼及压延加工业、石油加工及炼焦业、交通运输设备制造业、电力蒸汽及热水生产供应业、电子及通信设备制造业等五个行业的比重明显增加。在表 4-3 中加 * 的行业的产值比重明显提高，它们一般是重工业或者技术密集型行业；加 * * 的行业产值比重明显下降，它们一般是轻工业或者劳动密集型行业。

表 4-3 1990~2006 年工业内部主要行业产值年均增速及产值结构变化

单位:%

| 行 业 | 年均增长速度 | | 占工业总产值比重 | | |
|---|---|---|---|---|---|
| | 1990~1999 年 | 2000~2006 年 | 1990 年 | 2000 年 | 2006 年 |
| 煤炭开采和洗选业 | 12.69 | 29.85 | 2.45 | 1.49 | 2.28 |
| 黑色金属矿采选业 | 17.97 | 40.08 | 0.20 | 0.19 | 0.44 |
| 有色金属矿采选业 | 16.42 | 25.56 | 0.55 | 0.47 | 0.53 |
| 非金属矿采选业 | 21.95 | 17.56 | 0.48 | 0.42 | 0.33 |
| 专用设备制造业 | 29.40 | 22.37 | 1.83 | 2.56 | 2.51 |

续表

| 行　业 | 年均增长速度 | | 占工业总产值比重 | | |
|---|---|---|---|---|---|
| | 1990~1999 年 | 2000~2006 年 | 1990 年 | 2000 年 | 2006 年 |
| 交通运输设备制造业 * | 25.09 | 23.65 | 3.82 | 6.26 | 6.44 |
| 电气机械及器材制造业 | 20.37 | 24.35 | 4.26 | 5.64 | 5.74 |
| 电子及通信设备制造业 * | 29.53 | 28.32 | 3.13 | 8.81 | 10.45 |
| 仪器及办公机械制造业 | 25.49 | 26.51 | 0.59 | 1.01 | 1.12 |
| 石油加工及炼焦业 * | 11.65 | 29.43 | 3.64 | 5.17 | 4.79 |
| 石油和天然气开采业 | — | — | 2.30 | 3.65 | 3.08 |
| 化学原料及化学制品业 | 14.65 | 22.89 | 7.98 | 6.71 | 6.46 |
| 黑色金属冶炼及压延业 * | 16.44 | 30.86 | 6.95 | 5.52 | 8.02 |
| 有色金属冶炼及压延业 * | 15.45 | 34.20 | 2.73 | 2.54 | 4.09 |
| 电力蒸汽热水供应业 * | — | — | 3.6 | 5.38 | 6.70 |
| 金属制品业 | 18.83 | 21.51 | 2.80 | 2.96 | 2.69 |
| 食品制造业 ** | 5.02 | 20.88 | 6.77 | 1.68 | 1.49 |
| 饮料制造业 | 18.17 | 13.22 | 2.06 | 2.05 | 1.23 |
| 烟草制造业 | 12.03 | 12.81 | 2.74 | 1.69 | 1.02 |
| 纺织业 ** | 8.76 | 19.22 | 12.26 | 6.01 | 4.84 |
| 皮革、毛皮及其制品业 | 24.02 | 19.53 | 1.07 | 1.57 | 1.31 |
| 木材加工制品业 | 23.06 | 23.74 | 0.55 | 0.77 | 0.77 |
| 家具制造业 | 17.34 | 29.38 | 0.44 | 0.43 | 0.59 |
| 造纸及纸制品业 ** | 15.12 | 21.11 | 2.08 | 1.86 | 1.59 |
| 印刷及记录媒介复制业 | 14.96 | 16.82 | 0.93 | 0.72 | 0.54 |
| 文教体育用品制造业 | 23.11 | 18.03 | 0.48 | 0.72 | 0.56 |
| 医药制造业 | 17.55 | 18.89 | 1.91 | 2.08 | 1.59 |
| 化学纤维制造业 ** | 15.96 | 20.01 | 1.46 | 1.45 | 1.01 |
| 橡胶制品业 ** | 12.17 | 19.97 | 1.52 | 0.95 | 0.86 |
| 非金属矿物制品业 ** | 17.95 | 19.67 | 4.77 | 4.31 | 3.80 |

资料来源：孔宪丽：《转型期的中国工业增长及其结构特征》，吉林大学博士学位论文，2008。

一般说来，劳动密集型产业内的劳均资本较低，相应的劳动收入份额比较高。因此，劳动密集型产业增加值比重的下降，资本和技术密集型产业比重的上升可能是影响国民收入分配格局的重要原因之一。

## 第二节　对我国劳动收入份额变动的分解

### 一　总体劳动收入份额变动的分解方法

把整体劳动收入份额的变动分解为产业内效应和产业间效应，这一分析方法最早被 Solow（1958）所采用。[1] Young（2006）也从行业层面对劳动收入份额的变化进行了分解，根据他的分析，总量水平的劳动收入份额等于各部门劳动收入份额的加权平均：

$$ls = \sum (w_i \times ls_i) \qquad (1)$$

其中，$ls$ 表示整体的劳动收入份额；$w_i$ 表示第 $i$ 个部门的增加值比例；$ls_i$ 表示第 $i$ 个部门的劳动收入份额。[2] 可以根据该式进一步推导出劳动收入份额波动幅度的分解式：

$$ls_1 - ls_0 - \sum w_0 (ls_1 - ls_0) + \sum ls_0 (w_1 - w_0) +$$
$$\sum (w_1 - w_0)(ls_1 - ls_0) \qquad (2)$$

即总体劳动收入份额的变化可分解成三部分：第一项为产

---

[1]　Robert M. Solow. "A Skeptical Note on The Constancy of Relative Shares," *American Economic Review* 48（1958）：618 – 631.

[2]　Young, A. T., *One of the Things We Know that isn't so：is U. S. Labor's Share Relatively Stable?*（University of Mississippi：Working paper, April 2006）.

业内效应，即当权重（产业结构）保持基期值不变时，产业或部门内部劳动收入份额变动带来的影响；第二项为产业间效应，即产业或部门内部劳动收入份额保持基期值不变时，权重（产业结构）变化对总体劳动收入份额的影响；第三项为协方差效应，指结构效应和产业效应同时变化（co-movement）带来的影响。Young（2006）利用这种分解技术对美国行业数据的分析表明，在整体劳动收入份额的波动中，部门内变化占主导，部门间变化影响不大。他还指出，若外部冲击引起各部门劳动收入份额发生同方向变化，将放大整体劳动收入份额的波动幅度，因此整体劳动收入份额的波动不一定比部门劳动收入份额的波动幅度小。

由于第三项数值一般非常小，一般可以忽略不计，所以，（2）式也可以写成：

$$ls_1 - ls_0 = \sum ls_0 \times (w_1 - w_0) + \sum w_1 \times (ls_1 - ls_0) \qquad (3)$$

等式右边的第一项为结构效应（结构影响指数），即行业内部劳动收入份额保持基期值不变时，行业结构变动对总体劳动收入份额的影响；第二项为收入效应（固定构成指数），即行业结构保持报告期数值不变时，行业内部劳动收入份额变动带来的影响。本章将按照这一计算方法对整体劳动收入份额进行分解。

## 二　我国劳动收入份额的分解过程及结果

在现有文献中，罗长远、张军（2009）对全国劳动收入份额的波动进行了分解，发现1993～2004年产业内效应能够解释实际劳动收入份额波动的60%。但这一研究没有考虑2004年统计口径变动对产业内劳动收入份额的影响，可能夸大了产业内效应的影响程度。白重恩（2009）也对我国 1995～2004 年劳动收入份额的变动进行了分解，发现统计口径的变动、产业间效应、产业内效应的影响分别是 59%、29% 和 12%，显然他认为产业间效应的影响更大。与已有研究不同的是，本章将对上文（第三章）调整后的中口径劳动收入份额进行分解分析，其优点可能有两个：一是剔除了 2004 年统计口径变动对各产业内劳动收入份额的影响；二是由于中口径劳动收入份额可能比较真实地度量了我国各产业要素分配格局，对它的分解将会更真实地反映出产业间效应和产业内效应的影响程度，而不至于夸大其中某一因素的影响。

**1. 各产业实际劳动收入份额**

根据本书上一章对劳动者报酬数据调整的结果（中口径），计算出各产业内的劳动收入份额和各产业增加值占 GDP 的比重（见表 4-4）：

表 4-4　各产业部门内部的劳动收入份额与增加值比重

单位:%

| 年份 | 各产业内调整后的劳动份额 | | | 各产业增加值占 GDP 比重 | | | 实际劳动收入份额 |
|---|---|---|---|---|---|---|---|
| | 第一产业 | 第二产业 | 第三产业 | 第一产业 | 第二产业 | 第三产业 | |
| 1978 | 62.51 | 31.07 | 44.07 | 28.19 | 47.88 | 23.94 | 43.04 |
| 1980 | 62.79 | 32.06 | 45.04 | 30.17 | 48.22 | 21.60 | 44.14 |
| 1985 | 63.06 | 34.78 | 42.20 | 28.44 | 42.89 | 28.67 | 44.95 |
| 1990 | 62.47 | 38.59 | 41.81 | 27.12 | 41.34 | 31.55 | 46.08 |
| 1991 | 62.48 | 38.73 | 40.76 | 24.53 | 41.79 | 33.69 | 45.24 |
| 1992 | 62.54 | 37.20 | 40.28 | 21.79 | 43.44 | 34.76 | 43.79 |
| 1993 | 62.59 | 38.8 | 39.54 | 19.71 | 46.57 | 33.72 | 43.74 |
| 1994 | 62.68 | 38.89 | 40.91 | 19.76 | 46.57 | 33.57 | 44.23 |
| 1995 | 62.69 | 40.63 | 40.03 | 19.86 | 47.18 | 32.86 | 44.77 |
| 1996 | 62.63 | 40.42 | 39.47 | 19.69 | 47.54 | 32.77 | 44.48 |

| 年份 | 各产业内调整后的劳动份额 | | | 各产业增加值占 GDP 比重 | | | 实际劳动收入份额 |
|------|------|------|------|------|------|------|------|
| | 第一产业 | 第二产业 | 第三产业 | 第一产业 | 第二产业 | 第三产业 | |
| 1997 | 62.53 | 41.00 | 39.58 | 18.29 | 47.54 | 34.17 | 44.45 |
| 1998 | 62.61 | 41.27 | 39.30 | 17.56 | 46.21 | 36.23 | 44.30 |
| 1999 | 62.62 | 40.70 | 39.49 | 16.47 | 45.76 | 37.67 | 43.81 |
| 2000 | 62.36 | 39.67 | 40.60 | 15.06 | 45.92 | 39.02 | 43.45 |
| 2001 | 62.32 | 39.41 | 40.94 | 14.39 | 45.05 | 40.46 | 43.29 |
| 2002 | 61.84 | 39.05 | 41.45 | 13.74 | 44.79 | 41.47 | 43.18 |
| 2003 | 61.7 | 37.94 | 40.51 | 12.80 | 45.97 | 41.23 | 42.04 |
| 2004 | 62.87 | 34.80 | 42.03 | 13.39 | 46.23 | 40.38 | 41.48 |

数据来源：各产业内劳动收入份额来自第三章调整结果；各产业增加值占 GDP 比重来源于国家统计局《中国统计年鉴（2010）》（中国统计出版社，2010）。

根据表4-4中的数据及本章公式（3）计算出整体劳动收入份额的产业间效应（见表4-5）。

首先从理论上分析，我国各产业内劳动收入份额最高的是农业，其次是第三产业，最低的是第二产业。那么随着产业结构的演化，第一产业增加值占 GDP 比重明显下降，第二产业基本稳定，第三产业增加值占 GDP 有明显上升，即使各产业内部的劳动收入份额保持不变，产业结构本身的变动必然使整体劳动收入份额下降。由表4-5可以观察到我国产业结构变动的几个阶段。

第一阶段，1978~1980年，我国农业增加值占 GDP 的比重提高了1.98个百分点，第三产业比重下降了2.34个百分点，这分别使整体的劳动收入份额上升1.24和下降1.03个百分点。

第二阶段，1978~1990年，第二产业比重下降了6.54个百分点，第三产业比重则上升了 7.61 个百分点，这分别使得整体劳动收入份额下降 2.03 和上升 3.36 个百分点。

第三阶段，整个 1978～2004 年，第一产业比重下降了 14.8 个百分点，第三产业上升了 16.44 个百分点，前者使整体劳动收入份额下降 9.25 个百分点，后者使整体劳动收入份额提高 7.25 个百分点。第二产业占 GDP 比重变化不大，影响微弱。

**2. 对产业内效应分析**

表 4－6 反映的是各产业内劳动收入份额变化对整体劳动收入份额的影响。

从理论上分析，在产业结构不变的情况下，某产业内劳动收入份额下降一定会影响整体劳动收入份额，使其呈下降的走势。我国各产业内的劳动收入份额变动有两个明显的阶段：1998 年之前第二产业内的劳动收入份额有较大幅度上升，而第三产业则有所下降；1998 年之后第二产业内的劳动收入份额发生快速下降，第三产业内的劳动收入份额则有明显提高。第一产业的劳动收入份额一直比较稳定，对整体的变动没有大的影响。

在整个 1978～2004 年，如果产业结构保持不变，产业内劳动收入份额的变动将使整体劳动收入份额上升 0.95 个百分点，具体可分为两个阶段。

第一个阶段，1978～1998 年第二产业内的劳动收入份额是上升的，由 31.07% 上升到 41.27%，上升幅度为 10.2 个百分点，这将使整体劳动收入份额上升 4.72 个百分点；同时第三产业内的劳动收入份额由 44.07% 下降到 39.30%，降幅为 4.77 个百分点，这将使整体劳动收入份额下降 1.73 个百分点（见表 4－4）。

中国功能性分配格局变迁研究：1978~2008

表4－5 产业结构变动对整体劳动收入份额的影响（产业间效应）

| 年　份 | 结构影响指数（百分点） | | | 结构影响的总和 | 各产业结构影响占比（%） | | | 备注：各产业占GDP比重变化 |
| | 第一产业 1 | 第二产业 2 | 第三产业 3 | 4＝1＋2＋3 | 第一产业 5＝1/4 | 第二产业 6＝2/4 | 第三产业 7＝3/4 | 8 |
| --- | --- | --- | --- | --- | --- | --- | --- | --- |
| 1978~1980 | 1.24 | 0.11 | -1.03 | 0.32 | 387.50 | 34.38 | -321.88 | 一产升、三产降 |
| 1978~1990 | -0.67 | -2.03 | 3.36 | 0.66 | -101.52 | -307.58 | 509.09 | 二产降、三产升 |
| 1978~1998 | -6.65 | -0.52 | 5.42 | -1.75 | 380.00 | 29.71 | -309.71 | 一产降、三产升 |
| 1998~2004 | -2.61 | 0.01 | 1.63 | -0.97 | 269.07 | -1.03 | -168.04 | 一产降、三产升 |
| 1978~2004 | -9.25 | -0.51 | 7.25 | -2.51 | 368.53 | 20.32 | -288.84 | 一产降、三产升 |

表4－6 各产业内劳动收入份额变化对整体劳动收入份额的影响（产业内效应）

单位：%

| 年　份 | 固定构成指数 | | | 产业内影响总和 | 各产业影响程度 | | | 备注：各产业内LS变动 |
| | 第一产业 1 | 第二产业 2 | 第三产业 3 | 4＝1＋2＋3 | 第一产业 5＝1/4 | 第二产业 6＝2/4 | 第三产业 7＝3/4 | — |
| --- | --- | --- | --- | --- | --- | --- | --- | --- |
| 1978~1980 | 0.09 | 0.48 | 0.21 | 0.78 | 11.54 | 61.54 | 26.92 | — |
| 1978~1990 | -0.01 | 3.11 | -0.72 | 2.38 | -0.42 | 130.67 | -30.25 | 三产内LS上升 |
| 1978~1998 | 0.02 | 4.72 | -1.73 | 3.01 | 0.66 | 156.81 | -57.48 | 三产内LS上升 |
| 1998~2004 | 0.04 | -2.99 | 1.10 | -1.85 | -2.16 | 161.62 | -59.46 | 三产内LS下降 |
| 1978~2004 | 0.05 | 1.73 | -0.83 | 0.95 | 5.26 | 182.11 | -87.37 | — |

120

第二个阶段，1998～2004 年第二产业内的劳动收入份额开始呈现下降走势，由 41.27% 降为 34.80%，降幅为 6.47 个百分点，使整体劳动收入份额下降 2.99 个百分点；第三产业内的劳动收入份额则由 39.3% 上升到 42.03%，上升幅度为 2.73 个百分点，这将使整体劳动收入份额上升 1.10 个百分点（见表 4-4）。

**3. 对全国劳动收入份额的综合分析**

表 4-7 显示了产业间效应和产业内效应分别对劳动收入份额的影响。

**表 4-7　我国劳动收入份额变动的整体分析**

| 年　份 | 实际 LS 份额变动程度 | 产业间效应 | 产业内效应 | 产业间效应影响程度 | 产业内效应影响程度 | 备　　注 |
|---|---|---|---|---|---|---|
| | 1 | 2 | 3 | 4 = 2/1 | 5 = 3/1 | 6 |
| 1978～1980 | 1. 10 | 0. 36 | 0. 77 | 32. 73 | 70. 00 | 产业内影响大 |
| 1978～1990 | 3. 04 | 0. 66 | 2. 39 | 21. 71 | 78. 62 | 产业内影响大 |
| 1978～1998 | 1. 26 | - 1. 74 | 3. 00 | - 138. 10 | 238. 10 | 产业内影响大 |
| 1998～2004 | - 2. 82 | - 0. 97 | - 1. 85 | 34. 40 | 65. 60 | 产业内影响转负 |
| 1978～2004 | - 1. 56 | - 2. 51 | 0. 95 | 160. 90 | - 60. 90 | 产业间影响大 |

（1）1978～1990 年，产业内因素的影响程度（2.39 个百分点）大于产业结构变动的影响（0.66 个百分点），并且两类因素的影响皆为正向，使整体劳动收入份额提高 3.04 个百分点。主要原因是第三产业比重上升，同时第二产业内的劳动收入份额也在提高。产业内因素的影响贡献率为 78.41%。

（2）1978～1998 年，产业间因素和产业内因素对整体劳动收入份额的影响方向相反，前者使整体劳动收入份额下降

1.74 个百分点，后者使之上升 3 个百分点，使得我国整体劳动收入份额基本稳定（微升 1.26 个百分点）。

（3）1998~2004 年，产业结构因素和产业内因素均使整体劳动收入份额下降，主要原因是第一产业比重下降，第二产业内的劳动收入份额也开始下降，两者分别使整体劳动收入份额下降 0.97 和 1.85 个百分点，所以 1998~2004 年整体劳动收入份额明显下降（降幅为 2.82 个百分点）。表明我国劳动收入份额自 20 世纪 90 年代后期以来才开始实质性的下降。

（4）整个 1978~2004 年，产业间效应使整体劳动收入份额下降 2.51 个百分点，产业内效应的影响则使之提高 0.95 个百分点，整体劳动收入份额实际下降 1.56 个百分点。也就是说，在这一时期，我国劳动收入份额的下降完全是产业结构的影响所导致，如果保持产业结构不变，产业内因素的影响将是正向的。

另外，从长期来看，产业结构的影响程度要大于产业内因素的影响。这一点也与肖红叶、郝枫（2009）的发现一致。即在每个周短期，产业内劳动收入份额波动幅度较大，它的影响占主要地位，但在长周期内不同产业内劳动收入份额的正负波动相互抵消，产业结构变动的影响更重要。这同时也带来一个重要现象，就是整体经济的劳动收入份额的波动幅度（标准差系数）小于各产业内劳动收入份额的波动幅度，我国整体劳动收入份额表现出较强的稳定性。

在各产业内的劳动收入份额调整之前，农业的劳动收入份额奇高，这与我国统计部门把农业部门的混合收入全部计入劳动者报酬有关。所以白重恩（2009）根据调整前的劳动报酬数据计算发现：在我国 1995~2003 年劳动收入份额的变动中，产业结构升级的影响程度为 61.31%，产业内的影响为

38.69%（见第三章表3-4），从而他认为产业结构变动对整体劳动收入份额的影响居于主导地位。但根据未调整的劳动收入份额进行分析可能夸大了产业结构转型的影响。本书通过对调整后的劳动收入份额（中口径）进行分解分析，发现1978~1998年产业内的劳动收入份额的变动影响程度为238.27%，产业结构变动的影响程度为-138.27%；1998~2004年各产业内的劳动收入份额的变动影响程度为-65.66%，产业结构变动的影响程度为-34.34%。在这两个短周期中产业内因素的影响均居于主要地位。但在1978~2004年的长周期内，产业结构的影响为-160.66%，产业内因素的影响为60.66%，产业结构转型的影响居于主要地位。

这说明，在判断产业间效应和产业内效应对整体劳动收入份额的影响程度时，对混合收入的处理方式不同会导致不同的结论。如果采用宽口径的劳动收入份额，则产业间效应将超过产业内效应，如果采用中口径则会得到相反的结论，这正是本书与白重恩（2009）的结论出现分歧的原因。罗长远、张军（2009）对全国劳动收入份额的波动进行分析时发现，1993~2004年产业内劳动收入份额的变化能够解释劳动收入份额波动的60%。显然，这是由于他们对未调整的劳动收入份额进行分解，使2004年统计口径变动夸大了产业内效应的影响程度。本书对调整后的中口径的劳动收入份额进行分解分析，消除了2004年统计口径的变动因素，更准确地衡量了产业间效应和产业内效应对整体劳动收入份额的影响。

## 三　本章小结

1978~2008年是我国工业化进程的重要阶段，第一产业比重大幅度下降，第三产业比重明显上升，由于三次产业之间的劳动收入份额相差很大，所以，产业结构的变动和各产业内劳动收入份额的变动都对全国劳动收入份额有着重要影响。因此，分别测度产业间效应和产业内效应对全国劳动收入份额的影响就很有必要。

本章利用上文（第三章）对全国和各次产业劳动收入份额的中口径调整结果，把全国劳动收入份额的变动分解为产业间效应和产业内效应，发现1978～2004年产业间效应使整体劳动收入份额下降2.51个百分点，产业内效应的影响则使之提高0.95个百分点，两者部分抵消后，使我国整体劳动收入份额提高1.56个百分点。这意味着在此期间我国劳动收入份额的下降完全是产业结构变动的结果。

根据产业内因素的影响方向不同，具体可将我国劳动收入份额的变动划分为两个大的阶段。

第一个阶段，1978～1998年产业间效应和产业内效应对整体劳动收入份额的影响方向相反，前者（主要是第一产业比重下降10.63个百分点，第三产业比重上升12.97个百分点）使整体劳动收入份额下降1.74个百分点，后者（主要是第二产业内的劳动收入份额上升10.20个百分点，第三产业内的劳动收入份额下降4.77个百分点）使整体劳动收入份额上升3个百分点。两者部分抵消后，我国整体劳动收入份额基本稳定（微升1.26个百分点）；

第二个阶段，1998～2004年产业结构效应和产业内效应均使整体劳动收入份额下降，前者（主要是第一产业比重下降4.16个百分点，第三产业比重上升4.15个百分点）使全国劳动收入份额下降0.97个百分点；后者（主要是第二产业内的劳动收入份额下降6.47个百分点，第三产业内的劳动收入份额上升2.73个百分点）又使得全国劳动收入份额下降1.85

个百分点，由此导致 1998～2004 年全国劳动收入份额明显下降（降幅为 2.82 个百分点）。这表明，我国劳动收入份额自 20 世纪 90 年代后期才开始出现实质性的下降。

　　总的看来，在 1978～1998 年和 1998～2004 年两个时间段内，第二、三产业内的劳动收入份额均呈反方向运动，各产业内劳动收入份额变动的影响部分相互抵消，使得全国的劳动收入份额在整个 1978～2004 年的变异幅度缩小，表现出明显的时间稳定性。就这两类因素对整体劳动收入份额的影响程度而言，从短期看，产业内效应对全国劳动收入份额的影响较大；从长期看，产业间效应的影响更为重要。另外，对混合收入的不同核算口径也会带来不同的结果，如果采用宽口径的劳动报酬，则产业间效应对劳动收入份额的影响大于产业内效应，如果采用中口径的劳动报酬，则产业内效应的影响更大。

# 第五章　我国工业部门劳动收入
份额的影响因素分析

本书第四章对我国劳动收入份额的分析表明，产业间效应对整体劳动收入份额的影响一直是负向的，但在 1998 年之前产业内效应的影响是正向的，两者部分抵消后，整体劳动收入份额有轻微上升；自 1998 年之后，产业内效应的影响也由正转负，与产业间效应的负向影响叠加在一起，使整体劳动收入份额有明显下降。其中，第二产业内的劳动收入份额变动幅度较大，由 1998 年的 41.27% 降到 2004 年的 34.80%，是带动整体劳动收入份额下降的主要原因。可见，由于第二产业占 GDP 比重较大（平均为 45.6%），而且该产业内的劳动收入份额在 1998 年前后出现了逆转，使得全国劳动收入份额开始呈现下降趋势。因此，对第二产业内的劳动收入份额的变动及其原因进行更深入的分析就显得尤为必要。

由于在第二产业中工业部门的增加值比重平均占 88% 左右，并且自雇者大多分布于第三产业和建筑业领域，2004 年统计口径的变动对工业部门的影响比较小，因而工业部门的劳动报酬的时间序列数据可比性更强。为简化分析，下文仅对工业行业内的劳动收入份额变化进行考察。

# 第一节　数据来源及各变量的描述性统计量

## 一　数据来源及各变量的计算方法

本章数据来自国家统计局工业企业年报基层报表，时间范围为1998～2007年，简称企业基层报表数据库。由于考察期间统计制度发生过调整，为了保持口径的前后一致，本书对部分年份数据进行相应调整。

（1）行业调整。2002年，我国行业分类标准发生了变化，在此以前我国采用的是1994年制定的国民经济行业分类与代码（GBT4754—94）。2002年我国颁布了新标准（GB/T4754—2002），并于2003年正式实施。在新标准中，采矿业与制造业的名称和范围都进行了调整，为了使前后口径一致，本书根据新的标准对1998～2002年的数据重新调整了行业代码。调整后，工业部门共有39个两位数代码行业（06－11、13－37、39－46）。

（2）会计制度调整。我国从2004年开始执行新的《企业会计制度》，根据该制度，从2004年起，工业企业的"产品销售收入"科目改为"主营业务收入"，"产品销售税金及附加"改为"主营业务税金及附加"，"产品销售费用"改为"营业费用"。本书根据新的会计制度，对1998～2003年的有关指标进行了相应修改，使前后所包括的经济内容基本一致。

根据该数据库所提供的数据，本章的劳动收入份额指标的计算方法为：

$$劳动收入份额 = \frac{本年应付工资 + 本年应付福利费}{工业增加值}$$

（3）异常值处理。对于不满足基本逻辑关系的观测值，本书进行了剔除。筛选条件为：

第一，总产值现价、销售产值现价、流动资产年平均余额、固定资产原价合计、累计折旧、固定资产净值年平均余额、实收资本、产品销售收入、产品销售成本、本年应付工资、主营业务应付工资、本年应付福利费、主营业务应付福利费、中间投入、工业增加值指标均为正值。

第二，企业职工人数大于 5 人、劳动收入份额大于 5%，小于 85%。

对不满足逻辑审核关系的企业数据本书进行了删除处理，筛选前后各年份的样本数见表 5 – 1。

表 5 – 1　各年样本企业筛选前后比较

单位：户数

| 年　份 | 1998 | 1999 | 2000 | 2001 | 2002 | 2003 |
|---|---|---|---|---|---|---|
| 筛选前 | 165118 | 162034 | 162883 | 169031 | 181557 | 196222 |
| 筛选后 | 87783 | 94955 | 96481 | 99073 | 108691 | 121655 |
| 年　份 | 2004 | 2005 | 2006 | 2007 | 合计 | |
| 筛选前 | 276474 | 271835 | 301961 | 336768 | 2223883 | |
| 筛选后 | 168690 | 177879 | 194255 | 208505 | 1357967 | |

（4）各指标的计算方法。本章以行业为考察单位，即按行业（共 39 个）将全部企业的绝对量指标进行合计，得到各个行业的总量指标，再根据这些总量指标计算出每个行业的如下变量数值（见表 5 – 2）。

表 5 – 2　二位数行业的相关指标及计算方法

| 指标名称 | 记号 | 计算方法 | 引入目的 |
|---|---|---|---|
| 劳动收入份额 | ls | （全年应付工资总额 + 应付福利费总额）/工业增加值 | 被解释变量 |
| 资本产出比 | ky | 固定资产净值/增加值 | 控制要素相对价格变动的影响 |

128

续表

| 指标名称 | 记号 | 计算方法 | 引入目的 |
|---|---|---|---|
| 劳动者人均资本 | kl | 固定资产净值/全部职工人数 | 控制资本密集度的影响 |
| 劳动者人均产出 | yl | 增加值/全部职工人数 | 控制劳动生产率的影响 |
| 国有股份比重 | rsoe | 国家资本/实收资本 | 控制国有企业改制的影响 |
| 外资股份比重 | rfor | (港澳台资本 + 外商资本) /实收资本 | 控制外资对劳动份额的影响 |
| 产品出口率 | rexp | 出口交货值/工业总产值现价 | 控制行业开放程度的影响 |
| 前十位增加值比例 | r10av | 前十位企业增加值/该行业增加值总和 | 控制垄断程度的影响 |

## 二　劳动收入份额的描述性统计

根据上述的计算方法，得到 1998 ~ 2007 年各个行业的劳动收入份额，它们的一些特征指标见表 5 - 3。

表 5 - 3　1998 ~ 2007 年各行业劳动收入份额的描述性统计量

单位:%

| 年　份 | 1998 | 1999 | 2000 | 2001 | 2002 |
|---|---|---|---|---|---|
| 最大值 | 42.83 | 36.12 | 36.23 | 35.91 | 36.87 |
| 最小值 | 9.17 | 8.96 | 10.33 | 10.05 | 8.48 |
| 均　值 | 27.54 | 26.96 | 26.87 | 25.51 | 24.92 |
| Range | 44.44 | 41.21 | 39.80 | 35.03 | 44.20 |
| 标准差系数 | 0.3069 | 0.2572 | 0.3217 | 0.264 | 0.3324 |
| 工业部门 LS | 25.81 | 25.55 | 24.71 | 24.26 | 21.95 |
| 年　份 | 2003 | 2004 | 2005 | 2006 | 2007 |
| 最大值 | 53.61 | 50.18 | 50.12 | 45.08 | 52.68 |
| 最小值 | 8.02 | 9.66 | 8.15 | 7.52 | 7.07 |
| 均　值 | 23.75 | 23.00 | 21.58 | 21.65 | 21.70 |
| Range | 34.81 | 26.46 | 28.08 | 28.39 | 29.80 |
| 标准差系数 | 0.296 | 0.2718 | 0.2944 | 0.2997 | 0.3129 |
| 工业部门 LS | 21.51 | 21.46 | 20.86 | 21.22 | 21.15 |

由表 5 – 3 可见，各行业之间的劳动收入份额变异程度相当大。1998 年劳动收入份额最高的行业与最低的行业差距达44.44 个百分点，随着时间推移，这一差距在逐渐缩小，到2007 年最大差距为 29.80 个百分点，但标准差系数似乎并没有降低。就工业部门整体而言，劳动收入份额是逐年降低的，从 1998 年的 25.81% 下降到 2007 年的 21.15%，下降了 4.66个百分点。但自 2005 年以来，似乎有所回升，或者说基本终止了下降的趋势（见图 5 – 1）。

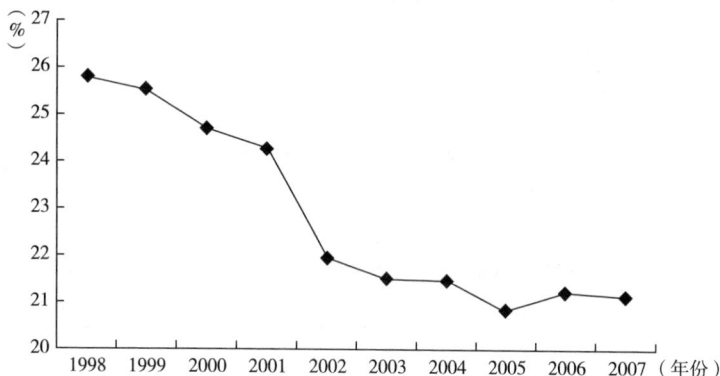

**图 5 – 1　1998 ～ 2007 年我国工业部门整体劳动收入份额变动趋势**

从行业角度看，我国工业部门的 39 个两位数行业的相关描述性统计量见表 5 – 4。

由表 5 – 4 可见，2007 年与 1998 年相比，39 个行业中有 7个行业的劳动收入份额有所上升，上升幅度最大的是仪器仪表办公机械制造业，上升了 7.04 个百分点；有 32 个行业的劳动收入份额下降，降幅最大的是电气机械及器材制造业，下降31.64 个百分点，其次是黑色金属矿采选业和煤炭开采和洗选业，下降幅度分别为 19.56 和 17.02 个百分点（见第 6 列）。如果对各行业按照 1998 ～ 2007 的劳动收入份额的平均值排序

**表 5 - 4　各行业在 1998～2007 年期间劳动收入份额的描述性统计量**

| 行　业 | 二位数行 | 最大值 | 最小值 | 行业均值 | 2007 年与 1998 年相比 | 标准差 | 按 LS 均值对 |
| | 业代码 | （%） | （%） | （%） | 变动幅度（百分点） | 系数 | 行业排序 |
| （1） | （2） | （3） | （4） | （5） | （6） | （7） | （8） |
| 煤炭开采和洗选业 | 6 | 50.18 | 33.00 | 42.13 | -17.02 | 0.1653 | 1 |
| 石油和天然气开采业 | 7 | 25.00 | 8.48 | 14.86 | -1.91 | 0.3430 | 37 |
| 黑色金属矿采选业 | 8 | 36.65 | 17.09 | 27.81 | -19.56 | 0.2731 | 11 |
| 有色金属矿采选业 | 9 | 33.34 | 17.57 | 26.44 | -13.60 | 0.2325 | 15 |
| 非金属矿采选业 | 10 | 34.15 | 22.14 | 28.67 | -12.01 | 0.1538 | 8 |
| 其他采矿业 | 11 | 45.72 | 8.86 | 22.91 | -3.29 | 0.5232 | 24 |
| 农副食品加工业 | 13 | 19.26 | 15.55 | 17.04 | -2.57 | 0.0738 | 35 |
| 食品制造业 | 14 | 22.57 | 17.62 | 20.37 | -3.29 | 0.0731 | 31 |
| 饮料制造业 | 15 | 17.42 | 15.21 | 15.96 | -1.93 | 0.0453 | 36 |
| 烟草制品业 | 16 | 10.49 | 7.07 | 8.76 | -2.10 | 0.1267 | 39 |
| 纺织业 | 17 | 31.12 | 23.36 | 26.65 | -7.76 | 0.1059 | 14 |
| 纺织服装鞋帽制造业 | 18 | 33.36 | 30.17 | 31.60 | 2.23 | 0.0329 | 5 |
| 皮革羽绒制品业 | 19 | 35.99 | 27.70 | 31.08 | 6.87 | 0.0822 | 6 |

续表

| 行业 (1) | 二位数行业代码 (2) | 最大值（%） (3) | 最小值（%） (4) | 行业均值（%） (5) | 2007年与1998年相比变动幅度（百分点） (6) | 标准差系数 (7) | 按LS均值对行业排序 (8) |
|---|---|---|---|---|---|---|---|
| 木材及竹制品业 | 20 | 22.78 | 20.66 | 21.54 | -1.40 | 0.0364 | 28 |
| 家具制造业 | 21 | 32.09 | 24.86 | 27.51 | 6.19 | 0.0756 | 12 |
| 造纸业 | 22 | 25.51 | 17.53 | 20.37 | -6.93 | 0.1302 | 32 |
| 印刷业 | 23 | 28.34 | 25.20 | 26.24 | -2.77 | 0.0424 | 16 |
| 文教体育用品业 | 24 | 36.87 | 31.72 | 34.10 | 5.15 | 0.0483 | 2 |
| 石油加工及炼焦业 | 25 | 18.74 | 11.03 | 14.26 | -5.33 | 0.1991 | 38 |
| 化学原料及制品业 | 26 | 26.17 | 18.11 | 21.55 | -7.42 | 0.1476 | 27 |
| 医药制造业 | 27 | 24.32 | 18.84 | 20.93 | -4.96 | 0.0835 | 30 |
| 化纤制造业 | 28 | 21.70 | 15.20 | 18.28 | -6.50 | 0.1234 | 33 |
| 橡胶制品业 | 29 | 27.15 | 20.81 | 22.94 | -5.91 | 0.1120 | 23 |
| 塑料制品业 | 30 | 24.92 | 22.95 | 24 | 0.22 | 0.0251 | 21 |
| 非金属矿物制品业 | 31 | 30.13 | 20.88 | 24.81 | -8.74 | 0.1371 | 17 |
| 黑色金属压延加工业 | 32 | 29.46 | 13.62 | 21.29 | -15.84 | 0.2984 | 29 |

续表

| 行　　业 | 二位数行业代码 | 最大值（%） | 最小值（%） | 行业均值（%） | 2007 年与 1998 年相比变动幅度（百分点） | 标准差系数 | 按 LS 均值对行业排序 |
|---|---|---|---|---|---|---|---|
| （1） | （2） | （3） | （4） | （5） | （6） | （7） | （8） |
| 有色金属冶炼加工业 | 33 | 29.48 | 14.58 | 22.55 | -13.28 | 0.2537 | 25 |
| 金属制品业 | 34 | 26.45 | 23.28 | 24.61 | -2.49 | 0.0436 | 18 |
| 通用设备制造业 | 35 | 32.46 | 22.28 | 27.17 | -10.13 | 0.1504 | 13 |
| 专用设备制造业 | 36 | 32.65 | 23.77 | 27.90 | -8.88 | 0.1051 | 9 |
| 交通运输设备制造业 | 37 | 29.92 | 19.63 | 24.45 | -10.29 | 0.1215 | 19 |
| 电气机械及器材制造业 | 39 | 53.61 | 20.17 | 32.90 | -31.64 | 0.4548 | 3 |
| 通信电子设备制造业 | 40 | 26.59 | 19.20 | 22.10 | 2.54 | 0.0999 | 26 |
| 仪器仪表办公用机械制造业 | 41 | 27.02 | 19.83 | 23.23 | 7.04 | 0.1265 | 22 |
| 工艺品制造业 | 42 | 34.10 | 28.31 | 30.29 | -4.21 | 0.0690 | 7 |
| 废旧材料回收加工业 | 43 | 30.00 | 18.89 | 24.38 | -8.46 | 0.1763 | 20 |
| 电、热力生产业 | 44 | 19.70 | 16.60 | 18.22 | -0.39 | 0.0590 | 34 |
| 燃气生产供应业 | 45 | 34.71 | 20.82 | 27.83 | -13.89 | 0.1524 | 10 |
| 水的生产供应业 | 46 | 34.53 | 30.10 | 32.63 | -3.65 | 0.0443 | 4 |

（见第 8 列），最高的是煤炭采选业，为 42.13%，最低的为烟草制品行业，为 8.76%，相差达 33.37 个百分点。

根据我国工业基层报表数据库，计算出 39 个二位数行业各年的劳动收入份额与解释变量之间的相关系数（见表 5 - 5）。

表 5 - 5　1998 ~ 2007 年劳动收入份额与其他变量
的相关系数（截面数据）

| 年份 | 资本产出比 | 劳动者人均资本 | 劳动者人均产出 | 国有股份比重 | 外资股份比重 | 产品出口率 | 价格加成率 | 前 10 位企业增加值比重 |
|------|--------|--------|--------|--------|--------|--------|--------|--------|
| 1998 | 0.319 | - 0.315 | - 0.702 | 0.329 | - 0.207 | - 0.089 | - 0.064 | 0.067 |
| 1999 | 0.179 | - 0.405 | - 0.711 | 0.315 | - 0.285 | 0.041 | - 0.039 | 0.105 |
| 2000 | 0.206 | - 0.508 | - 0.719 | 0.122 | - 0.265 | 0.145 | - 0.058 | 0.101 |
| 2001 | 0.148 | - 0.459 | - 0.690 | 0.252 | - 0.192 | 0.150 | - 0.069 | - 0.165 |
| 2002 | 0.264 | - 0.469 | - 0.637 | 0.114 | - 0.156 | 0.163 | - 0.210 | - 0.342 |
| 2003 | 0.171 | - 0.427 | - 0.693 | 0.009 | 0.049 | 0.343 | - 0.326 | - 0.224 |
| 2004 | 0.079 | - 0.359 | - 0.621 | - 0.136 | 0.259 | 0.517 | - 0.259 | - 0.269 |
| 2005 | 0.087 | - 0.362 | - 0.610 | - 0.204 | 0.332 | 0.595 | - 0.364 | - 0.597 |
| 2006 | 0.083 | - 0.283 | - 0.630 | - 0.051 | 0.472 | 0.587 | - 0.267 | - 0.523 |
| 2007 | 0.015 | - 0.348 | - 0.633 | - 0.244 | 0.594 | 0.708 | - 0.339 | - 0.571 |

由表 5 - 5 可见，资本产出比与劳动收入份额在各年均为正相关，表明两要素之间的替代弹性小于 1，资本与劳动之间可能是互补的，而非相互替代的。

各行业的劳均产出与劳动收入份额负相关，劳动生产率的提高快于工资水平的提高，初步表明我国的技术进步路径可能是资本增强型的。

国有股份比重与劳动收入份额从正相关逐步转变为负相关。这反映出国有工业对劳动收入份额的影响不是一成不变的，而是随着国有企业改革和发展的进程而发生着变化。国有企业改革是一个持续推进的过程。在 2000 年之前，国有企业可能承担了部分社会功能，存在过度就业现象，使得国有股份比重较高的行业劳动收入份额也较高。随着国企改革的深入，国企的预算约束逐渐硬化，大量职工下岗分流，减少了劳动力市场的扭曲程度，其劳动收入份额与其他经济类型企业差距缩小。同时，在抓大放小的改制策略下，国有资本退出竞争性领域，保留并加强了国有资本在基础工业领域和原材料领域的控制力和行政垄断，而这些领域一般是资本密集度比较高的。因此，就整体而言国有企业的资本密集度会提高，并且远高于其他经济类型的企业，这可能使得国有企业的劳动收入份额比其他经济类型的企业更低。国有股份比重高的行业反而表现为劳动收入份额较低，两者之间的相关系数逐步由正转负。

行业的产品出口率与劳动收入份额正相关，基本支持了国际贸易理论的要素价格均等化原理，出口率的提高有利于充分利用我国丰富的劳动力资源，有助于提高该行业内的劳动收入份额。

外资股份比重与劳动收入份额的相关系数自 2003 年起由负转正，是需要进一步解释的现象。区位优势理论认为 FDI 会通过密集使用国内的丰裕要素而提高其收入分配份额，但为什么 2003 年之前吸引 FDI 越多的行业其劳动收入份额反而越低呢？这一变动很可能与我国吸引 FDI 的政策变化有关：我国早期吸引外资的重要目的是学习他国的先进技术和管理经验，引入外资较多的行业大多是资金和技术密集度高的行业，这些行业的劳动收入份额比较低；随着时间推移，为了解决就业问题，我国鼓励外资投向劳动密集型行业，以充分利用我国丰裕的劳动力要素，这更符合国际贸易中的比较优势原理。所以，我国吸引外资政策的变动可能是"外资股份比重"与劳动收入份额的相关方向逐渐由负转正的原因。

"前十位企业增加值占比"反映了行业的垄断程度，它与劳动收入份额负相关。表明垄断程度较高的行业所带来的垄断利润大部分被资方占有，该行业的劳动收入份额将会比较低。

# 第二节　工业行业中劳动收入份额的影响因素分析

在 1998～2007 年期间，我国工业部门出现了许多新的现象，比如国有企业比重大幅度下降；重化工业比重迅速提高等。这些因素都可能对工业部门的劳动收入份额产生显著的影响，在本章下文中将对这些因素展开分析，考察它们对劳动收入份额的影响。

## 一　现有研究综述

白重恩（2008）认为："对于一个行业或部门而言，要素收入份额的变化由技术变化、产品市场的竞争程度变化以及要素市场的扭曲变化导致（例如法律法规或者劳资双方谈判能力的变化）。其他因素，如国际化、经济危机等，无非是通过上面三个因素间接地影响要素收入份额。"[1] 据此，白重恩等（2008）建立了一个"适用于中国工业部门的要素分配份额决定模型"。在该模型中，影响要素分配份额的因素被概括为 6

---

[1]　白重恩、钱震杰、武康平：《中国工业部门要素分配份额决定因素研究》，《经济研究》2008 年第 8 期，第 18 页。

个：资本产出比、资本增强型技术进步系数、要素替代弹性、行业生产函数中的分配系数、代表产品间竞争程度的（产品间）替代弹性、反映企业规模偏好的指标。白重恩（2008）建立了线性模型对我国工业部门在 1998～2005 年期间的资本收入份额进行计量分析，他分别以年份虚拟变量代理资本增强型技术进步系数，以两位数行业虚拟变量来控制分配系数在行业间的差异，以价格加成比代表企业的垄断程度，以企业的股权结构或控股权状况代理企业的经营目标偏好。计量结果发现：所有制变化（即国有企业改制）因素，是 1998～2005 年要素分配格局变动的最主要因素，它导致劳动收入份额下降4.7 个百分点，贡献率为 51%；市场垄断程度的提高使劳动收入份额下降 2.1 个百分点，贡献率为 23%。但资本产出比和资本增强型技术进步对资本收入份额的影响却不显著，表明工业部门要素替代弹性接近 1，他因此建议对工业部门选用 C－D 函数进行研究。在白重恩（2008）的研究中直接以年份虚拟变量代表资本增强型技术进步，以行业虚拟变量代表该行业的资本产出弹性，显得过于粗糙，因为年份虚拟变量和行业虚拟变量中包括了太多的信息。

黄先海、徐圣（2009）对 1989～2006 年我国制造业的劳动收入份额进行了研究，他们把制造业中的 29 个两位数行业分为劳动密集型和资本密集型两类，把劳动收入份额分解为下式：

$$\alpha_l = (\delta_{LL} - S_K) \left[ \frac{\Delta(k/l)}{(k/l)} \right] + (A_L - A_N)$$

其中，$(\delta_{LL} - S_K)$ 被称为乘数，$\delta_{LL}$ 表示劳动的边际产出对劳动 L 的弹性的绝对值，$S_K$ 表示资本的收入份额；

$\left[\dfrac{\Delta\ (k/l)}{(k/l)}\right]$ 为劳均资本的增长速度，被称为资本深化；

$(A_L - A_N)$ 代表资本增强型技术进步，其中 $A_L$ 为劳动的边际产出的增长率，$A_N$ 为产出的增长率。

他们发现，工业行业的劳动收入份额受三个方面的影响：一是乘数效应，二是资本深化的速度，三是劳动节约型技术进步的大小。在 1989~2006 年期间，两类部门的乘数均大于 0，表明资本深化有助于提高劳动收入份额，但乘数又小于 1，表明它缩小了资本深化对劳动收入份额的正向影响。从横向看，劳动密集型部门的乘数均大于资本密集型部门的乘数；从纵向看，除个别年份外（1994 年和 1995 年），两部门的乘数均逐年减小。

资本增强型技术进步对劳动收入份额的负向影响大于资本深化的正向影响。其中，劳动密集型部门中技术进步平均贡献率高达 -66.02%，资本深化的平均贡献率为 33.98%。资本密集型部门中技术进步平均贡献率高达 -70.59%，资本深化的贡献率为 29.41%。而且，劳动收入比重的变化具有自我增强机制：劳动收入份额下降，导致乘数减小，缩小了资本深化对劳动收入份额的正向拉动作用，这又将进一步降低劳动收入份额。

但黄先海、徐圣（2009）的模型中有一个明显的缺陷：乘数中包含资本收入份额，用它来解释劳动收入份额，相当于以自身解释自身，这可能是他得出劳动收入比重的变化具有"自我增强机制"的原因。但该模型得到的"劳动节约型技术进步是两类部门劳动收入份额下降的最主要原因"的观点很具启发性。[①]

---

[①] 黄先海、徐圣：《中国劳动收入比重下降成因分析——基于劳动节约型技术进步的视角》，《经济研究》2009 年第 7 期，第 34~44 页。

## 二　垄断程度对劳动收入份额的影响分析

在制度经济学看来，企业的本质是以企业家为中心的一系列契约的有机组合，要素所有者之间的诸多短期契约被企业家与其他要素所有者之间的长期契约所代替，从而节约了交易费用。在企业作为一个团队的生产过程中，企业的所有者享有剩余控制权和剩余索取权。由于垄断所带来的高额利润一般具有准租金的性质，它不可能被契约明确规定为某种要素的收入，它是按照契约进行分配之后的剩余部分，因此它的大部分归资方所占有。一般说来，垄断程度的提高有利于提高资本收入份额，而不利于提高劳动收入份额。

郑玉歆、李玉红（2007）利用企业层次的微观数据，对我国 1998～2005 年工业企业的新增利润来源从不同角度进行了分析。他们的研究结果表明，工业利润的增长是结构性的，重工业对工业利润增长贡献了 70% 以上；采掘业和原材料工业利润率提高的主要因素是产品价格的大幅上涨，这些行业的劳动生产率反而是下降的，而机械工业和轻工业收益率的改善主要来自于劳动生产率水平的提高；工业部门平均工资水平增速小于 GDP 增速，大部分（75%）劳动者的工资增速较慢，利润的高速增长很大程度上是以工资的缓慢增长为代价的。另外，值得注意的是，工资增长较快的行业全部是垄断行业或重工业，其吸纳就业的容量都比较低，而且就业比重越来越低。工资增速超过 GDP 增速的 9 个行业的就业人数占工业就业总数的比重在 2000 年为 31.0%，到 2005 年下降到 24.9%。①

---

① 郑玉歆、李玉红：《工业新增利润来源及其影响因素——基于企业数据的经验研究》，《中国工业经济》2007 年第 12 期，第 5～11 页。

与郑玉歆等的研究成果相呼应，翁杰、周礼（2009）也认为，我国工业行业在 2002~2007 年期间利益分配格局变动的原因是工业品出厂价格的结构性变动——主要是采掘业和原材料行业价格大幅度上涨所引起的。他们选择了工业中主要的 36 个行业，把它们分为两大类：第一类包括采掘业的 5 个行业、原材料制造业的 4 个行业和电气水供应业的 3 个行业，共计 12 个行业；第二类包括其余的 24 个行业，主要属于制造业中的下游行业，并分别考察这两类行业中的新增利润来源。结果见表 5-6。

表 5-6　2002~2007 年工业新增利润占全部工业利润的比重

单位：%

| 年份 | 以上年为基期 | | 以 2001 年为基期 | |
|---|---|---|---|---|
| | 第一类行业加总 | 第二类行业加总 | 第一类行业加总 | 第二类行业加总 |
| 2002 | 29.8 | 68.7 | 29.8 | 68.7 |
| 2003 | 46.7 | 53.3 | 41.7 | 57.9 |
| 2004 | 64.9 | 34.8 | 52.2 | 47.4 |
| 2005 | 57.3 | 41.5 | 54.0 | 45.4 |
| 2006 | 48.9 | 50.3 | 48.3 | 56.5 |
| 2007 | 40.3 | 55.0 | 38.1 | 51.0 |

注：翁杰、周礼：《中国工业企业利益分配格局快速变动的原因分析：1997-2007》，《中国工业经济》2009 年第 9 期。

在 2002~2004 年间，工业新增利润中第一类行业所占比重由 29.8% 上升到 64.9%，而第二类行业所占比重则由 68.7% 下降为 34.8%。这主要是由于工业品价格的结构性上涨所致，即第一类行业的产品价格上涨幅度远高于第二类行业产品价格的上涨幅度，工业新增利润迅速向第一类行业转移。

工资决定的租金分享理论认为，劳动者的工资水平由市场保留工资和企业租金两部分构成。在我国工业部门中，第一类行业产品价格大幅度上涨，使企业租金快速增加，但盈利的增加通常并非是生产率提高所致，所以该类行业的工资水平虽然也可能有所提高，但企业租金的大部分被资方获得，劳动收入份额相应降低。在我国，劳动力处于弱势地位的情况下尤其如此。资金密集度高、垄断程度高是第一类工业行业的突出特点，这些行业所容纳的就业比重越来越低，工资总额占其增加值的比重处于下降趋势，这必然影响到整个工业部门，进而使全国整体的劳动收入份额出现下降。第二类行业多为下游的制造业，为了消化上游原材料产品价格上涨的压力，通常会提高劳动生产率，尽量压低劳动力成本，这些措施又必然使第二类行业内的劳动收入份额下降，这导致工业部门整体的劳动收入份额降低。总之，上游企业垄断程度的提高使得上、下游企业的劳动收入份额都呈下降走势。

## 三　国有企业改制因素对劳动收入份额的影响

从 20 世纪 90 年代开始，我国的国有企业改制大规模地铺开，通过"三年脱困计划"实现了减员增效，并释放出大量富余劳动力。同时在"抓大放小"政策下，国有企业大量减少，民营企业比重提高。1999 年的《中共中央关于国有企业改革和发展若干重大问题的决定》指出："在社会主义市场经济条件下，国有经济在国民经济中的主导作用主要体现在控制力上。""只要坚持公有制为主体，国家控制国民经济命脉，国有经济的控制力和竞争力得到增强，这种减少不会影响我国的社会主义性质。"[①]  因此，国有企业比重虽然趋于下降，但

---

① 《中共中央关于国有企业改革和发展若干重大问题的决定》，1999 年 9 月 22 日中国共产党第十五届中央委员会第四次全体会议通过。

它在部分行业中的垄断力和控制力却在增强，实现利润总额和利润集中度都迅速上升。翁杰、周礼（2009）研究发现：2000 年与 1997 年相比，国有企业职工数量减少了 48.1%，利润则增加了 4.6 倍，同期非国有企业的利益分配格局并无大的变动。

关于国有工业企业的利润集中度，韩朝华、周晓艳（2009）对我国工业行业按照所有制进行分类，考察了我国 2000~2007 年的工业利润增量的来源，发现国有工业的利润在各行业间分布的标准差最大，呈现两极分化趋势（见表 5-7）。

韩朝华、周晓艳（2009）以"行业购销价格比""行业劳均资本额"等作为解释变量，分别反映行业中厂商的定价权和资金密集度，对因变量"行业利润总额"进行回归分析，发现厂商的定价权与国有企业的利润呈显著正相关，而与外资企业的利润额呈显著负相关；行业劳均资本额与国有企业利润呈显著正相关，因为国有企业的利润来源偏重于基础产业领域，资金密集度高是这类行业的突出特点。[①]显然，国有企业改制后的新增利润主要来自定价权，即垄断程度的提高，对整个社会反而带来效率和福利的损失。

总之，国有企业在改制过程中逐渐退出竞争性领域，集中分布于资源和基础工业领域，垄断程度和利润集中度得到提高。这可能导致国有企业比重越高的行业劳动收入份额越低，即两者表现为负相关。

---

① 韩朝华、周晓艳：《国有企业利润的主要来源及其社会福利含义》，《中国工业经济》2009 年第 6 期，第 20 页。

表5-7 不同工业经济类型中利润额占本类型总利润比重居前五位的行业

单位:%

| 序号 | 国有工业 1999~2007 | 占比 | 外资企业 1999~2007 | 占比 | 私营企业 2005~2007 | 占比 |
| --- | --- | --- | --- | --- | --- | --- |
| 1 | 石油和天然气开采业 | 36.5 | 电子及通信设备制造业 | 18.1 | 非金属矿物制品业 | 8.3 |
| 2 | 发电和供热业 | 15.6 | 交通运输设备制造业 | 12.9 | 纺织业 | 7.5 |
| 3 | 黑色金属冶炼业 | 9.3 | 化学原料及制品制造业 | 7.5 | 普通机械制造业 | 7.5 |
| 4 | 交通运输设备制造业 | 7.6 | 发电供热业 | 6.8 | 化学原料及制品业 | 7.4 |
| 5 | 烟草加工业 | 6.4 | 电气机械及器材制造业 | 6.2 | 食品加工业 | 6.9 |
| | 前五位行业比重合计 | 75.4 | 前五位行业比重合计 | 51.5 | 前五位行业比重合计 | 37.6 |

注:韩朝华、周晓艳:《国有企业利润的主要来源及其社会福利含义》,《中国工业经济》2009年第6期。

## 四 资本密集度对劳动收入份额的影响分析

改革开放以来我国重工业的比重发生过比较大的波动。在 1978~1998 年，中国的工业结构中重化工业的比重是基本稳定并有微弱下降的（从 56.9% 下降到 50.7%），而 1998~2008 年重化工业比重迅速上升（从 50.7% 提高到 71.1%）。这是我国工业化发展进程中的必然阶段。"国际经济发展的经验表明，在人均 GDP 超过 3000 美元之后，工业结构重心将由轻纺工业逐渐向重化工业转移。我国已经开始步入这一发展阶段，即以资金、技术密集型产业为主导的深加工、重型化发展的新阶段。"[1]（周维富，2005）。中国 1978~2008 年工业结构中重化工业比例的变化，与工业内劳动收入份额的先提高后降低的变化节奏在一定程度上是反方向变动的，因此本书把工业行业资本密集度的变化作为劳动收入份额的影响因素之一。

由表 5-8 的数据可以看出，在 1998~2008 年期间，劳均资本的年均增长速度为 9.19%（第 4 列），比人均劳均工资的年均增长速度 8.26%（第 10 列）高出 0.93 个百分点，这显示我国工业中的资本密集度在提高。固定资产净值与工资总额的比值（第 9 列）也从 1998 年的 12.50 倍上升到 2008 年的 13.63 倍，表明工业企业的扩张路径的资本偏向特征：在扩大再生产中，企业更多地增加资本投入，而不是增加劳动要素的投入，使工业中不变资本与可变资本之间的有机构成比例不断提高，这可能是导致劳动收入份额下降的原因之一。

从产出角度看，单位资本产出年均增长 7.89%（第 7 列），

---

[1] 周维富：《如何面对重化工业时代的来临》，《中国经贸导刊》2005 年第 2 期，第 21 页。

表 5-8 1998~2008 年我国规模以上工业企业主要指标

| 年 份 | 资本产出比（净值/增加值）(1) | 劳均产出（增加值/人数）(2) | 单位工资产出（增加值/工资额）(3) | 劳均资本（净值/人数）(4) | 劳均利税（利税额/人数）(5) | 单位资本利税（利税额/净值）(6) | 单位资本产出（增加值/净值）(7) | 单位工资利税（利税额/工资额）(8) | K/工资额（固定资产净值/工资总额）(9) | 人均劳动工资（万元）10 |
|---|---|---|---|---|---|---|---|---|---|---|
| 栏 号 | (1) | (2) | (3) | (4) | (5) | (6) | (7) | (8) | (9) | 10 |
| 1998 | 2.27 | 3.14 | 5.50 | 7.12 | 0.89 | 0.13 | 0.44 | 1.56 | 12.50 | 0.57 |
| 1999 | 2.19 | 3.72 | 6.03 | 8.15 | 1.15 | 0.14 | 0.46 | 1.87 | 13.22 | 0.62 |
| 2000 | 2.04 | 4.57 | 6.79 | 9.32 | 1.71 | 0.18 | 0.49 | 2.54 | 13.85 | 0.67 |
| 2001 | 1.96 | 5.21 | 7.20 | 10.19 | 1.89 | 0.19 | 0.51 | 2.62 | 14.10 | 0.72 |
| 2002 | 1.80 | 5.98 | 7.71 | 10.78 | 2.18 | 0.20 | 0.56 | 2.81 | 13.90 | 0.78 |
| 2003 | 1.57 | 7.30 | 8.70 | 11.49 | 2.76 | 0.24 | 0.64 | 3.29 | 13.69 | 0.84 |
| 2004 | 1.46 | 8.28 | 9.81 | 12.04 | 3.24 | 0.27 | 0.69 | 3.84 | 14.27 | 0.84 |
| 2005 | 1.24 | 10.47 | 10.98 | 12.97 | 3.82 | 0.29 | 0.81 | 4.00 | 13.61 | 0.95 |
| 2006 | 1.16 | 12.38 | 11.59 | 14.38 | 4.62 | 0.32 | 0.86 | 4.32 | 13.46 | 1.07 |
| 2007 | 1.06 | 14.86 | 12.44 | 15.68 | 5.79 | 0.37 | 0.95 | 4.84 | 13.12 | 1.20 |
| 2008 | 1.06 | 16.17 | 12.84 | 17.16 | 6.17 | 0.36 | 0.94 | 4.90 | 13.63 | 1.26 |
| 年均增速（%） | -7.33 | 17.81 | 8.85 | 9.19 | 21.36 | 10.72 | 7.89 | 12.12 | 0.87 | 8.26 |

数据来源：国家统计局：《中国统计年鉴（2009）》，中国统计出版社，2009。

而单位工资产出年均增长为 8.85%（第 3 列）；从盈利能力看，单位资本利税年均提高 10.72%（第 6 列），单位工资利税年均增长 12.12%（第 8 列）。可见，随着资本的深化，在边际报酬递减规律的作用下，资本要素的边际报酬提高的速度比较慢，但其在分配格局中所占的份额却得到提高，劳动要素在收入分配中日益处于不利地位。

## 五　技术进步路径对劳动收入份额的影响分析

资本增强型技术进步是指技术进步使得资本的生产效率得到较大的提高，因此厂商将会增加资本的投入，引起劳均资本（K/L）提高。Acemoglu 等（2006）认为，从长期来看，经济运行在均衡增长路径（Balanced Growing Path）上，出现的总是劳动增强型技术进步，所以劳动收入份额在均衡增长路径上保持不变；但如果从短期看，当经济运行在转型路径上（Transition Path），则会发生资本增强型技术进步，此时劳动收入份额将随技术进步而下降。[1] 这说明，技术进步的类型对于要素收入分配格局会产生明显的影响，因而在分析我国劳动收入份额变化的原因时，需要考虑如何控制这方面因素的影响。那么，我国在 1998 ~ 2007 年期间，工业技术进步的主导性特征或基本路径是什么呢？

在判断技术进步的方向时，杨俊、邵汉华（2009）以全要素生产率代理技术进步，如果 TFP 与劳动收入份额之间的回归系数显著为负，则可以判断技术进步是资本增强型的。[2]

---

[1]　Acemoglu, D. and Guerrier, I. V., *Capital Deepening and Non – balanced Economic Growth*（NBER Working Paper, No. 12475, 2006）.

[2]　杨俊、邵汉华：《资本深化、技术进步与全球化下的劳动报酬份额》，《上海经济研究》2009 年第 9 期，第 13 页。

Guscina（2007）认为，如果劳动生产率与劳动收入份额之间正相关，便可以认为劳动生产率的增长主要源于劳动者能力的提升，劳动者应该从中获得更多回报，则技术进步属于劳动扩张型的；反之，如果劳动生产率与劳动收入份额呈负相关，可以认为劳动生产率的增长主要源于物质资本投资，资本应该从劳动生产率提高中获得更多回报，则技术进步属于资本扩张型的。[①] 黄先海和徐圣（2009）、张车伟（2010）在研究中都采用了这一思路，张车伟认为："在1997年以前，中国的技术进步以劳动扩张型技术进步为主，而1998年之后，中国技术进步则逐渐以资本扩张型技术进步为主。一个明显的例证就是中国出口贸易中资本品比重迅速提高。改革开放以来，资本品出口占总出口的比重持续增长，从1980年的4.7%增长到2007年的47.4%，增长了9倍多，资本品出口迅速增长必然要求大量投资，新机器和新设备等物质资本投资成为劳动生产率提升的主要源泉，进而导致劳动者从劳动生产率提高中获得的回报相对减少。"[②]

根据表5-8，我国在1998～2007年期间，工业部门的劳动生产率从1998年的3.14万元/人，增加到2008年的16.17万元/人，年均增长速度为17.81%（第2列），与呈下降走势的劳动收入份额之间显然是负相关的。这表明我国工业行业在1998～2007年期间出现了资本增强型技术进步。

[①] Guscina, A., *Effects of Globalization on Labor's Share in National Income* (IMF Working Paper, No. 294, 2006).

[②] 张车伟、张士斌：《我国初次分配中劳动报酬份额问题研究》（内部结项报告，2010年10月），第26页。

# 第三节　基于面板数据对工业部门劳动收入份额的计量分析

通过对劳动收入份额影响因素的分析，本节将以工业企业基层报表数据库资料为基础，将上述影响因素纳入模型，利用新古典生产函数对我国工业部门中劳动收入份额的变化原因进行计量检验。

## 一　提出待检验命题

### 1. 假说一——我国 1998 年以来的技术进步特征是资本偏向型的

本书按照张车伟（2010）的思路，以劳动生产率与劳动收入份额之间的相关方向来判断 1998～2007 年我国工业行业中的技术进步路径。如果两者呈负相关，说明劳动生产率的提高速度快于人均工资的提高速度，劳动要素在收入分配中的地位下降，即可判断技术进步是资本偏向型的。

### 2. 假说二——行业的垄断程度与该行业的劳动收入负相关

垄断程度用"前 10 位企业增加值所占比重"代理。

根据本章第二节的分析，垄断企业的超额利润大部分将转化为企业租金，归资方占有，因而垄断程度越高的行业，其劳动收入份额会越低，两者之间应该呈负相关。

从经济学角度分析，垄断程度与资本密集度可能是密切相关的。重工业由于其投资巨大，相应地，产量也巨大，一般具有自然垄断的特征，所以随着重工业占整个工业行业比重的迅速提高，整个工业的垄断程度也会加深。与第一和第三产业相比，第二产业的生产过程受自然条件的限制较少，企业规模更依赖物质资本（而非人力资本）的投资数量，资本的积聚和集中障碍较少，因而垄断更容易建立。相反，农业生产更多依赖自然条件；第三产业主要是服务业，对人力资本的要求较高，而人力资本的高流动性也使得建立垄断更为困难，所以它们的垄断程度较低。资金密集度和垄断程度的提高都会导致劳动收入份额的下降，这可能就是第二产业，尤其是工业的劳动收入份额远低于第一和第三产业的原因。

**3. 假说三——行业的出口率与劳动收入份额正相关，符合国际贸易中的 H-O 定理**

对于出口商品一般按照两个标准进行分类，一是按照加工程度分为初级产品和工业制成品；二是按照要素密集度分为资源密集型、劳动密集型、资本密集型、技术密集型等。尽管我国出口商品的复杂度和制成品的出口比例一直在上升，但作为发展中国家，劳动密集型产品的出口在我国依然占据重要地位。另外，出口率比较高的行业一般是竞争较为充分的行业，这两方面因素使得 1998~2007 年我国工业部门中出口率越高的行业劳动收入份额可能也会比较高。因此，本书仍假设行业出口率与劳动收入份额正相关（见表 5-9）。

表 5-9 1980 年~2007 年中国工业制成品出口结构

单位:%

| 年 份 | 1980 | 1985 | 1990 | 1995 | 2000 | 2003 | 2005 | 2006 | 2007 |
|---|---|---|---|---|---|---|---|---|---|
| 资本、技术密集产品 | 21.8 | 15.7 | 20.2 | 31.8 | 32.3 | 51.4 | 53.8 | 54.7 | 55.1 |
| 劳动密集型产品 | 75.9 | 59.0 | 54.7 | 68.1 | 57.6 | 48.4 | 46.0 | 45.0 | 44.7 |

数据来源：张丽莉：《外商直接投资对我国出口商品结构的影响研究》，湖南大学硕士学位论文，2009。

**4. 假说四——FDI 对我国工业行业的劳动收入份额有正向影响**

Dunning（1988）的区位优势理论认为，各国的资源和要素的禀赋决定了其所能吸引外资的类型，劳动密集型企业通常选择投资于劳动要素充裕的国家，而资本密集型企业则更可能选择投资于资本要素充裕的国家。这意味着外商直接投资（FDI）使东道国中相对充裕的那种生产要素得到更为充分的利用。因此，FDI 应当能够提高该充裕要素的收入份额。按照这一理论观点，本书仍假设 FDI 有助于我国劳动收入份额的提升。

**5. 假说五——行业的国有经济比重与劳动收入份额负相关**

1984 年以来改革由农村进入到城市，国有企业改革持续推进，改制效果逐步得到显现。改制后的国有企业发生了三个方面的变化。一是国有企业在整个工业中的产值比重和就业比重都大幅度降低，它对工业整体劳动收入份额的影响也因此而降低。二是随着国有企业的预算约束硬化，释放了大量的冗员，减少了劳动力市场的扭曲程度，其劳动收入份额与其他经济类型企业差距缩小，甚至更低。三是在"抓大放小"的改制策略下，国有经济逐步退出竞争性领域，但保留并加强了在基础领域和原材料领域的控制力和行政垄断，而这些领域一般资本密集度比较高。因此就整体而言国有企业的资本密集度会提高，并且远高于其他经济类型的企业，这可能使得国有企业比重较高的行业其劳动收入份额比较低，即两者呈负相关。

1998~2009 年，国有工业企业的增加值比重从 70.82% 下降到 31.74%，同时外资和私营企业增加值所占比重则分别从 25.92% 上升到 30.39%、3.26% 上升到 37.87%（见表 5 -

10)。我国工业部门目前的生产格局已经形成国有、外资、私营三分天下的局面，国有企业比重及其他财务指标的变动依然对整个工业部门的劳动收入份额产生重要影响。

表 5 - 10　1998～2008 年期间我国工业部门国有、私营、外资企业的比重

单位：亿元、%

| 年份 | 增加值 | | | 工业增加值合计 | 工业增加值比重 | | |
|------|--------|--------|--------|--------|--------|--------|--------|
| | 国企 | 私营 | 外资 | | 国企 | 私营 | 外资 |
| 1998 | 11076.90 | 509.63 | 4055.07 | 15641.60 | 70.82 | 3.26 | 25.92 |
| 1999 | 12132.41 | 806.48 | 4850.92 | 17789.81 | 68.20 | 4.53 | 27.27 |
| 2000 | 13777.68 | 1318.48 | 6090.35 | 21186.51 | 65.03 | 6.22 | 28.75 |
| 2001 | 14652.05 | 2174.41 | 7128.11 | 23954.57 | 61.17 | 9.08 | 29.76 |
| 2002 | 15935.03 | 3255.83 | 8573.10 | 27763.96 | 57.39 | 11.73 | 30.88 |
| 2003 | 18837.60 | 5378.76 | 11599.65 | 35816.01 | 52.60 | 15.02 | 32.39 |
| 2004 | 23213.00 | 8290.00 | 15240.50 | 46743.50 | 49.66 | 17.74 | 32.60 |
| 2005 | 27176.67 | 12855.55 | 20468.28 | 60500.50 | 44.92 | 21.25 | 33.83 |
| 2006 | 32588.81 | 18735.86 | 25545.80 | 76870.47 | 42.39 | 24.37 | 33.23 |
| 2007 | 39970.46 | 26382.18 | 32129.72 | 98482.36 | 40.59 | 26.79 | 32.62 |
| 2008 | 46096.05 | 40903.58 | 40437.63 | 127437.26 | 36.17 | 32.10 | 31.73 |
| 2009 | 53160.40 | 63417.91 | 50893.74 | 167472.05 | 31.74 | 37.87 | 30.39 |

数据来源：国家统计局：《中国统计年鉴（2010）》，中国统计出版社，2010。

从表 5 - 11 可以反映出两点，一是国有工业中的资本密集度最高（它的劳均资本指标是最高的），但国有工业的资本运营效率是最低的（它的单位资本产出是最低的），这也体现了资本要素的边际报酬递减规律。二是由于国有企业中劳均资本较高，那么在分配份额中资本所得比重就较高，劳动报酬占比较低，表现为国有企业的劳均利税最高。

表 5－11　1998~2009 年工业行业中国有、私营、外资企业的相关指标

| 年份 | 劳均资本（万元） | | | 单位资本产出值 | | | 劳均利税（万元） | | |
|---|---|---|---|---|---|---|---|---|---|
| | 国有企业 | 私营企业 | 外资企业 | 国有企业 | 私营企业 | 外资企业 | 国有企业 | 私营企业 | 外资企业 |
| 1998 | 6.283 | 3.314 | 11.051 | 0.470 | 0.956 | 2.113 | 0.899 | 0.879 | 1.339 |
| 1999 | 10.527 | 3.533 | 11.689 | 0.340 | 0.997 | 1.908 | 1.202 | 1.037 | 1.839 |
| 2000 | 12.566 | 3.656 | 11.660 | 0.366 | 1.041 | 1.633 | 1.963 | 1.092 | 2.522 |
| 2001 | 14.799 | 3.816 | 12.016 | 0.370 | 1.052 | 1.583 | 2.261 | 1.152 | 2.614 |
| 2002 | 16.819 | 4.077 | 11.577 | 0.391 | 1.090 | 1.424 | 2.729 | 1.302 | 2.836 |
| 2003 | 20.189 | 4.571 | 11.031 | 0.431 | 1.145 | 1.197 | 3.908 | 1.552 | 3.329 |
| 2004 | 24.147 | 5.037 | 10.874 | 0.487 | 1.086 | 1.252 | 5.519 | 1.750 | 3.237 |
| 2005 | 27.363 | 5.757 | 11.681 | 0.530 | 1.320 | 1.084 | 6.795 | 2.251 | 3.305 |
| 2006 | 32.995 | 6.507 | 12.544 | 0.547 | 1.461 | 1.040 | 8.885 | 2.809 | 3.883 |
| 2007 | 39.053 | 7.260 | 13.561 | 0.587 | 1.613 | 0.993 | 11.468 | 3.732 | 4.759 |
| 2008 | 44.642 | 8.593 | 14.734 | 0.576 | 1.657 | 0.940 | 10.989 | 4.807 | 5.057 |
| 2009 | 50.380 | 10.104 | 16.504 | 0.585 | 2.111 | 0.795 | 12.197 | 5.224 | 6.245 |
| 年均增速 | 20.835 | 10.665 | 3.714 | 2.003 | 7.463 | -8.505 | 26.745 | 17.583 | 15.023 |

数据来源：国家统计局：《中国统计年鉴（2010）》，中国统计出版社，2010。

**6. 假说六——我国工业部门自 1998 年以来的要素替代弹性小于 1**

从理论上说，要素替代弹性的取值范围可以通过资本－产出比与劳动收入份额的相关方向来判断。即如果资本－产出比对劳动收入份额显著正相关，那么意味着要素的替代弹性小于1；如果两者显著负相关，则意味着要素替代弹性大于 1；如果资本－产出比对劳动收入份额没有显著影响，则意味着要素替代弹性接近于 1。

## 二 模型的设定

为正确设定计量模型，考察变量进入模型的具体形式，做出因变量对各个解释变量的散点图（见图 5－2）。

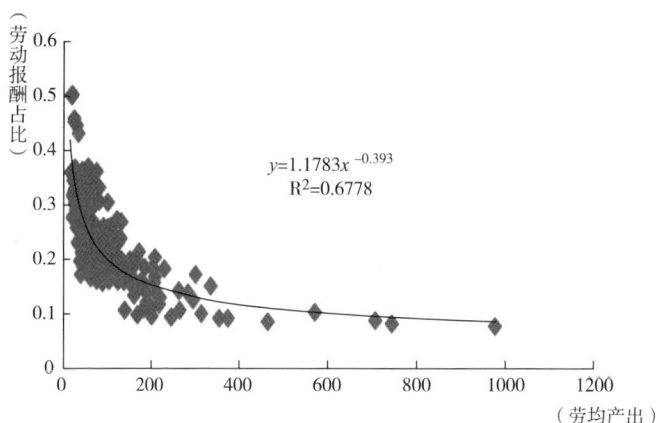

图 5－2 劳均产出与劳动收入份额关系图

由图 5－2 可见，劳均产出与劳动收入份额呈幂函数关系，它表明我国自 1998 年以来的技术进步是资本增强型的，因此本书的计量模型拟引入劳均产出的对数项。

由图 5－3 可见，出口率代表行业的开放程度，它与其劳动收入份额呈线性正相关，所以在本书中出口率将以线性形式进入模型。

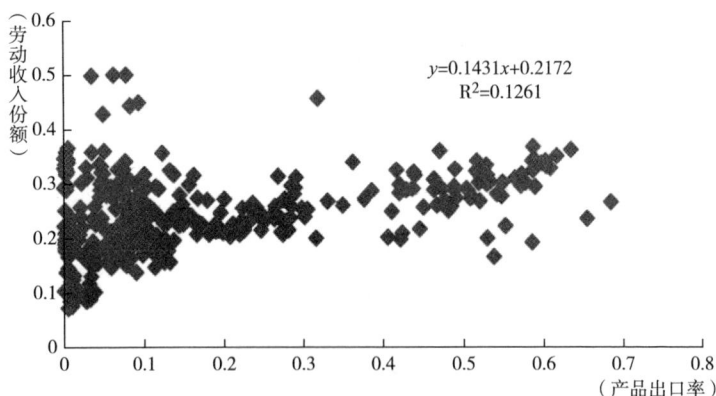

图 5-3 产品出口率与劳动收入份额关系图

为了进一步考察各个变量对劳动收入份额的相关程度和解释能力，并确定劳动收入份额对各个解释变量的具体回归形式，本书把因变量对各个自变量分别进行回归（见表5-12）。

表 5-12 劳动收入份额对各变量的单独回归
（按照 $R^2$ 由大到小顺序排列）

| 序号 | 变 量 | 单独回归方程 |
|---|---|---|
| 1 | 劳均产出（yl）<br>Ln（ls）= 0.164 - 0.3929 × ln（yl） | - 0.3929<br>（0.000）<br>（0.677） |
| 2 | 劳均资本（kl）<br>Ln（ls）= - 0.405 - 0.2377 × ln（kl） | - 0.2377<br>（0.0000）<br>（0.3315） |
| 3 | 前 10 位企业增加值比重（r10av）<br>Ln（ls）= - 1.328 - 0.577 × r10av | - 0.577<br>（0.000）<br>（0.134） |

154

续表

| 序号 | 变　　量 | 单独回归方程 |
|---|---|---|
| 4 | 产品出口率（rexp）<br>Ln（ls）= - 1.588 + 0.697 × rexp | 0.697<br>（0.0000）<br>（0.1423） |
| 5 | 资本产出比（ky）<br>Ln（ls）= - 1.555 + 0.0517 × ky | 0.0517<br>（0.0003）<br>（0.0318） |
| 6 | 行业内外资股份比重（rfor）<br>ln（ls）= - 1.546 + 0.338 × rfor | 0.338<br>（0.0008）<br>（0.0269） |
| 7 | 行业内国有股份比重（rsoe）<br>Ln（ls）= - 1.512 - 0.0256 × ln（rsoe） | - 0.0256<br>（0.0783）<br>（0.0056） |

注：括号内为 t 检验的 p 值和调整后的 $R^2$ 值。

通过考察劳动收入份额与每个解释变量之间的关系，我们发现劳均产出可能是最重要的解释变量，其次是劳均资本，这两个变量以对数形式进入模型；前 10 位企业增加值比重、产品出口率则以线性形式进入模型；资本 - 产出比和所有制结构与劳动收入份额的相关程度相对较弱。

### 三　混合效应模型的回归结果及其经济含义

根据以上的讨论，本书设定如下计量模型：

$$\ln(ls) = \beta_0 + \beta_1 \ln(yl) + \beta_2 \ln(kl) + \beta_3 r10av + \beta_4 rexp +$$
$$\beta_5 \ln(rsoe) + \beta_6 rfor + \beta_7 ky + \varepsilon$$

采用面板最小二乘法，混合效应模型。ln（ls）对各变量的回归模型估计结果如下（见表 5 - 13）。

表 5 - 13　劳动收入份额的对数项 ln（ls）对各解释变量的回归结果

| 序号 | 变　量 | 回归一 | 回归二 | 回归三 | 回归四 |
|---|---|---|---|---|---|
| 1 | 常数项 C | - 0. 1430<br>（0. 0531） | - 0. 1140<br>（0. 1233） | - 0. 1956<br>（0. 0072） | - 0. 2268<br>（0. 0022） |
| 2 | 劳均产出对数项<br>ln（yl） | - 0. 2130<br>（0. 0000） | - 0. 1722<br>（0. 0000） | - 0. 3234<br>（0. 0000） | - 0. 3390<br>（0. 0000） |
| 3 | 劳均资本 ln（kl） | - 0. 1391<br>（0. 0034） | - 0. 1822<br>（0. 0001） | — | — |
| 4 | 前 10 位企业增加<br>值比重 r10av | - 0. 1887<br>（0. 0002） | - 0. 1715<br>（0. 0007） | - 0. 1795<br>（0. 0005） | - 0. 0922<br>（0. 0543） |
| 5 | 产品出口率 rexp | 0. 4533<br>（0. 0000） | 0. 4504<br>（0. 0000） | 0. 6162<br>（0. 0000） | 0. 3499<br>（0. 0000） |
| 6 | 国有股份比重 ln<br>（rsoe） | - 0. 0378<br>（0. 0032） | — | — | - 0. 0183<br>（0. 1013） |
| 7 | 外资股份比重 rfor | - 0. 4449<br>（0. 0000） | - 0. 2871<br>（0. 0012） | - 0. 3368<br>（0. 0002） | — |
| 8 | 资本产出比（ky） | 0. 1153<br>（0. 0000） | 0. 1251<br>（0. 0000） | 0. 0522<br>（0. 0000） | 0. 0608<br>（0. 0000） |
| 9 | 样本容量 | 380 | 380 | 380 | 380 |
| 10 | Adjusted $R^2$ | 0. 7458 | 0. 7405 | 0. 7300 | 0. 7217 |
| 11 | F - statistic | 159. 87 | 181. 28 | 205. 95 | 197. 54 |
| 12 | Prob（F） | 0. 00000 | 0. 00000 | 0. 00000 | 0. 00000 |

注：括号内为 t 检验的 p 值。

## 1. 4 个回归数据的状况

把 ln（ls）对所有解释变量进行回归，得到的参数值放在回归一中。我们发现，所有变量对劳动收入份额的影响都在 1 的水平下显著。但外资股份比重与劳动收入份额之间的回归系数为负，与预期相反。经过进一步计算，发现国有经济比重与外资企业股份比重之间高度共线，相关系数为 - 0.7836，因此我们暂时把"国有经济比重"变量从模型中剔除，得到回归二。

在回归二中我们发现剔除"国有经济比重"后，其他变量的符号和回归系数数值、显著程度等几乎没有什么变化，所有解释变量均在 1 的水平下显著。另外经计算，变量 ln（kl）与 ln（yl）和 rexp 之间的相关系数也比较高，分别为 0.6963 和 0.6620，为了避免高度共线性，把 ln（kl）从模型中剔除后，得到回归三。

在回归三中，我们以"国有经济比重"替换"外资股份比重"，得到回归四，发现国有企业比重与劳动收入份额之间的回归系数依然为负，但并不显著。说明国有企业改制的因素影响并不重要。在四个回归方程中，所有的解释变量与劳动收入份额之间回归系数的符号都是一致的，这一点显示了模型设定的稳健性。

**2. 对 4 个回归数据的分析**

（1）代表劳动生产率的变量——劳均产出（YL）与劳动收入份额显著负相关，意味着劳动生产率的提高主要来自于资本效率的提升，它表明我国工业部门的技术进步特征是资本增强型的，这是自 1998 年以来我国工业中劳动收入份额下降的最主要解释因素。本书的研究支持了黄先海和徐圣（2009）的观点：1989～2006 年我国工业部门各年（除 1994 年和 1995 年外）均发生了劳动节约型技术进步，并且它对劳动收入份额的负向拉动作用为 70% 左右，远大于其他因素的影响。

（2）代表垄断程度的变量——"前 10 位企业增加值比重（r10av）"与劳动收入份额显著负相关，证明了假设二基本是合理的：1998～2007 年，主要由于采掘工业、原材料工业和基础工业部门产品价格大幅度上涨，下游行业为了消化价格上涨因素，必须进一步压低劳动力成本，提高劳动生产率，导致我国工业部门的增加值、利润的集中度，即垄断程度逐渐提高，并且垄断利润大部分以资本租金的形式被资方占有，收入分配格局迅速向资方倾斜。所以垄断程度越高的行业其劳动收入份额越低。

（3）"产品出口率（rexp）"在四个回归模型中都与劳动收入份额正相关，支持了国际贸易理论中的要素价格均等化定理（Stolper – Samuelson）对要素收入份额变动的解释。我国毕竟是一个发展中国家，尽管出口产品的工业制成品比例有所上升，但劳动密集型产品的出口依然占据重要地位；另外，产品出口率高的行业一般来说竞争程度也比较充分，这两方面的原因使得"产品出口率"与该行业的劳动收入份额正相关。

（4）外资企业比重（rfor）与劳动收入份额显著负相关，这与根据区位优势理论提出的假设五相反。其原因可能是，我国的 FDI 并非完全遵循利润最大化导向自由流入的，而是体现了国家吸引外资的强烈政策引导取向和阶段性特征。

在现有文献中，研究者通常都注意到外资企业比重与劳动收入份额负相关。这一现象无法用区位优势理论（Dunning，1988）来解释。对于这一现象，目前文献主要从以下两个角度进行了解释。Decreuse 和 Maarek（2008）研究了欠发达国家的 FDI 对东道国的影响，认为尽管外资企业的工资水平高于本土企业，但由于外资企业拥有先进技术和较强融资能力、管理能力，它的生产效率高于内资企业的幅度更大，所以它的劳动收入份额反而低于内资企业。罗长远、张军（2009）则以"谈判力量"（bargaining power）模型解释这一现象：地方政府把廉价劳动力和低水平的劳动保护作为招揽投资的必要手段，使资本谈判能力上升，劳动的谈判地位弱化，劳动收入份额降低。

本书与大部分研究成果得到的结论相同，即外资股份比重与我国的劳动收入份额负相关，但我们采取了不同的解释。我们注意到，Dunning（1998）的区位优势理论是指在完全竞争、不存在要素价格扭曲、国际资本自由流动情况下的一种趋势，但我国的 FDI 并非完全遵循利润最大化导向自由流入的，而是体现了国家吸引外资的强烈政策引导取向和阶段性特征。在20 世纪 90 年代，我国吸引外资的重要目的是学习他国先进技术和管理经验，"以市场换技术"，付出很大的代价吸引外资。并且引入外资较多的行业大多是资金和技术密集度高的行业（1998 年外资企业、国有企业、民营企业的劳均资本分别为11.05 万元、6.28 万元、3.31 万元/人），这些行业的劳动收入份额比较低，外资比重与劳动收入份额表现出负相关（见表 5 - 14）。

表 5 - 14　1998～2009 年我国私营、国有、外资工业企业劳均资本的变动

单位：万元/人

| 年　份 | 劳均资本 | | | | 外资与工业整体劳均资本的差距 |
|---|---|---|---|---|---|
| | 私营企业 | 国有企业 | 外资企业 | 工业整体 | |
| 1998 | 3.314 | 6.283 | 11.051 | 6.970 | 4.081 |
| 1999 | 3.533 | 10.527 | 11.689 | 10.373 | 1.316 |
| 2000 | 3.656 | 12.566 | 11.660 | 11.646 | 0.014 |
| 2001 | 3.816 | 14.799 | 12.016 | 12.739 | -0.723 |
| 2002 | 4.077 | 16.819 | 11.577 | 13.289 | -1.711 |
| 2003 | 4.571 | 20.189 | 11.031 | 13.991 | -2.96 |
| 2004 | 5.037 | 24.147 | 10.874 | 14.182 | -3.307 |
| 2005 | 5.757 | 27.363 | 11.681 | 15.226 | -3.545 |

| 年　份 | 劳均资本 | | | | 外资与工业整体劳均资本的差距 |
|---|---|---|---|---|---|
| | 私营企业 | 国有企业 | 外资企业 | 工业整体 | |
| 2006 | 6.507 | 32.995 | 12.544 | 16.785 | -4.241 |
| 2007 | 7.260 | 39.053 | 13.561 | 18.324 | -4.763 |
| 2008 | 8.593 | 44.642 | 14.734 | 19.706 | -4.972 |
| 2009 | 10.104 | 50.380 | 16.504 | 22.323 | -5.819 |
| 年均增速 | 10.665 | 20.835 | 3.714 | 11.162 | — |

数据来源：根据《中国统计年鉴（2010）》整理得到。

从表 5 - 14 可以看到，在 2000 年之前，我国外资工业企业资本密集度较高，远高于民营和国有工业企业。随着时间推移，内资企业的资金密集度提高更快：在 1998~2009 年期间国企、私营、外资企业的年均增长速度分别为 20.835%、10.665% 和 3.714%；到 2001 年时，外资企业作为整体的资金密集度已经低于全国工业的平均水平。表 5 - 5 中（见第 134 页）显示，2002 年以后外资股份占比与劳动收入份额之间由负相关转为正相关，因为此时外资企业更多地投入于资金、技术密集度相对较低的行业，这些行业的劳动收入份额比较高。因此，本书的回归结果发现 FDI 与劳动收入份额显著负相关，这可能捕捉到了我国吸引外资政策的阶段性特征。

（5）"国有经济比重"与劳动收入份额之间的回归系数为负，但并不显著（见回归四）。表 5 - 5（见第 134 页）中显示，2004 年之后，国有股份比重与劳动收入份额之间的相关系数由正转负。国有企业改制后逐步退出竞争性领域，集中分布于资本、技术密集度高的行业，并且垄断程度有所提高，这些因素都可能使得行业的国有股份比重与劳动收入份额负相关。从 1998~2007 年整个时期看，国有经济比重与劳动收入份额之间虽然回归系数为负，但影响并不显著。随着时间的推移，我们预计两者之间负相关程度会逐渐提高。

（6）资本产出比与劳动收入份额显著正相关，表明要素替代弹性小于1，劳动与资本是互补的，资本深化有助于提高劳动收入份额。但在1998～2007年期间我国显然发生了资本浅化，即资本产出比的下降是引起劳动收入份额下降的原因之一。

当控制了资本增强型技术进步因素的影响之后，要素相对价格的变化仍然会带来要素投入比例的变化，这种变化对劳动收入份额的影响方向取决于要素替代弹性。当要素替代弹性小于1时，SK曲线斜率为正。假如资本的相对价格出现了下降，会导致厂商更多投入资本要素，资本投入的增速比劳动更快，劳均资本 k/l 得到提高。这时可能出现两种情况：如果产出的增长速度比资本投入的增速还要快，那么资本产出比也将会下降（资本浅化），这会导致劳动收入份额降低；如果产出的增长速度比资本增速慢，资本产出比会提高（资本深化），这将有利于劳动收入份额的提高。也就是说当要素替代弹性小于1时，资本产出比与劳动收入份额变动方向一致，从这个意义上说，资本与劳动要素是互补的，资本深化（即资本产出比的提高）有利于提高劳动收入份额。我国工业部门在1998～2007年期间所经历情况是，随着资本投入的快速增长，劳均资本得到提高，但产出的增长速度比资本投入的增长速度更快，资本产出比却下降了，发生了资本浅化，在要素替代弹性小于1的情况下，导致劳动收入份额的降低。

## 四 个体固定效应和时期固定效应模型

为了确定应该使用固定效应模型还是随机效应模型，本书进行了 Hausman 检验，得到的 F 统计量小于临界值，表明劳动收入份额在不同个体与不同年份之间存在显著差异。本书建立了固定效应模型（见表 5 – 15）。

表 5 – 15　个体和时期固定效应模型回归报告

| | 变　量 | 回归一 | 回归二 |
|---|---|---|---|
| 1 | 常数项 C | 0.4214（0.0001） | – 0.4638（0.0000） |
| 2 | 劳均产出对数项 ln（yl） | – 0.5865（0.0000） | – 0.5014（0.0000） |
| 3 | 劳均资本 ln（kl） | 0.0886（0.0187） | — |
| 4 | 前 10 位企业增加值比重 rl0av | 0.2706（0.0000） | — |
| 5 | 产品出口率 rexp | 0.2940（0.0001） | 0.1412（0.0528） |
| 6 | 国有股份比重 ln（rsoe） | – 0.0126（0.1283） | |
| 7 | 外资股份比重 rfor | – 0.3256（0.0021） | – 0.1979（0.0515） |
| 8 | 资本产出比（ky） | 0.0532（0.0101） | 0.1039（0.0000） |
| 9 | 行业哑变量 | YES | YES |
| 10 | 年份哑变量 | YES | YES |
| 11 | 样本容量 | 380 | 380 |
| 12 | Hausman | 0.0000 | 0.0000 |
| 13 | D – W | 1.849 | 1.7061 |
| 14 | Adjusted $R^2$ | 0.9545 | 0.9508 |
| 15 | F – statistic | 150.85 | 147.43 |
| 16 | Prob（F） | 0.00000 | 0.00000 |

注：括号内为 $t$ 检验的 $p$ 值。

在回归一中放入了所有的变量，发现国有企业比重与劳动收入份额的回归系数依然为负，并且不显著。另外"劳均资本"和"前 10 位企业增加值比重"两个变量的符号发生了改变，很可能是因为这两个变量在不同行业和不同年份之间存在显著差异，它们的影响已经被包含在行业哑变量和年份哑变量之中了。个体差异和年份差异包含了很多信息，当引入了个体固定效应和时期固定效应之后，有些变量的影响不再显著，在逐步剔除了不显著的解释变量之后，得到回归二。

在回归二中，我们发现，即使考虑了个体差异和时间趋势之后，劳均产出、产品出口率、外资股份比重、资本产出比 4 个变量依然对劳动收入份额有显著影响。这表明，资本增强型技术进步、经济全球化、要素相对价格对劳动收入份额的影响无法用个体差异和时间趋势来解释。这 4 个因素与个体差异和时间趋势共同解释了劳动收入份额变动的 95.08%。

## 五 本章小结

根据本书第四章的分析，第二产业增加值比重在三次产业中是最大的，并且由于它的劳动收入份额在 1998 年前后经历了由上升到下降的逆转，使得全国整体的劳动收入份额开始呈下降走势。因此，有必要对第二产业内劳动收入份额的变动影响因素进行研究。由于工业占第二产业比重平均达 88% 左右，本章主要对工业行业的劳动收入份额的变化原因进行分析。

本章以 1998～2007 年的工业企业年度报表数据库资料为基础，分别建立混合效应模型和固定效应模型，对工业部门内的 39 个子行业的劳动收入份额及其影响因素进行考察，主要结论如下。

（1）代表劳动生产率的变量——劳均产出（yl）与劳动收入份额显著负相关，它表明技术进步特征是资本增强型的，这是自 1998 年以来我国工业中劳动收入份额下降的最主要解释因素。

（2）代表垄断程度的变量——"前10位企业增加值比重（r10av）"与劳动收入份额显著负相关，证明了假说二是基本合理的。在1998～2007年期间，主要由于采掘工业、原材料工业和基础工业部门产品价格大幅度上涨，下游行业为了消化价格上涨因素，必须进一步压低劳动力成本，提高劳动生产率，导致我国工业部门的增加值、利润的集中程度（即垄断程度逐渐提高），并且垄断利润大部分以资本租金的形式被资方占有，收入分配格局迅速向资方倾斜。所以垄断程度越高的行业其劳动收入份额越低。

（3）"产品出口率（rexp）"与劳动收入份额正相关，支持了国际贸易理论中的要素价格均等化定理（Stolper – Samuelson）对要素收入份额变动的解释。尽管我国近年来出口商品结构中的工业制成品比例有了较大幅度的提高，但作为发展中国家，工业制成品中的劳动密集型产品依然占据非常重要的地位，并且一般在出口率较高的行业竞争程度也更为充分，这使得工业部门中出口率高的行业劳动收入份额也较高。

（4）外资股份比重（rfor）与劳动收入份额显著负相关，这与根据区位优势理论提出的假说五相反。这可能捕捉了我国吸引外资政策的阶段性特征：在2003年之前，我国为了学习国外的先进技术和管理经济，吸引的外资集中于资金和劳动密集型行业，而这些行业的劳动收入份额一般都比较低，表现为外资股份比重与劳动收入份额负相关。

（5）资本产出比与劳动收入份额显著正相关，表明要素替代弹性小于1，劳动与资本是互补的，资本深化有助于提高劳动收入份额。在1998～2007年期间，我国工业部门资本投入快速增长，劳均资本得到提高，但产出的增长速度比资本投入的增长速度更快，资本产出比却下降了，发生了资本浅化，在要素替代弹性小于1的情况下，导致劳动收入份额的降低。

（6）"国有经济比重"与劳动收入份额之间的回归系数为负，但并不显著。国有企业改制后逐步退出竞争性领域，集中分布于资本、技术密集度高的行业，并且垄断程度有所提高，这些因素都可能使得行业的国有企业比重与劳动收入份额负相关。

（7）即使考虑了个体差异和时间趋势之后，劳均产出、产品出口率、外资股份比重、资本产出比4个变量依然对劳动收入份额有显著影响。这表明，资本增强型技术进步、经济全球化、要素相对价格变动对劳动收入份额的影响无法用个体差异和时间趋势来解释。这4个因素与个体差异和时间趋势共同解释了劳动收入份额变动的95.08%。

因此，如果我们要扭转劳动收入份额下降的趋势，就工业行业而言，发展劳动使用型技术、提高资本产出比、减少各种形式的垄断、增加产品出口率，积极引导外资流向劳动密集型产业都将是有效的政策选择。

# 第六章　基于省际面板数据对我国劳动收入份额影响因素的分析

本书第五章基于工业企业年度报表数据对工业部门的劳动收入份额的影响因素进行了计量分析，发现对于某一行业而言，影响劳动收入份额的重要因素可能是技术进步的路径和垄断程度的变化等。但如果转换研究视角，从整个区域经济角度来审视劳动收入份额的影响因素，可能会得出非常不同的结论。因为仅仅对某一行业内部劳动收入份额的影响因素进行分析时，行业内的企业显然同质性较强，三次产业结构的调整对劳动收入份额的影响未被考虑。当我们从区域经济视角研究劳动收入份额变动的影响因素时，人均收入水平、三次产业结构之间的演进、城市化水平、人力资本的影响等新的因素就会进入我们的视线，哪些是显著的影响因素需要重新测度。因此，纵向的研究视角应该与横向的相结合，才能对劳动收入份额的影响因素进行更全面的衡量。本章基于省际面板数据对我国各省劳动收入份额的差异进行初步分析和解释，以揭示我国当前劳动收入份额变化的主要原因。

# 第一节　数据来源及变量的计算方法

在我国，各省份之间的统计口径是一致的，并且经济完整性较强，这使得把各个省份作为相对独立的经济体，考察劳动收入份额的影响因素成为可能。我国 30 个省份（不包括西藏）的劳动收入份额的描述性指标见表 6 - 1 和图 6 - 1。

表 6 - 1　1978~2007 年各省份劳动收入份额的描述性统计量

单位:%

| 年份 | 均值 | 最小值 | 最大值 | 极差（百分点） | 标准差系数 |
|------|------|--------|--------|----------------|------------|
| 1978 | 52.35 | 22.74 | 65.93 | 43.19 | 0.2150 |
| 1979 | 53.49 | 23.79 | 66.13 | 42.34 | 0.2095 |
| 1980 | 53.47 | 23.88 | 66.04 | 42.16 | 0.2151 |
| 1981 | 54.71 | 24.32 | 67.48 | 43.16 | 0.2127 |
| 1982 | 55.32 | 25.22 | 68.72 | 43.50 | 0.2040 |
| 1983 | 55.11 | 25.68 | 67.67 | 41.99 | 0.2012 |
| 1984 | 55.10 | 27.83 | 68.04 | 40.21 | 0.1891 |
| 1985 | 53.94 | 26.99 | 65.42 | 38.43 | 0.1944 |
| 1986 | 53.98 | 28.92 | 65.39 | 36.47 | 0.1853 |
| 1987 | 53.14 | 30.04 | 64.56 | 34.52 | 0.1860 |
| 1988 | 52.41 | 30.49 | 63.99 | 33.50 | 0.1782 |
| 1989 | 52.20 | 31.23 | 64.85 | 33.62 | 0.1718 |
| 1990 | 54.36 | 32.26 | 68.11 | 35.85 | 0.1511 |
| 1991 | 53.23 | 33.89 | 65.55 | 31.66 | 0.1410 |
| 1992 | 51.06 | 35.69 | 62.67 | 26.98 | 0.1375 |
| 1993 | 50.82 | 37.10 | 64.02 | 26.92 | 0.1437 |
| 1994 | 51.61 | 34.78 | 64.74 | 29.96 | 0.1505 |
| 1995 | 52.71 | 36.08 | 66.49 | 30.41 | 0.1456 |

| 年份 | 均值 | 最小值 | 最大值 | 极差（百分点） | 标准差系数 |
|------|------|--------|--------|----------------|------------|
| 1996 | 52.96 | 36.04 | 64.21 | 28.17 | 0.1422 |
| 1997 | 52.84 | 34.77 | 65.06 | 30.29 | 0.1449 |
| 1998 | 52.49 | 35.29 | 65.73 | 30.44 | 0.1404 |
| 1999 | 51.72 | 36.25 | 65.07 | 28.82 | 0.1333 |
| 2000 | 50.26 | 36.14 | 61.20 | 25.06 | 0.1345 |
| 2001 | 49.83 | 37.13 | 66.22 | 29.09 | 0.1362 |
| 2002 | 49.21 | 38.42 | 65.06 | 26.64 | 0.1321 |
| 2003 | 47.67 | 34.61 | 65.06 | 30.45 | 0.1388 |
| 2004 | 43.31 | 33.76 | 51.31 | 17.55 | 0.1094 |
| 2005 | 42.91 | 31.50 | 49.53 | 18.03 | 0.1150 |
| 2006 | 42.19 | 31.73 | 47.74 | 16.01 | 0.1013 |
| 2007 | 41.05 | 31.45 | 47.82 | 16.37 | 0.1087 |

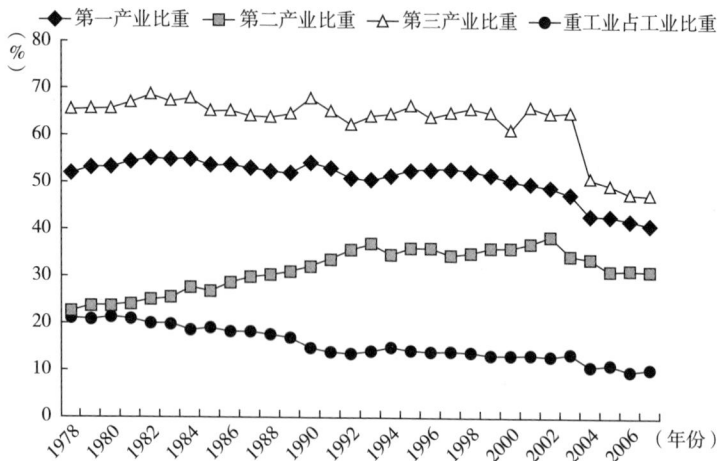

图 6-1　1978~2007 年各省劳动收入份额变动曲线

从表 6-1 可以看到我国 1978~2007 年各省份劳动收入份额的几点趋势（时间序列）。

第一点，如果把这 30 年分为 1978～2003 年、2003～2004 年、2004～2007 年三个阶段，就会发现，劳动收入份额均值下降的趋势是明显存在的，三个阶段分别下降 4.68 个、4.36 个、2.26 个百分点，共计下降 11.30 个百分点，从 52.35% 下降到 41.05%。其中，2003～2004 年期间劳动收入份额的下降主要是由于统计口径的变动导致的，前已述及。

第二点，各年份的最小值呈现明显的上升趋势，这是一个令人欣喜的信号，或许表明我国的劳动收入份额已经开始出现回升趋势（各年劳动收入份额最低的一般是上海市，它的劳动收入份额的确逐年呈现上升态势）。

第三点，各年的标准差系数明显下降，从 1978 年的 0.215 下降到 2007 年的 0.1087，表明各省份之间的劳动收入份额离散程度缩小。随着我国经济的发展，各地区经济差距缩小，经济结构的趋同性增强，劳动收入份额的空间稳定性是明显存在的。

第四点，从横向上看，经济发展水平与劳动收入份额呈现明显的负相关，如果按照 1978～2007 年的平均值排序，其结果见表 6-2：

表 6-2　1978～2007 年各省份按照劳动收入份额均值排序

| 省　份 | 江西 | 广西 | 湖南 | 贵州 | 青海 | 安徽 | 吉林 | 福建 |
|---|---|---|---|---|---|---|---|---|
| LS 均值（%） | 60.29 | 60.18 | 59.90 | 58.16 | 56.76 | 56.71 | 56.14 | 56.07 |
| 2007 年与 1978 年相差（百分点） | -21.38 | -14.85 | -15.55 | -8.95 | -15.85 | -18.57 | -14.68 | -21.15 |
| 省　份 | 湖北 | 新疆 | 四川 | 河南 | 陕西 | 内蒙古 | 甘肃 | 广东 |
| LS 均值（%） | 56.03 | 55.87 | 55.71 | 54.55 | 54.22 | 52.03 | 52.01 | 51.86 |
| 2007 年与 1978 年相差（百分点） | -16.04 | -12.48 | -13.78 | -15.01 | -19.44 | -21.01 | -11.11 | -19.34 |

| 省份 | 云南 | 宁夏 | 海南 | 河北 | 重庆 | 山东 | 浙江 | 江苏 |
|---|---|---|---|---|---|---|---|---|
| LS 均值（%） | 51.76 | 51.66 | 50.58 | 50.50 | 49.31 | 48.14 | 47.38 | 46.51 |
| 2007 年与 1978 年相差（百分点） | -17.79 | -7.29 | -26.19 | -13.02 | -1.67 | -13.01 | -15.49 | -9.57 |

| 省份 | 黑龙江 | 山西 | 辽宁 | 天津 | 北京 | 上海 | | |
|---|---|---|---|---|---|---|---|---|
| LS 均值（%） | 46.31 | 45.12 | 41.70 | 37.30 | 37.18 | 32.12 | | |
| 2007 年与 1978 年相差（百分点） | -9.38 | -15.61 | 7.43 | -0.37 | 17.17 | 12.23 | | |

　　表 6-2 显示，经济比较落后的中西部地区劳动收入份额一般来说相对较高，而 3 个直辖市和比较发达的东部地区劳动收入份额则比较低，排序靠后。这表明在我国目前的发展阶段，经济发展水平与劳动收入份额呈现负相关。但值得注意的是，在所研究的 30 个省份中，只有 3 个省份的劳动收入份额在 1978~2007 年期间是上升的，即北京、上海、辽宁，上升幅度分别为 17.17 个、12.23 个和 7.43 个百分点，天津市的劳动收入份额也仅仅下降 0.37 个百分点。其余大部分省份的劳动收入份额均有明显下降，降幅一般超过 10 个百分点，其中海南、福建、江西、内蒙古的下降幅度超过 20 个百分点。

　　发达省份的劳动收入份额绝对水平低，但变化趋势是上升的，或者下降的幅度比较小。其中的原因可能是，这 3 个直辖市和辽宁改革开放以来一直都是重工业较为发达的地区，第一产业的比重低，因而它们的劳动收入份额水平也较低。但正是由于它们的第一产业比重低，产业结构转型的因素对其劳动收入份额的负向作用就比较小，因而，其劳动收入份额下降幅度也比较小。并且随着改革开放的推进，这些发达省份的第三产业发展迅速，从而导致其劳动收入份额逐年上升。

## 第二节 解释变量及其描述性统计量

### 一 解释变量的选择

对于区域经济而言，影响其劳动收入份额的因素主要有哪些？在考虑这一问题时，本书依然遵循新古典要素分配理论的思路，并结合我国转型经济的实际情况来选择解释变量。

Bentolina 和 Saint Paul（2003）将资本产出比 $k$ 与劳动收入份额 $\alpha_l$ 之间的函数关系称为 SK 曲线[①]（见本书第二章，图 2 – 1）。他们进一步证明：在完全竞争和规模报酬不变时，要素按照其边际产出获得报酬，资本产出比的变化对劳动收入份额的影响只是使分配点在既定的 SK 曲线上移动，而其他任何影响产品市场和要素市场，导致其不完全竞争的因素都会使要素报酬偏离其边际产出，SK 曲线失效。

罗长远、张军（2009）在基于 1987~2004 年省际面板数据研究我国劳动收入份额时，把影响劳动收入份额的因素分为三类：一是资本产出比，它的变动使劳动收入份额沿既定的 SK 曲线滑动（move along）；二是技术水平的变动，它使整条 SK 曲线发生平移（shift）；三是另一些因素使分配点脱离 SK 曲线（move off），他们认为经济发展水平、全球化、民营化、财政支出和政府消费占 GDP 的比重、非正规就业机会、人力资本积累水平等就属于第三类因素。

白重恩（2009）基于 1997~2003 年的省际面板数据对我

---

① Bentolina, S. and Saint Paul G., "Explaining Movements in Labor Share," *Contributions to Macroeconomics* 3（2003）.

国的资本收入份额的变动进行了研究，他选择了资本产出比、进出口总额与 GDP 比值、国有经济比重、银行存贷款之和占 GDP 比重、人均 GDP 的对数值、财政支出中文教支出占 GDP 比重、财政支出占 GDP 比重等作为解释变量。他的研究结论表明：对全国资本收入份额影响最明显的是经济发展水平，即"人均 GDP 的对数项"；代理产品市场竞争程度的变量"外商直接投资与 GDP 之比"和"进出口总额与 GDP 之比"对资本收入份额影响并不显著；"各年份哑变量基本都不显著，表明我国技术进步速度非常低"；用来控制要素市场扭曲程度的变量"国有经济比重"和"银行存贷款之和与 GDP 之比"影响也不显著。据此，他认为："自 1997 年以来，我国资本收入份额的增加主要来自经济结构转型，而不是来自技术和市场扭曲的变化。"①

结合已有文献，本书从两个方面把握区域经济中劳动收入份额的影响因素，一是基于新古典主义视角，从要素相对价格变化、技术进步、市场不完全竞争方面考虑，侧重于反映产业内因素的影响；二是从制度分析框架出发，考虑我国经济转型因素对劳动收入份额的影响，侧重于反映产业间因素的影响。

从理论角度分析，财政支出占 GDP 比重、财政支出中文教支出占 GDP 比重等变量一般说来无法影响劳动收入份额。因为在市场经济条件下，这些变量只能影响再分配中的居民可支配收入，难以影响通过市场机制获得的劳动报酬，因此把它们作为解释变量可能导致理论解释上的困难。

---

① 白重恩、钱震杰：《我国资本收入份额影响因素及变化原因分析——基于省际面板数据的研究》，《清华大学学报（哲学社会科学版）》2009 年第 4 期，第 145 页。

## 二 各变量的计算方法及描述性统计指标

劳动收入份额及各代理变量的计算方法见表 6 - 3。

**表 6 - 3 代理变量的计算方法**

| 指标 | 指标名称 | 计算方法 | 引入目的 |
|---|---|---|---|
| ls | 劳动收入份额 | 劳动者报酬/收入法 GDP | 被解释变量 |
| argdp | 第一产业比重 | 第一产业增加值/地区 GDP | 控制产业结构转型的影响 |
| gdppc | 人均实际 GDP（万元） | 人均实际 GDP/10000 | 控制经济发展水平的影响 |
| fdirgdp | 实际利用外资占 GDP 比重 | 实际利用外商投资额（百万美元）/地区 GDP（亿元） | 控制所有制结构的影响 |
| iexgdp | 进出口总额占 GDP 比重 | 外贸进出口总额（百万美元）/地区 GDP（亿元） | 控制经济开放度的影响 |
| kppc | 劳均资本 | 固定资本存量（亿元）/社会就业人数（万人） | 控制经济中的资本密集度 |
| ky | 资本产出比 | 固定资本存量/地区 GDP | 控制资本深化的影响 |
| yl | 劳均产出 | 地区 GDP/社会就业人数（万人） | 控制资本增强型技术进步 |
| deprgdp | 储蓄存款余额占 GDP 比重 | 城乡居民储蓄存款余额（万元）/地区 GDP（亿元） | 控制资本深化的影响 |
| rsoe | 国有经济比重 | 国有经济投资额/全社会投资总额 | 控制所有制结构的影响 |
| noemr | 城镇就业比重 | 城镇就业人数/社会就业人员数 | 控制城镇化水平的影响 |
| unpp | 每万人在校大学生人数 | 在校大学生人数/年末总人口数（万人） | 控制人力资本的影响 |

各变量的数据来源及处理：被解释变量是各省份的劳动收入份额，1978～1992 年的数据来自《中国国内生产总值核算

历史资料（1952~1995）》，1993~2004 年的来自《中国国内生产总值核算历史资料（1952~2004）》，2005~2007 年数据来自相应年份的统计年鉴。其余数据均来自中国统计数据应用支持系统（Support System for China Statistics Application），以及 CNKI 中国经济社会发展统计数据库。

对解释变量的计算方法做如下说明：

人均实际 GDP（gdppc）：名义人均 GDP 数据来自相应省份的统计年鉴，根据人均 GDP 指数缩减为 1978 年不变价格的实际人均 GDP。劳均产出（yl）指标是以 1978 年不变价格核算的各年 GDP 除以各年的社会就业人数得到的，由于社会就业人数包括城镇和农村就业人口，使得劳均产出与人均实际 GDP 两个指标不仅经济含义相近，而且相关度极高，经计算为 0.9907。所以本书也把两个指标的经济含义作同等看待。

劳均资本（kppc）：它是以该省份的固定资本存量除以社会就业总人数得到的。各省份的固定资本存量是用永续盘存法得到，并且采用张军等的研究成果，[①] 按照固定资产投资价格指数缩减为 1952 年不变价格的资本存量数据。

资本产出比（ky）：以 1952 年不变价格固定资本存量除以不变价格 GDP。

国有经济比重：以各省份每年的国有经济固定资产投资总额与全社会固定资产投资总额相除得到的。

本书的数据覆盖了 1978~2007 年期间我国 28 个省份（西藏、海南、重庆除外）。每年的劳动收入份额与其他解释变量之间的相关系数（见表 6-4）。

---

① 张军、吴桂英、张吉鹏：《中国省际物质资本存量估算 1952-2000》，《经济研究》2004 年第 10 期，第 35~43 页。

表6-4　各省劳动收入份额与解释变量的线性相关系数（截面数据）

| 年份 | gdppc (1) | kppc (2) | dzprgdp (3) | iexgdp (4) | fdirgdp (5) | argdp (6) | urem (7) | unpp (8) | rsoe (9) | yl (10) | ky (11) |
|---|---|---|---|---|---|---|---|---|---|---|---|
| 1978 | -0.835 | -0.659 | 0.041 | -0.632 | 0 | 0.870 | -0.755 | -0.793 | 0.136 | -0.882 | 0.126 |
| 1979 | -0.838 | -0.703 | -0.082 | -0.666 | 0.116 | 0.883 | -0.811 | -0.837 | 0.105 | -0.897 | 0.081 |
| 1980 | -0.834 | -0.718 | 0.052 | -0.676 | 0.109 | 0.886 | -0.793 | -0.767 | 0.178 | -0.881 | 0.111 |
| 1981 | -0.849 | -0.764 | 0.077 | -0.608 | 0.092 | 0.922 | -0.782 | -0.822 | -0.084 | -0.880 | 0.061 |
| 1982 | -0.841 | -0.794 | 0.082 | -0.609 | 0.045 | 0.914 | -0.786 | -0.815 | -0.300 | -0.874 | -0.004 |
| 1983 | -0.857 | -0.801 | 0.105 | -0.516 | 0.178 | 0.899 | -0.755 | -0.812 | -0.239 | -0.872 | 0.005 |
| 1984 | -0.861 | -0.811 | 0.118 | -0.542 | 0.078 | 0.903 | -0.735 | -0.805 | -0.336 | -0.871 | -0.061 |
| 1985 | -0.841 | -0.805 | 0.125 | -0.451 | -0.076 | 0.900 | -0.755 | -0.795 | -0.348 | -0.855 | -0.122 |
| 1986 | -0.828 | -0.792 | 0.048 | -0.441 | -0.156 | 0.907 | -0.727 | -0.776 | -0.389 | -0.840 | -0.190 |
| 1987 | -0.807 | -0.775 | -0.008 | -0.493 | -0.256 | 0.896 | -0.702 | -0.746 | -0.335 | -0.816 | -0.247 |
| 1988 | -0.806 | -0.793 | -0.052 | -0.495 | -0.394 | 0.872 | -0.700 | -0.734 | -0.328 | -0.814 | -0.341 |
| 1989 | -0.780 | -0.758 | -0.198 | -0.508 | -0.330 | 0.869 | -0.672 | -0.693 | -0.333 | -0.783 | -0.363 |
| 1990 | -0.823 | -0.775 | -0.286 | -0.480 | -0.243 | 0.865 | -0.694 | -0.687 | -0.401 | -0.827 | -0.438 |
| 1991 | -0.813 | -0.758 | -0.139 | -0.452 | -0.023 | 0.808 | -0.705 | -0.668 | -0.285 | -0.817 | -0.386 |
| 1992 | -0.719 | -0.681 | -0.171 | -0.370 | -0.135 | 0.836 | -0.677 | -0.625 | -0.200 | -0.728 | -0.315 |

## 中国功能性分配格局变迁研究：1978~2008

续表

| 年份 | gdppc (1) | kppc (2) | deprgdp (3) | iexgdp (4) | fdirgdp (5) | argdp (6) | urem (7) | unpp (8) | rsoe (9) | yl (10) | ky (11) |
|---|---|---|---|---|---|---|---|---|---|---|---|
| 1993 | -0.614 | -0.501 | -0.157 | -0.249 | -0.171 | 0.835 | -0.507 | -0.519 | 0.076 | -0.615 | -0.188 |
| 1994 | -0.644 | -0.529 | -0.152 | -0.300 | -0.352 | 0.835 | -0.504 | -0.555 | -0.068 | -0.655 | -0.193 |
| 1995 | -0.677 | -0.567 | -0.300 | -0.428 | -0.361 | 0.875 | -0.519 | -0.535 | -0.046 | -0.674 | -0.281 |
| 1996 | -0.680 | -0.578 | -0.379 | -0.493 | -0.422 | 0.867 | -0.446 | -0.412 | 0.084 | -0.685 | -0.325 |
| 1997 | -0.667 | -0.574 | -0.367 | -0.480 | -0.346 | 0.852 | -0.420 | -0.397 | -0.050 | -0.669 | -0.343 |
| 1998 | -0.644 | -0.542 | -0.318 | -0.432 | -0.233 | 0.822 | -0.373 | -0.381 | 0.088 | -0.629 | -0.313 |
| 1999 | -0.650 | -0.543 | -0.333 | -0.488 | -0.336 | 0.815 | -0.424 | -0.392 | 0.135 | -0.636 | -0.304 |
| 2000 | -0.652 | -0.540 | -0.167 | -0.595 | -0.488 | 0.769 | -0.533 | -0.387 | 0.306 | -0.667 | -0.247 |
| 2001 | -0.617 | -0.513 | -0.071 | -0.625 | -0.503 | 0.753 | -0.452 | -0.383 | 0.383 | -0.615 | -0.226 |
| 2002 | -0.582 | -0.495 | -0.151 | -0.580 | -0.454 | 0.742 | -0.390 | -0.365 | 0.353 | -0.584 | -0.225 |
| 2003 | -0.571 | -0.448 | -0.184 | -0.550 | -0.333 | 0.759 | -0.325 | -0.276 | 0.297 | -0.562 | -0.167 |
| 2004 | -0.603 | -0.376 | -0.088 | -0.518 | -0.456 | 0.737 | -0.375 | -0.313 | 0.368 | -0.610 | 0.037 |
| 2005 | -0.512 | -0.301 | -0.034 | -0.389 | -0.341 | 0.629 | -0.309 | -0.226 | 0.078 | -0.531 | -0.010 |
| 2006 | -0.521 | -0.295 | 0.070 | -0.388 | -0.359 | 0.608 | -0.418 | -0.228 | 0.356 | -0.538 | 0.046 |
| 2007 | -0.539 | -0.342 | 0.007 | -0.364 | -0.431 | 0.654 | -0.433 | -0.236 | 0.187 | -0.564 | -0.033 |

数据来源：根据 CNKI 中国经济与社会发展统计数据库数据计算得到。

176

由表 6 - 4 可见，人均实际 GDP、劳均资本在各年均与劳动收入份额负相关，第一产业比重则与劳动收入份额高度正相关，表明经济发展水平对劳动收入份额的影响非常显著。

进出口总额占 GDP 比重各年均与劳动收入份额负相关；FDI 占 GDP 比重在 30 年中有 6 年与劳动收入份额正相关，其余年份呈负相关。

城市化水平（urem）和每万人在校大学生人数（unpp）在各年均与劳动收入份额负相关。

国有企业比重在 30 年中有 15 年与劳动收入份额正相关，15 年负相关。

居民储蓄存款余额占 GDP 比重在 30 年中有 20 年与劳动收入份额负相关。

因此，我们预期经济发展水平和产业结构的转型可能与劳动收入份额的相关程度较高，是主要解释变量；城市化水平和人力资本因素也与劳动收入份额负相关；国有企业比重、金融深化等对劳动收入份额的解释能力较弱。

# 第三节　模型的设定及回归

## 一　模型的设定

为了正确设定模型，需要考察因变量与每个自变量的相关形式。劳动收入份额与部分解释变量的散点图见图 6 - 2 和图 6 - 3。

由图 6 - 2 和图 6 - 3 可见，作为经济发展水平的标志，第一产业比重和人均实际 GDP 与劳动收入份额相关程度较高。本书在回归模型中拟引入第一产业比重（argdp）的一次项，

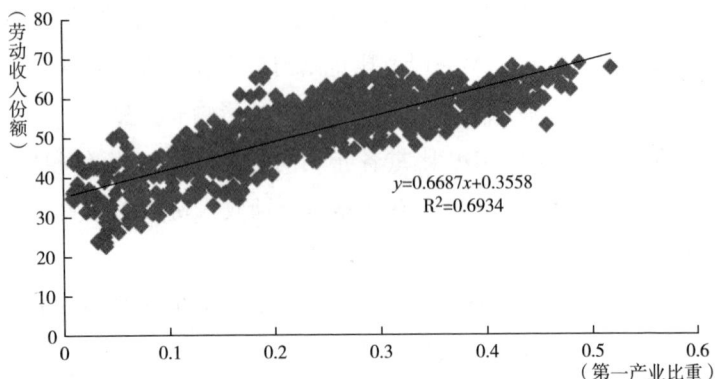

图 6 - 2　劳动收入份额与第一产业比重之间的散点图

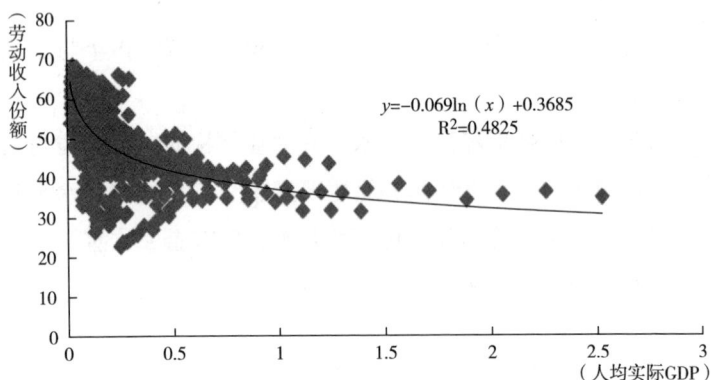

图 6 - 3　人均实际 GDP 与劳动收入份额相关图

和人均实际 GDP（gdppc）的对数项。

根据上述讨论及散点图，这里设定以下的参数线性模型：

$$\ln(ls) = \beta_0 + \beta_1 \ln(gdppc) + \beta_2 argdp + \beta_3 \ln(iexgdp) +$$
$$\beta_4 \ln(unpp) + \beta_5 \ln(urem) + \beta_6 \ln(rsoe) +$$
$$\beta_7 fdirgdp + \beta_8 \ln(deprgdp) + \beta_9 \ln(ky) + \varepsilon$$

表 6 - 5 显示，劳均资本的对数项 ［ln（kppc）］、人力资本的对数项 ［ln（unpp）］ 可能与代表经济发展水平的变量

178

表 6-5 各变量之间的相关系数矩阵

| | ln (gdppc) | argdp | ln (kppc) | ln (iexgdp) | ln (unpp) | ln (urem) | ln (rsoe) | fdirgdp | ln (deprgdp) | ln (ky) |
|---|---|---|---|---|---|---|---|---|---|---|
| ln (gdppc) | 1.000 | | | | | | | | | |
| argdp | -0.880 | 1.000 | | | | | | | | |
| ln (kppc) | 0.897 | -0.833 | 1.000 | | | | | | | |
| ln (iexgdp) | 0.480 | -0.459 | 0.393 | 1.000 | | | | | | |
| ln (unpp) | 0.901 | -0.827 | 0.857 | 0.452 | 1.000 | | | | | |
| ln (urem) | 0.543 | -0.633 | 0.601 | 0.507 | 0.595 | 1.000 | | | | |
| ln (rsoe) | -0.600 | 0.547 | -0.448 | -0.202 | -0.516 | 0.102 | 1.000 | | | |
| fdirgdp | 0.569 | -0.474 | 0.472 | 0.533 | 0.444 | 0.318 | -0.333 | 1.000 | | |
| ln (deprgdp) | 0.725 | -0.589 | 0.688 | 0.112 | 0.630 | 0.210 | -0.485 | 0.410 | 1.000 | |
| ln (ky) | 0.269 | -0.330 | 0.655 | 0.034 | 0.337 | 0.296 | 0.002 | 0.045 | 0.296 | 1.000 |
| ln (ls) | -0.670 | 0.812 | -0.598 | -0.525 | -0.658 | -0.571 | 0.220 | -0.229 | -0.210 | -0.183 |

（人均实际 GDP 的对数项，第一产业比重）之间存在高度共线性。

## 二　模型参数的估计

考虑到我国劳动收入份额变动过程具有明显的阶段性，本书按照几个关键时间点分段考察各个解释变量对劳动收入份额的影响：1978 ~ 1984 年主要在农村推进改革；1998 年国有企业改制开始全面推进；2004 年因变量劳动收入份额的统计口径发生了变化，为了避免这一影响，把它也作为一个分界点。估计方法：面板最小二乘法，混合效应模型。得到因变量 ln (ls) 对各变量的回归如下：

**1. 劳动收入份额对各变量的分析**

表 6 - 6 表示的是劳动收入份额 Ln (ls) 对多变量的回归结果。

对上述各项回归方程的讨论分析。

（1）在控制住其他变量之后，经济发展水平（人均实际 GDP）与劳动收入份额之间的回归系数一直为负，这说明改革开放以来我国的技术进步路径一直以资本增强型技术进步为主。这种现象可能是长期以来我国以高投资拉动经济增长的发展模式所造成的，偏离了我国的要素禀赋结构，没有发挥劳动力资源丰富的比较优势。

（2）第一产业占 GDP 比重 (argdp) 在各个时间段均与劳动收入份额显著正相关。表明随着我国经济由农业国向工业化国家的转型，三次产业结构转变是劳动收入份额变动的最主要解释因素。当然，由于我国统计部门把第一产业的混合收入全部计入劳动报酬，导致农业中的劳动收入份额奇高，那么，第一产业比重的下降无疑会夸大全国整体的劳动收入份额的下降幅度，这使得产业结构与劳动收入份额之间表现为高度相关。

表 6 - 6 劳动收入份额 ln (ls) 对各变量的回归结果

| 数据期间 | 栏号 | 1978~1984 | 1978~1998 | 1998~2003 | 2004~2007 | 1978~2007 |
|---|---|---|---|---|---|---|
| LS 实际波动 | | 0.523~0.551 | 0.523~0.525 | 0.525~0.477 | 0.433~0.411 | 0.523~0.411 |
| 解释变量 | | 回归一 | 回归二 | 回归三 | 回归四 | 回归五 |
| 常数项 C | (1) | -1.3419 (0.0000) | -1.144 (0.0000) | -1.2614 (0.0000) | -1.1167 (0.0000) | -1.054 (0.0000) |
| 人均实际 GDP 的对数项 ln (gdppc) | (2) | -0.2297 (0.0000) | -0.1142 (0.0000) | -0.0847 (0.0179) | -0.0583 (0.1017) | -0.082 (0.0000) |
| 第一产业占 GDP 比重 Argdp | (3) | 0.9153 (0.0000) | 1.3309 (0.0000) | 1.8655 (0.0000) | 1.7737 (0.0000) | 1.4453 (0.0000) |
| 进出口总额占 GDP 比重 ln (iexgdp) | (4) | -0.0190 (0.0026) | -0.0332 (0.0000) | -0.0325 (0.0145) | 0.0371 (0.0221) | -0.029 (0.0000) |
| 每万人口大学生数的对数项 ln (unpp) | (5) | 0.0009 (0.9630) | 0.0032 (0.7526) | 0.0455 (0.0012) | -0.0231 (0.3549) | -0.007 (0.3561) |
| 城镇化水平的对数项 ln (urem) | (6) | 0.0034 (0.8913) | 0.0301 (0.0269) | 0.0782 (0.0022) | -0.0280 (0.4644) | 0.0387 (0.0007) |

# 中国功能性分配格局变迁研究：1978~2008

续表

| 数据期间 | 栏号 | 1978~1984 回归一 0.523~0.551 | 1978~1998 回归二 0.523~0.525 | 1998~2003 回归三 0.525~0.477 | 2004~2007 回归四 0.433~0.411 | 1978~2007 回归五 0.523~0.411 |
|---|---|---|---|---|---|---|
| 国有企业比重的对数项 ln (rsoe) | (7) | 0.0073 (0.8223) | -0.0432 (0.0308) | -0.0438 (0.2909) | 0.0025 (0.9395) | -0.040 (0.0114) |
| 吸引外资占 GDP 比重 Fdirgdp | (8) | 0.1948 (0.0002) | 0.1438 (0.0000) | 0.1278 (0.0000) | 0.1566 (0.0018) | 0.1357 (0.0000) |
| 存款占 GDP 比重的对数项 ln (deprgdp) | (9) | 0.1239 (0.0000) | 0.1087 (0.0000) | 0.0561 (0.1618) | 0.2123 (0.0001) | 0.1087 (0.0000) |
| 资本产出比的对数项 ln (ky) | (10) | -0.0203 (0.1833) | 0.0109 (0.1810) | 0.0203 (0.1693) | 0.0632 (0.0014) | 0.0207 (0.0029) |
| 样本容量 | (11) | 196 | 588 | 168 | 728 | 840 |
| Adjusted R² | (12) | 0.9036 | 0.8470 | 0.7427 | 0.8306 | 0.8199 |
| F-statistic | (13) | 204.07 | 362.14 | 54.56 | 357.42 | 425.43 |
| Prob (F) | (14) | 0.00000 | 0.00000 | 0.00000 | 0.00000 | 0.00000 |

注：括号中的数值为 t 检验时的 p 值。

（3）在 1978~2007 年期间，资本产出比与劳动收入份额显著正相关，从而可以判断要素的替代弹性小于 1，与白重恩（2009）根据省际面板数据研究我国资本收入份额时得到的结论一致。[①] 但我们同时看到，在大部分时段内资本产出比与劳动收入份额的相关程度并不显著，这可能意味着要素替代弹性已经相当接近于 1 了，这时采用 C－D 生产函数和 CES 生产函数得到的结果很接近，要素分配份额受资本深化的影响不大，劳动收入份额趋近于它的产出弹性系数。

（4）从 1978~2007 年整个时期看，城镇化水平（urem）对劳动收入份额有显著的正向影响；国有经济比重（rsoe）对劳动收入份额有显著的负向影响；而人力资本的积累（unpp）的影响并不显著。但对于这 3 个变量的影响需要谨慎对待，因为在大部分时段内它们的影响并不显著，并且回归系数的符号也不一致。一个可能的原因就是它们对劳动收入份额的影响已经被其他变量所概括，存在高度共线性。

（5）金融深化（deprgdp）与劳动收入份额正相关，这意味着资本配置效率的提高也有利于提高劳动的效率，通过降低要素市场的价格扭曲程度，促进充分竞争的市场环境而有利于提高劳动收入份额。

## 2. 劳动收入份额个体和时期对各变量的分析

考虑到不同省份和不同年份之间可能存在相当大的差异，本书建立个体和时期固定效应模型见表 6－7（仍然按照相应的分界点，分段回归）。

---

[①] 白重恩、钱震杰：《我国资本收入份额影响因素及变化原因分析——基于省际面板数据的研究》，《清华大学学报（哲学社会科学版）》2009 年第 4 期，第 143 页。

表 6 - 7　劳动收入份额 ln (ls) 对各变量的回归结果（个体和时期固定效应模型）

| 数据期间 | 栏号 | 1978~1984 回归一 | 1978~1998 回归二 | 1998~2003 回归三 | 2004~2007 回归四 | 1978~2007 回归五 |
|---|---|---|---|---|---|---|
| LS 实际波动 | | 0.523~0.551 | 0.523~0.525 | 0.525~0.477 | 0.433~0.411 | 0.523~0.411 |
| 解释变量 | | | | | | |
| 常数项 C | (1) | -0.9462 (0.0002) | -1.612 (0.0000) | -1.0313 (0.0053) | -1.5507 (0.0018) | -0.7567 (0.0000) |
| 人均实际 GDP 的对数项 ln (gdppc) | (2) | -0.1023 (0.1225) | -0.2343 (0.0000) | -0.2652 (0.1458) | -0.1646 (0.4228) | -0.1178 (0.0000) |
| 第一产业占 GDP 比重 Argdp | (3) | 0.6330 (0.0000) | 1.1392 (0.0000) | 0.9613 (0.0071) | 1.9451 (0.0184) | 1.3929 (0.0000) |
| 进出口总额占 GDP 比重 ln (iexgdp) | (4) | -0.0032 (0.6190) | -0.0188 (0.0023) | 0.0332 (0.2303) | -0.0092 (0.7976) | -0.0153 (0.0089) |
| 每万人口大学生数的对数项 ln (unpp) | (5) | 0.0146 (0.6847) | 0.0775 (0.0125) | -0.0462 (0.3544) | 0.0681 (0.3731) | -0.1015 (0.0000) |
| 城镇化水平的对数项 ln (urem) | (6) | 0.1273 (0.1859) | 0.1088 (0.0091) | 0.0838 (0.0470) | -0.0316 (0.7593) | 0.1102 (0.0000) |
| 国有企业比重的对数项 ln (rsoe) | (7) | 0.0305 (0.1513) | -0.0456 (0.0509) | -0.0519 (0.2609) | 0.0412 (0.3676) | -0.0597 (0.0017) |

续表

| 数据期间 | 栏号 | 1978~1984 | 1978~1998 | 1998~2003 | 2004~2007 | 1978~2007 |
|---|---|---|---|---|---|---|
| LS 实际波动 | | 0.523~0.551 | 0.523~0.525 | 0.525~0.477 | 0.433~0.411 | 0.523~0.411 |
| 解释变量 | | 回归一 | 回归二 | 回归三 | 回归四 | 回归五 |
| 吸引外资占 GDP 比重 Fdirgdp | (8) | -0.0034<br>(0.9208) | 0.1022<br>(0.0000) | 0.0654<br>(0.0250) | -0.0772<br>(0.2499) | 0.0814<br>(0.0000) |
| 存款占 GDP 比重的对数项 $\ln$ (deprgdp) | (9) | 0.0420<br>(0.1583) | 0.0726<br>(0.0001) | 0.1558<br>(0.0366) | 0.3088<br>(0.0090) | 0.1218<br>(0.0000) |
| 资本产出比的对数项 $\ln$ (ky) | (10) | 0.0700<br>(0.0581) | 0.1556<br>(0.0000) | 0.1230<br>(0.2707) | 0.0538<br>(0.5636) | 0.1469<br>(0.0000) |
| Hausman 检验 | (11) | 0.0000 | 0.0000 | 0.0000 | 0.0000 | 0.0000 |
| 省份哑变量 | (12) | 是 | 是 | 是 | 是 | 是 |
| 年份哑变量 | (13) | 是 | 是 | 是 | 是 | 是 |
| 样本容量 | (14) | 168 | 588 | 168 | 112 | 840 |
| Adjusted $R^2$ | (15) | 0.9831 | 0.9166 | 0.9259 | 0.9057 | 0.8920 |
| F - statistic | (16) | 271.04 | 116.19 | 51.89 | 28.34 | 107.64 |
| Prob (F) | (17) | 0.00000 | 0.00000 | 0.00000 | 0.00000 | 0.00000 |

注：括号中的数值为 t 检验时的 p 值。

由表 6-7 的各项回归方程可以看到：在每个时间段上影响方向都相同而且显著的变量只有第一产业比重（argdp），这清晰表明了我国转型经济的特点。在每个时间段上对劳动收入份额影响方向都一致（未必都显著）的变量有 3 个，即人均GDP（gdppc）是负相关、居民储蓄存款余额占 GDP 比重（deprgdp）、资本产出比（ky）是正相关。其余解释变量对劳动收入份额的影响要么是阶段性显著的、要么与因变量的相关方向随时间发生变动，因而不可过分看重它们的经济分析意义。

（1）第一产业比重（argdp）与劳动收入份额之间的回归系数在各个时间段内均显著为负，表明产业间效应的影响是长期和持续的，体现了我国经济转型阶段中三次产业结构调整对整体劳动收入份额的影响。第一产业中的劳动收入份额最高，所以它的比重下降对全国劳动收入份额的影响非常显著，也是最重要的解释变量。

（2）代表经济发展水平的变量，即人均实际 GDP 的对数项（lngdppc）与劳动收入份额在各时间段内回归系数均为负。表明在各个时期我国都是以资本增强型技术进步为主的，并且劳动收入份额依然处于下降通道中。

（3）资本产出比与劳动收入份额在各个时间段均呈正相关，由此可以判断，我国的要素替代弹性小于 1。但由于两者之间的相关程度并不显著，表明要素替代弹性已经相当接近于1，通过资本深化（即资本产出比的提高）有利于提高劳动收入份额，但余地已经很小了。

（4）金融深化（deprgdp）对我国劳动收入份额的影响也一直是正向的。金融深化提高了资源配置效率，既提高了资本配置效率，也相应提高了劳动效率，降低了要素市场的价格扭曲程度，有助于形成充分竞争的市场环境，这些对于提高劳动收入份额是有益的。

（5）在控制住了三次产业结构转型的因素和生产中的资本增强型技术进步特征之后，人力资本的积累（unpp）、城镇化水平（urem）、经济的开放程度（iexgdp）、所有制结构（rsoe、fdirgdp）的变动对劳动收入份额的影响可能只是阶段性显著的，因此本章未详加讨论。人力资本、城镇化水平等之所以对劳动收入份额的影响并不显著，一个可能的原因是它们对劳动收入份额的影响已经被其他变量所概括，或者体现在个体差异和时间趋势之中。也很可能是因为，在本章所考察的时间范围内，中国依然处于典型的"二元经济"状态下，农村剩余劳动力的供给具有无限弹性，人力资本的积累、城镇就业比重的提高都无法有力地影响工资水平，因而它们对劳动收入份额影响并不显著。

蔡昉（2007）认为，经过长期的计划生育政策之后，我国目前的总和生育率已经下降到 1.7‰，预期在 2013 年劳动年龄人口不再增长，劳动力长期供给大于需求的格局将逆转。[1] 我国 2007 年前后出现了"民工荒"，2008 年农民工工资水平即使在扣除了通货膨胀因素之后，涨幅依然高达 19%，简单劳动力的工资水平也开始提高。蔡昉（2009）研究认为，这些现象不是暂时性的，而是"刘易斯转折点"到来的征兆。[2] 在农村剩余劳动力转移过程即将结束的时候，这些因素才可能有效提高工资水平，带来劳动收入份额的上升。

---

[1]　蔡昉：《收入差距缩小的条件——经济发展理论与中国经验》，《甘肃社会科学》2007 年第 6 期，第 5 页。

[2]　蔡昉：《刘易斯转折点与中国城市化》，《中国财经报》2009 年 12 月 8 日，第 4 版。

### 三　本章小结

本章搜集了 28 个省份 1978 ~ 2007 年的相关指标，从区域经济的角度考察各省份劳动收入份额的影响因素，得到的结论如下。

**1. 简短的结论**

（1）产业结构转型对劳动收入份额的影响是长期和持续的，体现了我国经济转型的特点。第一产业中的劳动收入份额最高，所以它的比重下降对全国劳动收入份额的影响非常显著，也是最重要的解释变量。

（2）代表经济发展水平的变量，即人均实际 GDP 的对数项（lngdppc）与劳动收入份额在各时间段内回归系数均为负，表明在各个时期我国都是以资本增强型技术进步为主的，并且劳动收入份额依然处于下降通道中。

（3）由资本产出比与劳动收入份额正相关可以判断，我国的要素替代弹性小于 1，但由于两者之间的相关程度并不显著，表明要素替代弹性已经相当接近于 1，通过资本深化（即资本产出比的提高）有利于提高劳动收入份额，但余地已经很小了。

（4）金融深化（deprgdp）对我国劳动收入份额的影响也一直是正向的。金融深化提高了资源配置效率，既提高了资本配置效率，也相应提高了劳动效率，降低了要素市场的价格扭曲程度，有助于形成充分竞争的市场环境，这些对于提高劳动收入份额是有益的。

（5）当控制了三次产业结构转型的因素和生产的资本增强型技术进步特征之后，人力资本的积累（unpp）、城镇化水平（urem）、经济的开放程度（iexgdp）、所有制结构（rsoe、 fdirgdp）的变动对劳动收入份额的影响可能只是阶段性显著的，并不具备很强的经济分析意义。本章未予详细探讨。

显然，如果我们要扭转劳动收入份额的下降趋势，可行的政策选择有三个方面：一是努力发展劳动使用型技术；二是加快国有企业改制，深化金融体制改革，减少要素市场的扭曲，提高资本配置效率（这同时也会提高劳动的生产效率），促进充分竞争的市场环境的形成，有利于提高劳动收入份额；三是推进资本深化，提高资本产出比，在我国当前要素替代弹性小于 1 的情况下，也会提升劳动收入份额。

**2. 需要进一步研究的问题**

本书第四章的分析表明，在 20 世纪 90 年代中后期，由于行业内因素对劳动收入份额的影响由正转负，与产业结构转型因素的负向影响叠加，使全国劳动收入份额开始由上升趋势转为下降趋势。但产业内因素影响方向的这一转折过程在回归模型中并未得到反映。其中的原因有待进一步研究。

人力资本的积累（unpp）、城镇化水平（urem）对劳动收入份额影响并不显著，其中的原因是否与"二元经济"条件下劳动力的无限供给有关，在"刘易斯转折点"到来之后这一现象是否会明显改变，需要更长时期数据的检验。

# 第七章　劳动收入份额的时间稳定性与空间稳定性

在经济发展过程中，无论从行业角度看，还是从区域经济角度看，影响劳动收入份额的因素都有很多。但出人意料的是，经济学家们（Keynes，1939；Kaldor，1961）观察到，许多国家的劳动收入份额在较长时期内波动幅度很小，具有相当高的稳定性；不同发展阶段的国家的混合收入经过调整后，它们的劳动收入份额的变异度也大大缩小（Gollin，2002），从空间上看似乎也具有一定的稳定性。那么，在不同的时期和不同的经济发展阶段，劳动收入份额是否表现出时间稳定性和空间稳定性，成为经济学者们孜孜探求的问题（Cobb 和 Douglas，1928；Solow，1958）。本章试图也从这一角度出发，考察劳动收入份额是否在长期内具有时间稳定性；在不同发展阶段的国家之间是否存在空间稳定性；并依据可比数据，对我国劳动收入份额的相对合理性做出判断。

# 第一节 劳动收入份额的时间稳定性

## 一 "卡尔多特征化事实"及其解释

从 19 世纪中期到 20 世纪中期，经过第一次和第二次工业革命，主要资本主义国家的经济高速发展，英、德、法、美等国家相继完成了工业化。在这一时期，上述国家的劳动生产率、产业结构、资本密集度等显然都发生了巨大的变化，并且经历了经济危机，但 Keynes（1939）和 Kravis（1959）发现，英、美等国的劳动收入份额波动幅度并不大（见表 7 - 1）。

表 7 - 1 美国和英国 1860~1940 年的劳动收入份额

单位:%

| 国家 | 1860 | 1870 | 1880 | 1890 | 1900 | 1910 |
|------|------|------|------|------|------|------|
| 美国 | 78.1 | 78.7 | 76.5 | 75.5 | 77.7 | 76.0 |
| 英国* | 43.5 | 38.6 | 39.8 | 41.5 | 40.7 | 37.8 |
| 英国** | 57.8 | 53.8 | 55.3 | 58.7 | 58.4 | 56.0 |

| 国家 | 1920 | 1930 | 1940 | 均值 | 标准差 | 标准差系数 |
|------|------|------|------|------|--------|-----------|
| 美国 | 73.9 | 76.7 | 77.6 | 76.74 | 1.48 | 0.0193 |
| 英国* | 43.0 | 41.0 | 38.2 | 40.46 | 2.04 | 0.0504 |
| 英国** | 66.6*** | — | 65 | 58.97 | 4.58 | 0.0777 |

注：*指普通工人工资占国民收入的比重；**指国民的劳动者报酬（既包括普通工人的工资和薪水，也包括自雇者、企业家的劳动收入）占国民收入的比重；***为 1924 年数据。

资料来源：张车伟、张士斌：《我国初次分配中劳动报酬份额问题研究》（内部报告），2011，第 2 页。

由表 7 - 1 可以看到，在 1860～1940 年期间，英国劳动收入份额（工人工资占国民收入的比重）围绕在 40.46% 上下随机波动，标准差系数为 0.0504；美国围绕在 76.74% 上下波动，标准差系数为 0.0193，变动幅度都较小。但在此期间英、美两国的其他方面的指标发生了巨大的变化，1870～1950 年，美国的农业比重下降了 82%，城市化水平提高了 149%，人均 GDP 增长了 3.12 倍，但劳动收入份额仅下降了 11%，变动幅度明显小于其他指标（见表 7 - 2）。

表 7 - 2　美国 1870～1950 年经济和社会指数

| 项目<br>年份 | 1870 | 1880 | 1890 | 1900 | 1910 | 1920 | 1930 | 1940 | 1950 |
|---|---|---|---|---|---|---|---|---|---|
| 农业变化 | 100 | 85 | 77 | 99 | 93 | 72 | 53 | 33 | 18 |
| 城市化水平 | 100 | 110 | 137 | 155 | 178 | 200 | 219 | 220 | 249 |
| 人均 GDP | 100 | 147 | 182 | 222 | 273 | 283 | 327 | 310 | 412 |
| 劳动收入份额 | 100 | 97 | 96 | 99 | 97 | 94 | 97 | 99 | 89 |

资料来源：张车伟、张士斌：《我国初次分配中劳动报酬份额问题研究》（内部报告），2011，第 3 页。

卡尔多（Kaldor，1961）也观察到了这一现象，他提出了与经济增长相伴随的 6 个特征化事实：一是产出和劳动生产率以稳定的比率持续增长；二是每个工人的资本数量持续增长；三是利润率水平从长期看是稳定的，但在短期是波动的并与投资的波动相联系；四是在长期，资本产出比率是稳定的；五是利润在收入中的比率是稳定的；六是劳动生产率的增长和总产出增长率在不同的国家呈现巨大差异。[①] 其中第 3 和第 5 点意

---

① Kaldor, N. , *Capital Accumulation and Economic Growth* (New York：St. Martin Press，1961)：63.

味着在国民收入分配中劳动和资本的相对份额在长期内将是稳定的，这些观点被经济学家们普遍接受，被视为经济增长过程中的一般特征。

学者们主要从两个角度对劳动收入份额的稳定性进行解释：一是从生产函数的技术特征，即从技术进步路径、劳动与资本的替代弹性角度进行解释。劳动增强型技术进步不影响要素收入份额；如果要素间的替代弹性等于 1，那么要素比价关系的变动也不影响其收入份额。二是从产业结构的变动（internal shift）角度来解释，即劳动收入份额的相对稳定性是由于不同产业的劳动收入份额反方向运动，产业内效应相互抵消所导致的。Brown and Hart（1952）、Solow（1958）对美国劳动收入份额的研究表明，从大类行业和工业分行业两个层次上看，都满足相对稳定性要求，即总体方差小于各行业内部方差。

尽管遭受过各种质疑，也有一些经验研究并不支持卡尔多，但不少经济学家们依然接受"要素收入份额是稳定的"的这一信条，将它视为像"光速"一样恒定不变的（Cobb and Douglas，1928；Solow，1958）。[①] 因此，从 20 世纪 50 年代以后，劳动收入份额的稳定性及其新古典解释使经济学家们对功能性收入分配的研究趋于沉寂，研究重点转向以基尼系数为代表的个人收入不平等程度的度量和分解。进入 21 世纪后，各国功能性分配格局的变动再次吸引了经济学家们的注意。Guscina（2006）的研究表明，劳动收入份额出现全球性的下降，工业化国家劳动收入份额的平均值从 1975 年的 57% 下降至

---

[①]　Solow，Robert M.，"A Skeptical Note on the Constancy of Relative Shares，" *American Economic Review*. 48（1958）：618 – 631.

2000 年的 52%。① 同时，一些新兴市场国家，比如中国的劳动收入份额也有显著下降。很多学者开始从石油价格上涨、失业率的高涨、经济全球化等角度展开了对劳动收入份额变动原因的实证分析。

## 二 劳动收入份额时间稳定性考察

由于数据的限制，大部分的经济学者只考察了 19 世纪中叶以后主要国家的劳动收入份额的变化趋势，而对各国工业化阶段过程中的劳动收入份额的变化趋势关注较少，这也使得"卡尔多特征化事实"缺乏足够长度的时间检验，与正处于工业化过程中的中国没有足够的可比性。因此，对于发达国家劳动收入份额的变动需要回溯到工业革命时期（18 世纪中期），才能对劳动收入份额的时间稳定性做出更加稳健的判断。

第一次工业革命开始于 1750 年，以蒸汽机的普遍使用为标志，英国是领导者；第二次工业革命一般认为开始于 1870 年前后，以电力的大规模使用为标志，美国和德国成为主力。根据《剑桥欧洲经济史》的观点，第一次工业革命的起止时间见表 7-3。

表 7-3 一些国家第一次工业革命的起止时间

| 国　家 | 英国 | 法国 | 美国 | 俄国 | 日本 |
|---|---|---|---|---|---|
| 工业化<br>起止时间 | 1750 ~<br>1850 年 | 1800 ~<br>1860 年 | 1820 ~<br>1860 年 | 1861 ~<br>1917 年 | 1850 ~<br>1910 年 |

---

① Guscina, A., *Effects of Globalization on Labor's Share in National Income* (IMF Working Paper, No. 294, 2006).

　　郝枫（2008）选择了英国、美国、瑞典、荷兰、加拿大、日本六个国家更长的历史数据进行研究。结果表明，这些国家的劳动收入份额并非一直保持稳定，而是表现出明显的阶段性特征。

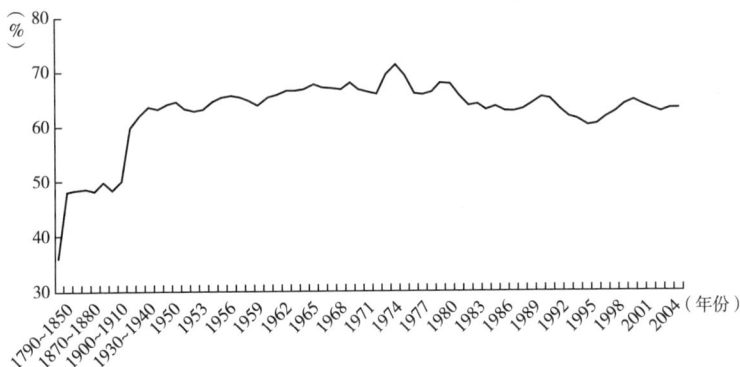

**图 7 - 1　英国 1790 ~ 2004 年劳动收入份额变动曲线**

资料来源：郝枫：《中国要素价格决定机制研究——国际经验与历史证据》，天津财经大学博士学位论文，2008。

　　英国在第一次工业革命期间（1750 ~ 1850 年）劳动收入份额很低，约 35% 左右；工业革命完成到第一次世界大战爆发之前，劳动收入份额显著提高并保持在 50% 上下；第一次世界大战以来，劳动收入份额提高至 60% 以上，大致稳定在 60% ~ 70% 。在以上三个阶段中，第一阶段的劳动收入份额水平比较低，在研究文献中很少被提及；第二阶段劳动收入份额的相对稳定性，被凯恩斯、索洛等早期研究者所观察到；现代的经济研究者大多只注意到第三阶段的稳定性。工业革命是一个独特的生产关系变革时期，在此之前经济关系相对稳定，在此之后生产关系在新的架构基础上重归稳定。1750 ~ 1850 年工业革命时期英国的劳动力供给基本处于过剩状态，劳动收入份额也很低，工资保持或接近贫困线的水平，马克思把这种状态称为"生存工资"。

美国的数据也显示，劳动收入份额随经济发展阶段发生明显变化。第一次工业革命完成后的 50 年内（1860~1910 年），美国劳动收入份额有所上升，从 50% 左右提高到 55% 上下；第一次世界大战之后，迅速提高到 60% 以上，大萧条期间美国的劳动收入份额一度上升到 70% 以上；20 世纪 50 年代以来，大致稳定在 70% 上下（见图 7-2）。

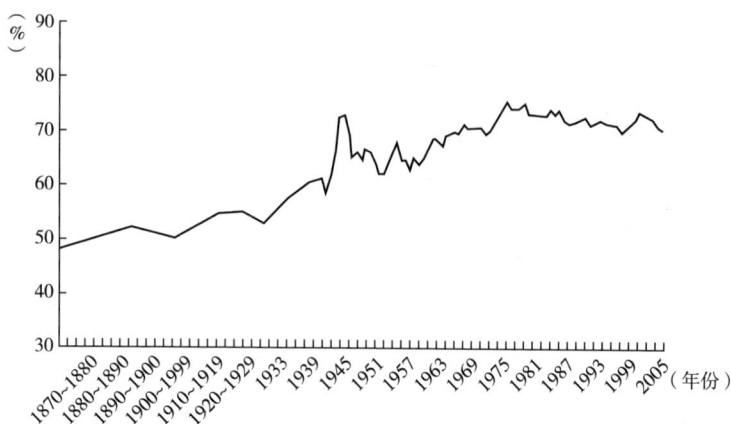

图 7-2　美国 1870~2005 年劳动收入份额曲线

通过对其他几个国家的劳动收入份额的长期考察也得到相似的结论：一是发达国家在步入工业化成熟阶段后，其劳动收入份额的确比较稳定。换言之，要素收入份额的时间稳定性只是在这种特定条件下才成立。二是以上六国（英国、美国、荷兰、瑞典、加拿大、日本）的劳动收入份额大都稳定在 60%~70%，该结果倾向于支持要素份额的空间稳定性，至少在发达国家之间存在"俱乐部趋同"。三是要素收入份额的稳定性仅在特定经济发展阶段之内成立，一旦考察范围跨越多个不同的发展阶段，这种稳定性就将不复存在，在两个不同发展阶段之间劳动收入份额一般来说变动比较剧烈。

所谓不同的经济发展阶段，主要是指人均 GDP 的增长及相应的产业结构变化。在较低的人均收入水平上，劳动收入份额普遍也较低，但它一般会随着人均收入的提高和产业结构的转型而得到提高，当达到某个阶段后，劳动收入份额基本趋于稳定。郝枫（2008）研究发现：从产业结构角度看，非农产业的就业比重达到 40% 时是一个临界值，劳动收入份额开始表现出上升趋势，当该比重达到 90% 之后，劳动收入份额趋于稳定值；从增加值比重角度看，非农产业增加值比重在 75% 是一个临界值，劳动收入份额开始表现出上升趋势，当这一比重达到 95% 之后趋于稳定。上述国家一般说来是在工业革命完成后超过临界值点，开始进入劳动收入份额上升阶段的。

要素收入份额在同一国家的不同时期是否存在时间上的稳定性，在不同发展阶段的国家之间是否存在空间上的稳定性，这两者其实是一个问题的两个侧面，其本质都是考察要素收入份额是否随经济发展阶段而变化。劳动收入份额接近的国家，往往处于相似的经济发展阶段，劳动收入份额差异较大的国家，往往处于不同的经济发展阶段。如果将考察时期局限于发达的工业化国家，劳动收入份额将表现出较强的时间稳定性和空间稳定性。一旦考察范围扩大到工业化过程初期，劳动收入份额的稳定性可能消失，将表现出由一个水平过渡到另一个水平的剧烈变化特征。

### 三 统计口径差异对劳动收入份额时间稳定性的影响

对于劳动收入份额的时间稳定性一般从"绝对稳定性"和"相对稳定性"两个角度来理解。前者是指劳动收入份额的变异程度比较小（具体数值尚无确切标准）；后者是指总体劳动收入份额的变异程度小于各产业内的劳动收入份额的变异程度，即各产业的劳动收入份额的波动方向相反，相互抵消，从而表现出总体的稳定性。

对于中国 1978 ~ 2004 年的情况而言，如果根据调整前的劳动报酬数据计算，大部分学者（如白重恩、罗长远、肖红叶等）得到的结论是我国的劳动收入份额在此期间有明显的下降，中国的情况并不支持劳动收入份额时间稳定性观点。

罗长远（2009）基于国家统计局《中国国内生产总值核算历史资料（1952 ~ 2004）》数据，研究认为，由于中国产业结构变化和不同产业劳动收入份额之间同向波动，加剧了整体经济中劳动收入份额的波动幅度，并不符合时间稳定性的要求。但中国的数据支持了空间稳定性，因为各省份之间的劳动收入份额的标准差大幅度下降，从 1993 年的 0.09 减至 2004 年的 0.05，表明地区之间的劳动收入份额呈收敛趋势。

本书根据调整后的中口径劳动收入份额计算显示，中国经济整体的劳动收入份额的变异程度小于第二、第三产业内的劳动收入份额变异幅度，表现出较强的时间稳定性（虽然整体劳动收入份额的标准差依然大于第一产业内的标准差，但这是统计口径的原因造成的）。另外，根据省际面板数据的计算结果，我国省际的劳动收入份额的标准差系数也是趋于缩小的，从 1978 年的 0.2150 下降到 2007 年的 0.1087，空间趋同性也是明显的。这说明，对于混合收入的不同核算方法会极大地影响该国劳动收入份额的稳定程度。中国采用宽口径的劳动报酬概念以及 2004 年统计口径的变动都夸大了劳动收入份额的波动幅度，使其表面上的稳定性下降。

　　一般认为，美国的劳动收入份额代表了发达国家的典型特征——高水平稳定。之所以如此，一个重要原因可能是美国对自我雇佣者的混合收入的处理方式不同。中国统计部门把第一产业的混合收入计入劳动者报酬，导致农业中劳动收入份额极高，平均达 85% 以上，是第二、第三产业的两倍左右；与此相反，美国农场主的混合收入则被计入资本收入，这使得美国农业中的劳动收入份额很低，在 30% 以下，不到美国第二、第三产业劳动收入份额的一半。这就造成一个现象：中国的统计方法夸大了产业结构转型对整体劳动收入份额的负向影响，使其工业化过程中整体劳动收入份额下降幅度扩大；而美国恰相反，其第一产业比重的下降反而会有助于提高整体的劳动收入份额。使得在 19 世纪中期至 20 世纪中期的工业化过程中美国劳动收入份额表现出明显的时间稳定性：在 1860~1940 年期间，劳动收入份额从 78.1% 下降到 77.6%，仅降低 0.5 个百分点（见表 7-1）。正是由于第一产业比重的下降有助于提高其整体的劳动收入份额，才使得美国工业化过程的劳动收入份额并未出现降低，这是它表现出时间稳定性的原因之一。也就是说，如果美国采用了与中国相同的统计口径，那么它在 1860~1940 年的工业化过程中的劳动收入份额也将有明显下降，而不会表现得如此稳定。

表 7 - 4　美国的初次分配中各产业劳动收入份额

单位：%

| 行业<br>时间段 | 国民经济 | | | 第一产业 | | | 第二产业 | | | 工业 | | | 第三产业 | | |
|---|---|---|---|---|---|---|---|---|---|---|---|---|---|---|---|
| | LS | gos | ntp | LS | gos | ntp | LS | gos | ntp | LS | gos | ntp | LS | gos | ntp |
| 1947~1970 | 61 | 39 | 8 | 18 | 82 | -1 | 71 | 29 | 6 | 71 | 29 | 7 | 58 | 42 | 10 |
| 1971~1990 | 62 | 38 | 7 | 22 | 78 | -2 | 68 | 32 | 4 | 67 | 33 | 5 | 62 | 38 | 8 |
| 1991~2005 | 62 | 38 | 7 | 28 | 72 | -6 | 62 | 38 | 4 | 60 | 40 | 5 | 62 | 38 | 8 |
| 1947~2005 | 62 | 38 | 7 | 24 | 76 | -4 | 64 | 36 | 4 | 63 | 37 | 5 | 62 | 38 | 8 |
| 2004~2005 | 61 | 39 | 7 | 28 | 72 | -7 | 59 | 41 | 5 | 56 | 44 | 6 | 62 | 38 | 8 |

注：LS 表示雇员报酬，gos 表示总营业盈余，ntp 表示生产税净额。

资料来源：肖红叶、郝枫：《中国收入初次分配结构及其国际比较》，《财贸经济》2009 年第 2 期。

# 第二节 劳动收入份额的长期变化趋势

## ——"U"形规律存在吗？

## 一 现有研究综述

结合发展中国家尤其是中国的经济转型过程中的典型特征——存在一个庞大的农业部门，李稻葵（2009）等以刘易斯的二元经济理论为背景，建立了一个二元经济中劳动力转移的数理模型。分析在经济发展过程中，当劳动力不断从农业部门向工业部门转移时，劳动收入份额在整体经济中的变化情况。他们的结论是，随着劳动力由农业部门向工业部门转移，人均产出会不断上升，劳动收入份额先下降后上升，随着人均产出增加呈"U"形变化规律。

进一步地，李稻葵等使用了 World Development Indicators 数据库中的 GDP 和居民收入数据，并调整了自我雇佣者的收入，得到表7-5。

表7-5 不同国家劳动收入份额的平均值（1960~2005年）

单位：美元

| 国　家 | 人均GDP | 国　家 | 人均GDP | 国　家 | 人均GDP |
|---|---|---|---|---|---|
| 布隆迪 | 105 | 博茨瓦纳 | 2993 | 瑞典 | 27012 |
| 莫桑比克 | 211 | 拉脱维亚 | 3257 | 美国 | 34599 |
| 尼日尔 | 153 | 牙买加 | 3100 | 冰岛 | 29920 |
| 塞拉利昂 | 141 | 南非 | 3020 | 丹麦 | 29630 |
| 乍得 | 169 | 立陶宛 | 3252 | 瑞士 | 34249 |
| 多哥 | 248 | 斯洛伐克 | 3752 | 卢森堡 | 44757 |

| 国　家 | 人均 GDP | 国　家 | 人均 GDP | 国　家 | 人均 GDP |
|---|---|---|---|---|---|
| 卢旺达 | 226 | 巴西 | 3461 | 挪威 | 37164 |
| 布基纳法索 | 230 | 毛里求斯 | 3727 | 日本 | 37408 |
| 平均劳动收入份额（%） | 60 | — | 51 | — | 59 |

注：表格中的 24 个国家是全部 122 个国家中，人均 GDP 最高、最低和中间的各 8 个国家。

资料来源：李稻葵、刘霖林、王红领：《GDP 中劳动收入份额演变的 U 型（形）规律》，《经济研究》2009 年第 1 期，第 70~82 页。

李稻葵等经过计量研究发现，在世界各国的经济发展过程中，人均 GDP 与劳动收入份额之间存在着开口向上的抛物线关系，也就是说，经济发展水平同劳动收入份额之间存在着"U"形关系，在工业化和城市化的过程中会先下降后上升，转折点约为人均 GDP 6000 美元（2000 年购买力平均价格）。中国初次分配中劳动收入份额的变动趋势也是基本符合这一规律的，并且正处于"U"形的左半支的下降阶段。但周明海（2010）认为该模型有两个缺陷：一是假设劳动力只在农业部门和工业部门之间转移，忽视了劳动密集型的服务业发展对劳动收入份额的影响。二是该模型仍然从劳动力的供给角度假设要素充分就业，其框架仍是新古典的，无法体现刘易斯（1954）的思想，即在二元经济条件下剩余劳动力无限供给这一前提。周明海的实证研究并没有支持"U"形规律的存在。

张车伟认为，"U"形规律并没有得到发达国家时间序列数据的支持。发达国家在工业化过程中劳动收入份额普遍表现出相对稳定的特征，并没有呈现出"U"形规律。在"劳动者报酬"数据可比的情况下，世界各国在工业化过程中劳动收入份额的变动并没有表现出统一的模式，而是呈现出不同的特征：一种类型是劳动收入份额在较高水平上长期保持稳定；另一种是在工业化过程中劳动收入份额快速上升；还有一种情况，就是目前尚未完成工业化的拉美国家和正处于工业化进程中的国家，如印度、中国等，劳动收入份额则表现出长期的低水平稳定（张车伟，2011）。

　　显然，如果"U"形规律客观存在的话，这意味着它从另一个角度佐证了西蒙·库茨涅兹（Simon Kuznets）关于收入差距的倒"U"形规律。如果一国经济在发展过程中劳动收入份额是波动的这一"库茨涅兹特征化事实"得到证实，必将部分动摇要素报酬份额稳定的"卡尔多特征化事实"。就中国现实情况而言，如果"U"形规律是确实存在的，这意味着最低工资法、劳动者的抗争对于扭转劳动收入份额的下降趋势并不会产生明显效果。在劳动力的需求弹性大于1的情况下，人为提高工资水平可能会导致劳动力的需求量下降更大，反而会降低劳动收入份额。国家即使增加对劳动者的转移支付，也只能提高其可支配收入份额，却无法改变初次分配环节中的劳动收入份额。因此李稻葵认为："劳动收入份额下降的根源在于二元经济中劳动力的无限供给，从英国工业革命到美国的崛起，到日本的工业化过程中都出现过类似的现象，这是经济发展的基本规律，是经济发展过程中一个特殊阶段，对此不要上纲上线，将这种现象看成是我国的重大制度缺陷。国外的做法是遵循经济发展规律，没有刻意出台政策提高劳动收入份额。工资的集体协商机制不利于劳资和谐，在西方一些国家里，由工会有组织地和管理方讨价还价以提高工资，往往带来的是罢工、游行。"他乐观地预期："未来三五年内劳动收入份额下降的状况将会得到逆转，因为农村的剩余劳动力已经基本上转移干净了，不能拔苗助长，否则遗患无穷，不出五年我们会讨论另一个问题，就是劳动力工资增长过快的问题。我们现在的首要任务是保护好劳动者的合法权益，然后加快劳动力转移。"①

龚刚、杨光（2010）建立了具有凯恩斯主义特征的非均衡动态模型，从另一个角度解释了"U"形规律。他们认为，在二元经济条件下，过剩的劳动力供给使得工资增长缓慢，从而导致国民收入中工资性收入比例不断降低。然而，随着经济的发展，对劳动力的需求将不断上升，工资水平会随经济增长上升更快，这使得工资性收入占国民收入比重下降的趋势得到逆转。整个过程如同一条正"U"形曲线。②

罗长远、张军（2009）运用 1987～2004 年我国的省际面板数据进一步证实了"U"形规律的存在，得到的临界值是人均实际 GDP 为 6634 美元（1987 年不变价格），若以 2004 年的不变价格和汇率计算，分别为 3112 美元和 25759 元，与李稻葵（2009）得到的临界值 6000 美元（2000 年购买力平均价格）相差较大。

在现有文献当中，李稻葵等（2009）主要根据跨国数据验证了"U"形规律；罗长远、张军（2009）以 1987～2004 年我国的省际数据证实了"U"形规律，但没有考虑到 2004 年我国统计口径的变动。因此，本章分别从跨国数据和省际数据进一步检验"U"形规律的存在性，并且在省际数据方面，本书把观察的时期长度拓展为 1978～2007 年。为了避免 2004 年我国统计口径变动的影响，我们将分阶段进行回归。

---

① 李稻葵：《理性看待劳动收入占比下降》，《宏观经济》2010 年第 7 期，第 10 页。

② 龚刚、杨光：《论工资性收入占国民收入比例的演变》，《管理世界》2010 年第 5 期，第 45 页。

## 二　依据国别数据的检验

从发达国家的历史来看，要素分配份额在经济结构相对稳定的阶段才表现得比较稳定，在类似工业革命的转型阶段也表现为剧烈的波动。一般说来，发展中国家在工业化过程中由于存在着大量剩余劳动力，资本要素更为稀缺，国民收入分配通常向资本要素倾斜，劳动收入份额比较低。随着工业化过程的完成，人均资本得到提高，资本要素的稀缺程度降低，劳动收入份额会得到明显提升，达到一个相对稳定的水平。英国、美国的工业化过程典型地表现了这一规律，劳动收入份额的长期变化趋势通常是倒"L"形的（见图 7 - 3A）。

但如果从特定的短期看，劳动收入份额在工业化过程中一般变动幅度较大，在工业化即将完成时可能出现上升趋势，如图 7 - 3B 中曲线的左段，此时可能存在"U"形的趋势特征。但如果从更长期来看，一个国家的劳动收入份额一般会随着工业化的完成得到提高，在较高水平上达到新的稳定状态，因此劳动收入份额变化的"U"形曲线特征并不具有长期的和一般性意义。为了检验劳动收入份额随着经济发展水平的演变趋势，本书搜集了 15 个国家在 1995 年、2000 年、2003 年的人均 GNI 数据（见表 7 - 6）。

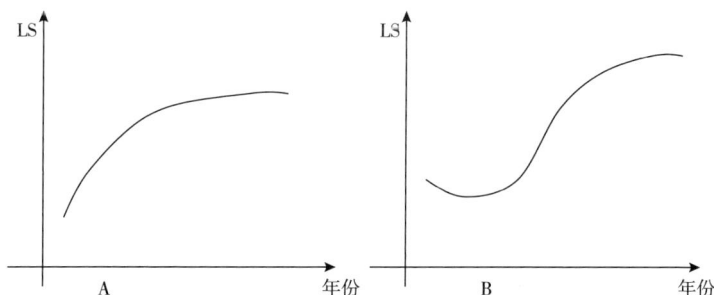

图 7 - 3　劳动收入份额的长期变化规律

表7-6　1995~2003年各国人均 GNI 与劳动收入份额

单位:% ，美元

| 国家 | 1995 | | 国家 | 2000 | | 国家 | 2003 | |
|---|---|---|---|---|---|---|---|---|
| | 劳动收入份额 | 人均 GNI | | 劳动收入份额 | 人均 GNI | | 劳动收入份额 | 人均 GNI |
| 波　　兰 | 44.77 | 2770 | 土 耳 其 | 29.19 | 3990 | 土 耳 其 | 26.12 | 2800 |
| 土 耳 其 | 22.18 | 2810 | 波　　兰 | 41.98 | 4590 | 波　　兰 | 40.52 | 5280 |
| 墨 西 哥 | 31.08 | 3800 | 墨 西 哥 | 31.32 | 5110 | 墨 西 哥 | 31.37 | 6230 |
| 韩　　国 | 46.79 | 10250 | 韩　　国 | 42.89 | 9910 | 韩　　国 | 44.03 | 12030 |
| 新 西 兰 | 43.60 | 14240 | 新 西 兰 | 41.91 | 13450 | 新 西 兰 | 42.78 | 15530 |
| 西 班 牙 | 46.37 | 14370 | 西 班 牙 | 50.15 | 15420 | 西 班 牙 | 49.80 | 17040 |
| 意 大 利 | 40.97 | 19090 | 意 大 利 | 40.64 | 20890 | 意 大 利 | 41.79 | 21570 |
| 英　　国 | 54.39 | 19120 | 澳大利亚 | 48.03 | 21260 | 澳大利亚 | 46.65 | 21950 |
| 澳大利亚 | 49.05 | 19790 | 加 拿 大 | 51.38 | 22130 | 加 拿 大 | 51.14 | 24470 |
| 加 拿 大 | 53.25 | 19880 | 法　　国 | 51.98 | 24450 | 法　　国 | 52.74 | 24730 |
| 法　　国 | 51.94 | 24700 | 德　　国 | 54.18 | 25510 | 德　　国 | 53.20 | 25270 |
| 荷　　兰 | 50.85 | 25360 | 英　　国 | 56.00 | 25910 | 荷　　兰 | 52.96 | 26230 |
| 德　　国 | 54.75 | 27920 | 荷　　兰 | 51.13 | 26580 | 英　　国 | 56.02 | 28320 |
| 美　　国 | 60.11 | 28150 | 美　　国 | 59.27 | 34410 | 日　　本 | 52.74 | 34180 |
| 日　　本 | 56.70 | 39720 | 日　　本 | 53.78 | 34620 | 美　　国 | 57.48 | 37870 |

数据来源：国家统计局：《国际统计年鉴》（2001、2005、2011），中国统计出版社。

根据表7-6中的数据绘制折线图（图7-4，人均 GNI/5000 作为横轴）。

通过对散点图拟合二次曲线，我们发现劳动收入份额与人均 GNI 的平方项之间的回归系数显著为负（P 值为 0.0156），呈开口向下的抛物线相关形式，并不存在所谓的"U"形趋势。

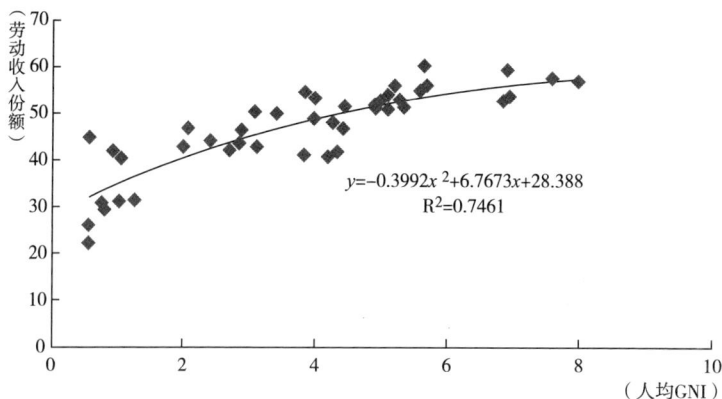

图 7 - 4　1995 ~ 2003 年各国劳动收入份额与人均 GNI 散点图

因此，如果经济发展水平跨度很大时，劳动收入份额与收入水平呈倒 "L" 形，而非 "U" 形。

但我们同时注意到，在经济发展水平较低的阶段（人均 GNI 在 2000 ~ 5000 美元时），劳动收入份额似乎与人均 GNI 呈现某种 "U" 形变动趋势（见图 7 - 5）：

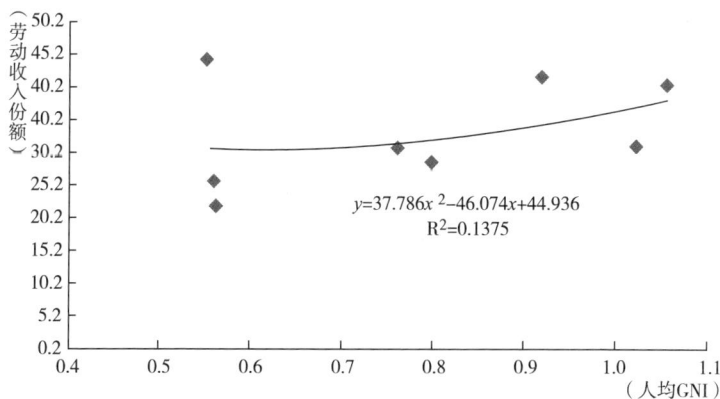

图 7 - 5　劳动收入份额与人均 GNI 折线图

我们发现，在人均 GNI 为 2000～5000 美元时，劳动收入份额与人均 GNI 的一次项之间回归系数为正，与二次项之间的回归系数为负，两者之间呈开口向上的抛物线关系。也就是说，在经济发展水平的某个特定阶段，"U"形规律可能是存在的，这一阶段通常是工业化阶段，或者说是较为剧烈的经济转型期。

## 三　依据省际收入法 GDP 核算数据的检验

### 1. 名义人均 GDP 数据

与国际数据相比，我国 30 个省份（不包括西藏）的收入法 GDP 核算资料有更强的可比性，并且各省份之间发展水平相差较大，为检验"U"形规律提供了较为理想的数据。我们分别以 2001 年、2003 年、2006 年、2007 年的省际数据进行考察（见表 7－7）。

表 7－7　2001 年、2003 年、2006 年、2007 年各地区的
人均 GDP 与劳动收入份额

单位：元,%

| 地　区 | 2001 年 | | 2003 年 | | 2006 年 | | 2007 年 | |
|---|---|---|---|---|---|---|---|---|
| | 人均 GDP | 劳动收入份额 | 人均 GDP | 劳动收入份额 | 人均 GDP | 劳动收入份额 | 人均 GDP | 劳动收入份额 |
| 北　京 | 25523 | 41.428 | 32061 | 42.240 | 50467 | 44.428 | 58204 | 43.532 |
| 天　津 | 20154 | 40.356 | 26532 | 34.609 | 41163 | 31.735 | 46122 | 31.454 |
| 河　北 | 8362 | 52.582 | 10513 | 48.446 | 16962 | 38.680 | 19877 | 38.346 |
| 山　西 | 5460 | 40.824 | 7435 | 37.871 | 14123 | 36.125 | 16945 | 33.128 |
| 内蒙古 | 6463 | 47.965 | 8975 | 46.810 | 20053 | 40.738 | 25393 | 34.367 |
| 辽　宁 | 12040 | 43.969 | 14258 | 44.470 | 21788 | 42.488 | 25729 | 40.500 |
| 吉　林 | 7640 | 66.225 | 9338 | 65.064 | 15720 | 43.258 | 19383 | 41.067 |

| 地 区 | 2001 年 | | 2003 年 | | 2006 年 | | 2007 年 | |
|---|---|---|---|---|---|---|---|---|
| | 人均 GDP | 劳动收入份额 | 人均 GDP | 劳动收入份额 | 人均 GDP | 劳动收入份额 | 人均 GDP | 劳动收入份额 |
| 黑龙江 | 9349 | 46.215 | 11615 | 46.760 | 16195 | 35.719 | 18478 | 36.351 |
| 上 海 | 37382 | 37.125 | 46718 | 36.633 | 57695 | 36.238 | 66367 | 34.964 |
| 江 苏 | 12922 | 45.818 | 16809 | 45.242 | 28814 | 40.680 | 33928 | 37.340 |
| 浙 江 | 14655 | 41.772 | 20147 | 39.988 | 31874 | 40.310 | 37411 | 39.584 |
| 安 徽 | 5221 | 47.065 | 6455 | 43.123 | 10055 | 44.821 | 12045 | 44.012 |
| 福 建 | 12362 | 48.143 | 14979 | 48.402 | 21471 | 43.911 | 25908 | 42.375 |
| 江 西 | 5221 | 58.563 | 6678 | 55.405 | 10798 | 44.948 | 12633 | 44.552 |
| 山 东 | 10465 | 47.859 | 13661 | 46.634 | 23794 | 34.421 | 27807 | 34.977 |
| 河 南 | 5924 | 48.870 | 7570 | 43.624 | 13313 | 41.836 | 16012 | 41.083 |
| 湖 北 | 7813 | 60.301 | 9011 | 55.951 | 13296 | 41.461 | 16206 | 41.298 |
| 湖 南 | 6054 | 58.963 | 7554 | 55.592 | 11950 | 46.687 | 14492 | 46.446 |
| 广 东 | 13730 | 43.677 | 17213 | 41.841 | 28332 | 38.692 | 33151 | 38.777 |
| 广 西 | 4668 | 57.800 | 5969 | 53.701 | 10296 | 45.619 | 12555 | 46.312 |
| 海 南 | 7135 | 49.500 | 8316 | 50.100 | 12654 | 47.743 | 14555 | 41.921 |
| 重 庆 | 5654 | 49.062 | 7209 | 47.344 | 12457 | 46.943 | 14660 | 47.823 |
| 四 川 | 5250 | 57.439 | 6418 | 56.841 | 10546 | 45.449 | 12893 | 45.731 |
| 贵 州 | 2895 | 55.753 | 3603 | 55.136 | 5787 | 44.692 | 6915 | 45.018 |
| 云 南 | 4866 | 46.769 | 5662 | 46.303 | 8970 | 44.382 | 10540 | 44.675 |
| 陕 西 | 5024 | 52.826 | 6480 | 45.490 | 12138 | 38.738 | 14607 | 37.174 |
| 甘 肃 | 4163 | 53.514 | 5022 | 47.027 | 8757 | 46.345 | 10346 | 43.715 |
| 青 海 | 5735 | 52.236 | 7277 | 48.630 | 11762 | 46.211 | 14257 | 45.481 |
| 宁 夏 | 5340 | 49.842 | 6691 | 49.218 | 11847 | 47.705 | 14649 | 45.169 |
| 新 疆 | 7913 | 52.597 | 9700 | 51.708 | 15000 | 44.613 | 16999 | 44.471 |

数据来源：各年份的人均 GDP 数据和 2006 年、2007 年的劳动收入份额数据均来自相应年份的统计年鉴；2001 年和 2003 年的劳动收入份额数据来自《中国国内生产总值核算历史资料（1952～2004）》。

以 2007 年情况为例，省际人均 GDP 最低的 6915 元（贵州）和最高的 66367 元（上海），相差达 9.60 倍。以各省的人均 GDP（万元）及其平方项作为解释变量，各省的劳动收入份额作为被解释变量建立回归模型，各年份的回归结果报告见表 7 - 8。

表 7 - 8　2001 ~ 2007 年劳动收入份额（ls）与人均 GDP 的回归结果

| 解释变量 | 2001 年 | 2002 年 | 2006 年 | 2007 年 |
|---|---|---|---|---|
| 常数项 C | 0.58316 | 0.548852 | 0.502002 | 0.504382 |
| 人均 GDP | - 0.11055 ** | - 0.07389 * | - 0.06248 *** | - 0.06339 *** |
| t 值 | （ - 2.28 ） | （ - 1.85 ） | （ - 2.78 ） | （ - 3.172 ） |
| 人均 GDP 平方项 | 0.014411 | 0.007323 | 0.00753 * | 0.006894 ** |
| t 值 | （1.119） | （0.854） | （2.05） | （2.431） |
| F - statistic | 9.745437 | 7.041213 | 7.773488 | 8.800275 |
| P - Fstatistic | 0.000652 | 0.00346 | 0.002156 | 0.001141 |

注：括号中的数值分别为 t 值，*、* *、* * * 分别表示在 10%、5%、1% 的水平下显著。

由回归结果可见，各年的劳动收入份额与人均 GDP 之间的回归系数在 5% 的水平下显著为负，与人均 GDP 平方项的回归系数均为正值，但一般并不显著，表明我国当前劳动收入份额的变动与人均 GDP 之间存在着 "U" 形趋势（见图 7 - 6）。

如果按照 2007 年的回归结果进行外推预测，则当人均 GDP 达到 45975 元时，我国的劳动收入份额达到最低点 0.3587，之后开始进入上升通道。2010 年我国人口数据约为 13.48 亿，人均 GDP 为 29524 元，折合为 4361 美元。如果按照年均 10% 的增幅，还需要 4.65 年，即 5 年时间，才能进入上升阶段。

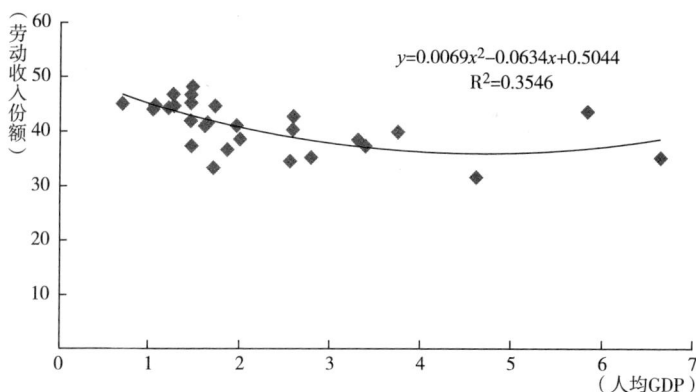

图 7 - 6　2007 年各省份人均 GDP（万元）与劳动收入份额关系图

## 2. 实际人均 GDP 数据

利用本书第六章的相关数据，同样可以得到劳动收入份额与人均实际 GDP（以 1978 年不变价格计算）之间的回归形式。考虑到我国目前阶段中劳动收入份额呈明显的下降趋势，为了避免时间趋势的影响，在回归模型中只考虑了省份之间的差异，建立了个体固定效应模型，而没有考虑时间趋势的影响。回归结果见表 7 - 9。

表 7 - 9　1978 ~ 2007 年我国劳动收入份额（ls）与
人均实际 GDP 回归结果

| 数据时期 | 1978 ~ 1998 | 1978 ~ 2003 | 2004 ~ 2007 | 1978 ~ 2007 |
|---|---|---|---|---|
| LS 的实际波动 | 0.523 ~ 0.525 | 0.523 ~ 0.477 | 0.433 ~ 0.411 | 0.523 ~ 0.411 |
| 解释变量 | 回归一 | 回归二 | 回归三 | 回归四 |
| 常数项 C | 0.5428<br>（0.0000） | 0.5456<br>（0.0000） | 0.4956<br>（0.0000） | 0.5535<br>（0.0000） |
| 人均实际 GDP | - 0.1595<br>（0.0001） | - 0.1892<br>（0.0000） | - 0.1886<br>（0.0000） | - 0.2782<br>（0.0000） |

| 数据时期 | 1978 ~ 1998 | 1978 ~ 2003 | 2004 ~ 2007 | 1978 ~ 2007 |
|---|---|---|---|---|
| 人均实际 GDP 平方 | 0.2711 (0.0000) | 0.1610 (0.0000) | 0.0481 (0.0002) | 0.1314 (0.0000) |
| Hausman 检验 | 0.0000 | 0.0000 | 0.0000 | 0.0000 |
| 省份哑变量 | 是 | 是 | 是 | 是 |
| 样本容量 | 588 | 728 | 112 | 840 |
| Adjusted $R^2$ | 0.8194 | 0.7607 | 0.8874 | 0.6797 |
| F – statistic | 92.83 | 80.69 | 31.16 | 62.39 |
| Prob（F） | 0.000000 | 0.000000 | 0.000000 | 0.000000 |

注：括号内的数值为 t 检验时的 p 值。

由表 7 - 9 可以看到，在我国自改革开放以来的每个时期，劳动收入份额与人均 GDP 的一次项的回归系数显著为负，与二次项的回归系数显著为正，"U" 形规律也是基本成立的。并且 2004 年统计口径的变动似乎对 "U" 形规律没有影响。

如果以 1978 ~ 2007 年的回归方程参数值外推，可以计算出当人均实际 GDP 为 10586 元时（1978 年不变价格，若折合为 2010 年价格水平，人均 GDP 应为 56451 元），劳动收入份额达到最低点，为 0.4062，但显然这一预测仅具参考意义。这说明，我国目前的人均 GDP 水平处于 "U" 形曲线的左半侧，劳动收入份额依然处于下降通道中。另外，在全国经济的发展过程中，即使个别省份（如上海、北京等）的收入水平超过了临界值，由于区域经济体之间劳动力具有高度流动性，个别省份的劳动收入份额不会单独出现上升趋势。

### 3. 对 "U" 形规律深层次原因的考察

如果 "U" 形规律在我国当前发展阶段的确存在，那么它的内在机制是什么？对此，李稻葵（2009）认为是劳动力在部门间、产业间转移的摩擦力造成的：劳动力转移的阻力比资本转移的阻力更大，结果会造成劳动力的回报低于其边际产出，而资本恰恰相反，所以劳动收入份额在工业化的初期阶段一定是下降的。另外一个可能的原因是，工业化阶段也是资本要素相对稀缺的阶段，或者说是资本要素所发挥的作用更大，边际产出更高的阶段。因此，资本收入份额较高在这一阶段有其合理性。

在经济发展水平的内涵中，最重要的部分就是产业结构转型，如果控制住产业结构变动对劳动收入份额的影响，单纯的人均收入水平的上升对劳动收入份额的影响会是怎样的呢？我们在回归模型中加入了第一产业比重（argdp），回归结果见表 7 – 10。

表 7 – 10　1978 ~ 2007 年我国劳动收入份额（ls）与
人均实际 GDP 和农业比重的回归结果

| 数据时期 | 1978 ~ 1998 | 1978 ~ 2003 | 2004 ~ 2007 | 1978 ~ 2007 |
|---|---|---|---|---|
| LS 的实际波动 | 0.523 ~ 0.525 | 0.523 ~ 0.477 | 0.433 ~ 0.411 | 0.523 ~ 0.411 |
| 解释变量 | 回归一 | 回归二 | 回归三 | 回归四 |
| 常数项 C | 0.3189<br>(0.0000) | 0.3434<br>(0.0000) | 0.3894<br>(0.0000) | 0.3635<br>(0.0000) |
| 人均实际 GDP | 0.4242<br>(0.0000) | 0.2559<br>(0.0000) | – 0.0874<br>(0.0891) | 0.0444<br>(0.0315) |
| 人均实际 GDP<br>平方 | – 0.1846<br>(0.0000) | – 0.0891<br>(0.0000) | 0.0227<br>(0.1410) | – 0.00123<br>(0.9034) |
| 第一产业比重 | 0.6232<br>(0.0000) | 0.5932 | 0.5175<br>(0.0108) | 0.5978<br>(0.0000) |
| Hausman 检验 | 0.0000 | 0.0000 | 0.0000 | 0.0000 |
| 省份哑变量 | 是 | 是 | 是 | 是 |

| 数据时期 | 1978～1998 | 1978～2003 | 2004～2007 | 1978～2007 |
|---|---|---|---|---|
| 样本容量 | 588 | 728 | 112 | 840 |
| Adjusted $R^2$ | 0.8882 | 0.8509 | 0.8949 | 0.7934 |
| F – statistic | 156.49 | 139.29 | 32.49 | 108.37 |
| Prob（F） | 0.000000 | 0.000000 | 0.000000 | 0.000000 |

注：括号内的数值为 t 检验时的 p 值。

由表 7 – 10 可见，在控制住了产业结构的变动时，人均 GDP 的平方项与劳动收入份额的回归系数在各个时期均为负值（2004～2007 年除外），并且在 1978～2007 年期间并不显著。这说明，单纯的人均收入水平的提高与劳动收入份额之间呈开口向下的抛物线相关形式，即呈倒"L"形趋势，而不再是"U"形。

总之，人均收入水平的提高从长期看与劳动收入份额呈倒"L"形，趋向于高水平稳定，但在经济转型期，"U"形规律可能是存在的。就我国而言，在当前的经济结构的转型期，劳动收入份额与人均 GDP 之间的确存在"U"形变动关系，但它的实质仍然是三次产业结构之间的劳动收入份额存在的巨大差异造成的。当控制住产业结构变动的因素之后，单纯的人均 GDP 的提高与劳动收入份额之间仍然呈开口向下的抛物线相关形式，即倒"L"形。因此，"U"形规律在长期内和大跨度的经济发展水平上并未得到体现，它的原因和意义还需要进一步研究，把它奉为普遍的经济发展规律可能带来政策选择上的误导。就我国当前情况而言，与其谈论"U"形趋势，甚至把它奉为普适规律，不如努力推动农村剩余劳动力的流动，促进产业结构的转型。

# 第三节 劳动收入份额的空间稳定性

所谓空间稳定性，是指从长期的时间序列数据看，多个经济体之间的劳动收入份额差距趋于缩小，呈现收敛趋势。对世界主要国家的劳动收入份额进行测度并研究它们是否符合空间上的稳定性，以及对其原因进行解释是个宏大的课题，这已经超越了本书的研究范围。本书希望在既有数据允许的范围内，把中国的劳动收入份额与其他国家进行对比，以便对中国的国民收入分配格局的合理性进行初步评价。

## 一 各国劳动收入份额的波动

20 世纪七八十年代之后，由于发达国家劳动收入份额普遍出现了下降，很多经济学家把研究的目光重新投向了功能性分配格局。Blanchard（1997）发现，西班牙、法国、德国、意大利等欧洲国家从 20 世纪 80 年代开始劳动收入份额一直处于下降之中，但包括英国、加拿大、美国等盎格鲁 – 撒克逊地区，则没有表现出这种明显的趋势。[1] Hofman（2001）发现 20 世纪中期之后，拉丁美洲国家劳动收入份额在 50 年间表现出下降趋势。[2] Bentolila 和 Saint Paul（2003）计算了 13 个欧洲经济合作组织国家 1970～1993 年的劳动收入份额，发现很多国家劳动收入份额虽然在长期内略有波动，但变化趋势并不一致，而且变

---

[1] Blanchard, O. J. , "The Medium Run," *Brookings Papers on Economic Activity 2* (1997): 89 – 158.

[2] Hofman, Antre. A. , *Economic Growth*, *Factor Shares and Income Distribution in Latin American in the Twentieth Century* (IMF working paper, 2001).

化并没有使各国的劳动收入份额趋同。[1] Harrison（2002）研究了 1960~1997 年多个国家劳动收入份额的变动规律，发现劳动收入份额在穷国下降，在富国上升。也就是说，劳动收入份额在不同的国家差异较大，并没有表现出明显的收敛趋势。[2]

借助相似的思路和方法，本书以中国历年《国际统计年鉴》数据为基础，计算了 12 个发达国家和 6 个发展中国家及新兴经济体在 1980~2008 年期间的劳动收入份额，分别列在表 7-11 和表 7-12 中。在两张表格中，所有国家（中国除外）均采用了联合国推荐的 SNA93 统计口径，即把混合收入计入了资本收入之中，是窄口径的劳动收入份额。在表 7-12 中我们列入了中国数据，它是在本书第三章经过调整得到的窄口径劳动收入份额，与其他国家的相应指标具有可比性。

部分发达国家的劳动收入份额在 1980~2008 年期间，所有的发达国家的劳动收入份额都呈下降走势，降幅最大的是新西兰（12.9 个百分点），最小的是日本（2.1 个百分点）。这些国家的劳动收入份额的均值从 1980 年的 55.7% 下降到 2008 年的 49.5%，平均降幅为 6.2 个百分点。

比较部分发达国家和发展中国家与转型国家的劳动收入份额在 1980~2008 年期间呈现以下特征。

（1）发展中国家的劳动收入份额变动趋势并不一致。作为新兴经济体，韩国从 1980 年的 35.6% 上升到 2008 年的 46.3%，上升了 10.7 个百分点；在发展中国家里面，土耳其的劳动收入份额稳定在较低水平；墨西哥的劳动收入份额不仅

---

[1] Bentolila, S. and Gilles Saint Paul, 2003, "Explaining Movements in the Labor Share," *Contributions to Macroeconomics* 3 (2003): 1103.

[2] Harrison, A. E., *Has Globalization Eroded Labor's Share? Some Cross-Country Evidence* (UC Berkeley, Mimeo: 46, 2002).

表7-11 1980~2008年期间部分发达国家的劳动收入份额

单位：%

| 年份/国家 | 1980 | 1990 | 1995 | 1996 | 2000 | 2001 | 2002 | 2003 | 2005 | 2007 | 2008 | 差额（百分点） |
|---|---|---|---|---|---|---|---|---|---|---|---|---|
| 日本 | 54.3 | 53.6 | 56.7 | 55.9 | 53.8 | 54.0 | 53.3 | 52.7 | 51.5 | 50.8 | 52.2 | -2.1 |
| 加拿大 | 55.7 | 55.2 | 53.3 | 53.2 | 51.4 | 52.2 | 52.0 | 51.1 | 50.6 | 51.3 | 51.2 | -4.5 |
| 美国 | 61.0 | 60.4 | 60.1 | 60.0 | 59.3 | 59.0 | 58.2 | 57.5 | 56.2 | 56.2 | 56.4 | -4.6 |
| 法国 | 56.1 | 51.8 | 51.9 | 52.3 | 52.0 | 52.5 | 52.5 | 52.7 | 52.0 | 51.4 | 51.6 | -4.5 |
| 德国 | 58.5 | 54.3 | 54.7 | 54.1 | 54.2 | 54.1 | 53.6 | 53.2 | 50.4 | 48.5 | 49.3 | -9.2 |
| 意大利 | 47.5 | 45.2 | 41.0 | 41.1 | 40.6 | 41.0 | 41.4 | 41.8 | 40.7 | 40.9 | 41.9 | -5.6 |
| 荷兰 | 58.8 | 51.8 | 50.9 | 50.4 | 51.1 | 51.3 | 52.5 | 53.0 | 49.6 | 49.0 | 49.4 | -9.4 |
| 西班牙 | 51.3 | 47.8 | 46.4 | 46.2 | 50.1 | 50.0 | 49.8 | 49.8 | 47.4 | 47.7 | 48.8 | -2.5 |
| 英国 | 59.7 | 57.5 | 54.4 | 1 | 56.0 | 56.9 | 56.5 | 56.0 | 54.0 | 53.5 | 53.2 | -6.5 |
| 澳大利亚 | 52.8 | 50.0 | 49.0 | 49.9 | 48 | 47.3 | 47.4 | 46.6 | 48.7 | 48.7 | 48.5 | -4.3 |
| 新西兰 | 56.6 | 46.2 | 43.6 | 44 | 41.9 | 41.8 | 42.4 | 42.8 | 43.3 | 42.8 | 43.7 | -12.9 |
| 欧元区 | — | — | — | — | 49.7 | 49.9 | 49.8 | 49.8 | 48.2 | 47.6 | 47.8 | -1.9 |
| 平均值 | 55.7 | 52.2 | 51.1 | 46.1 | 50.7 | 50.8 | 50.8 | 50.6 | 49.4 | 49.0 | 49.5 | -6.2 |
| 标准差系数 | 0.07 | 0.09 | 0.11 | 0.35 | 0.11 | 0.11 | 0.10 | 0.09 | 0.09 | 0.09 | 0.08 | — |

表7-12 1980~2008年部分发展中国家与转型国家的劳动收入份额

单位：%

| 年份<br>国家 | 1980 | 1990 | 1995 | 1996 | 2000 | 2001 | 2002 | 2003 | 2005 | 2007 | 2008 | 差额<br>（百分点） |
|---|---|---|---|---|---|---|---|---|---|---|---|---|
| 韩国 | 35.60 | 45.50 | 46.80 | 47.90 | 42.90 | 43.50 | 43.00 | 44.00 | 45.80 | 46.10 | 46.30 | 10.70 |
| 土耳其 | 24.80 | 27.20 | 22.20 | 24.30 | 29.20 | 28.30 | 26.30 | 26.10 | — | — | — | 1.30 |
| 墨西哥 | 36.00 | 29.50 | 31.10 | 29.10 | 31.30 | 32.50 | 32.60 | 31.40 | 29.60 | 28.40 | 28.00 | -8.00 |
| 波兰 | — | — | 44.80 | 45.80 | 42.00 | 43.80 | 42.10 | 40.50 | 35.80 | 35.50 | 37.30 | -7.50 |
| 捷克 | — | — | — | — | 43.10 | 42.90 | 44.60 | 44.60 | 43.10 | 42.90 | 44.30 | 1.20 |
| 俄罗斯 | — | — | — | — | — | — | — | — | 43.80 | 46.40 | 45.60 | 1.80 |
| 平均值 | 32.10 | 34.10 | 36.20 | 36.80 | 37.70 | 38.20 | 37.70 | 37.30 | 39.60 | 39.90 | 40.30 | 8.20 |
| 标准差系数 | 0.198 | 0.293 | 0.322 | 0.322 | 0.182 | 0.191 | 0.21 | 0.22 | 0.171 | 0.195 | 0.192 | — |
| 中国宽口径 | 51.15 | 53.39 | 51.44 | 51.21 | 48.71 | 48.23 | 47.75 | 46.16 | 46.27 | 45.12 | — | -6.03 |
| 中国窄口径 | 31.58 | 33.48 | 33.3 | 32.82 | 33.93 | 34.36 | 34.61 | 33.98 | 33.28 | 32.30 | — | 0.72 |

数据来源：《国际统计年鉴》2001~2011；经济合作与发展组织OLIS数据库（Organization Economic Cooperation Development OLIS database）。

绝对水平较低，而且在这一期间有明显下降，降幅为 8 个百分点。转轨国家中波兰的劳动收入份额有明显下降，下降了 7.5 个百分点，而捷克和俄罗斯的劳动收入份额则较为稳定。上述六国劳动收入份额的均值从 1980 年的 32.1% 提高到 2008 年的 40.3%，提高了 8.2 个百分点。

（2）发达国家的劳动收入份额均值明显高于发展中国家，到 2008 年高出 9.2 个百分点。并且从指标变异程度来看，发达国家之间的劳动收入份额各年的标准差系数在 0.07 至 0.11 之间波动，而发展中国家的该指标则在 0.171 至 0.322 之间波动，后者的波动幅度剧烈得多。显然，发达国家的劳动收入份额平均值高而且波动幅度小，表明劳动收入份额的"俱乐部趋同"特征。

（3）根据调整后的可比劳动收入份额看，1980～2007 年中国宽口径的劳动收入份额低于发达国家的均值 15 个～20 个百分点，低于发展中国家的均值约 4 个百分点。在发展中国家里，中国的劳动收入份额低于其他转轨国家如捷克、波兰、俄罗斯，低于韩国约 10 个百分点，高于墨西哥、土耳其近 5 个百分点。

## 二　统计口径的差异对各国劳动收入份额空间稳定性的影响

Gollin（2002）认为，联合国推荐使用的 SNA93 中的雇员报酬数据没有涵盖自我雇佣者的劳动收入，使用这种方法计算的劳动收入份额通常低估了小公司的劳动收入，对那些自我雇佣者比重较高的发展中经济体尤其如此。在对劳动者报酬调整之前，Gollin 利用 UNSD 跨国数据计算显示，各国劳动收入份额在约 5%～80% 的巨大范围内变动，当他采用了三种方法对 1992 年各国的劳动收入份额进行调整之后，计算结果表明，绝大多数国家都在 65% 至 80% 之间，仅有极少数发展中经济体低于60％。Bernanke 和 Gurkaynak（2002）使用扩大的跨国样本，确认了 Gollin 的观点。[①] 这似乎表明，在对混合收入进行调整之后，不同发展阶段的国家的实际劳动收入份额差异并不大。Gollin 的调整结果见表7－13。

表7－13　各国调整前后的劳动收入份额对比

单位:%

| 国　家 | | 年份 | 人均实际 GDP（美元） | 原始 LS数值 | 调整 1 | 调整 2 | 调整 3 |
|---|---|---|---|---|---|---|---|
| 发达国家 | 澳大利亚 | 1992 | 14458 | 50.4 | 71.9 | 66.9 | 67.6 |
| | 芬兰 | 1992 | 12000 | 57.5 | 76.5 | 73.4 | 68.0 |
| | 法国 | 1992 | 13918 | 52.5 | 76.4 | 71.7 | 68.1 |
| | 意大利 | 1991 | 12602 | 45.1 | 80.4 | 71.7 | 70.7 |
| | 日本 | 1992 | 15105 | 56.4 | 72.7 | 69.2 | 72.5 |
| | 比利时 | 1992 | 13484 | 54.7 | 79.1 | 74.3 | 74.0 |
| | 荷兰 | 1992 | 13281 | 53.2 | 72.1 | 68.0 | 64.3 |
| | 挪威 | 1991 | 15047 | 51.9 | 67.8 | 64.3 | 56.9 |
| | 瑞典 | 1992 | 13986 | 61.3 | 80 | 77.4 | 72.3 |
| | 葡萄牙 | 1990 | 7478 | 44.8 | 82.5 | 74.8 | 60.2 |
| | 韩国 | 1991 | 7251 | 47.2 | 76.8 | 69.7 | 79.6 |
| | 英国 | 1992 | 12724 | 57.4 | 81.5 | 78.2 | 71.9 |
| | 美国 | 1992 | 17945 | 60.4 | 77.3 | 74.3 | 66.4 |
| | 平均值 | — | 13021.5 | 53.3 | 76.5 | 71.8 | 68.7 |
| | 标准差 | — | 2916.908 | 0.054 | 0.043 | 0.041 | 0.060 |
| | 标准差系数 | — | 0.224008 | 0.101 | 0.057 | 0.057 | 0.087 |
| | Range | — | 10694 | 16.5 | 14.7 | 13.9 | 22.7 |

① Bernanke. B. S. and Gurkaynak. R. S. , " Is Growth Exogenous? Taking Mankiw, Romer, and Weil Seriously", *NBER Macroeconomics Annual* 2001, Cambridge, MA: MIT Press, pp. 11 － 57.

续表

| 国　　家 | | 年份 | 人均实际 GDP（美元） | 原始 LS 数值 | 调整 1 | 调整 2 | 调整 3 |
|---|---|---|---|---|---|---|---|
| 发展中国家 | 白俄罗斯 | 1992 | — | 41.7 | 55.4 | 51.4 | — |
| | 玻利维亚 | 1988 | 1670 | 25.6 | 83.5 | 62.7 | 48.4 |
| | 博茨瓦纳 | 1986 | 2662 | 30.2 | 36.8 | 34.1 | 48.4 |
| | 布隆迪 | 1986 | 551 | 20.1 | 91.4 | 72.8 | — |
| | 刚果 | 1998 | 2340 | 37.2 | 69.1 | 57.8 | — |
| | 厄瓜多尔 | 1986 | 2885 | 21.3 | 82 | 57.1 | 50.2 |
| | 爱沙尼亚 | 1991 | — | 46.9 | 60.6 | 57.4 | — |
| | 匈牙利 | 1991 | 4947 | 58.5 | 80.2 | 77.2 | 67.5 |
| | 印度 | 1980 | 882 | 69.1 | 83.8 | 82.8 | — |
| | 象牙海岸 | 1997 | 2060 | 28.7 | 80.9 | 69.0 | — |
| | 牙买加 | 1988 | 2443 | 42.7 | 61.6 | 56.6 | — |
| | 拉脱维亚 | 1992 | — | 37.4 | 55 | 47.1 | — |
| | 马耳他 | 1990 | 6627 | 43.4 | 71.4 | 63.2 | — |
| | 毛里求斯 | 1990 | 5838 | 39.2 | 76.7 | 66.8 | 49.0 |
| | 菲律宾 | 1992 | 1689 | 35.3 | 80 | 66.1 | 87.2 |
| | 留尼旺 | 1989 | 2988 | 59.5 | 83.2 | 79.9 | — |
| | 乌克兰 | 1991 | — | 77.0 | 79.7 | 76.2 | — |
| | 越南 | 1989 | — | 59.4 | 83.5 | 80.2 | — |
| | 平均值 | — | 2890.9 | 43.0 | 73.0 | 64.4 | 58.5 |
| | 标准差 | — | 1838.8 | 0.162 | 0.14 | 0.129 | 0.159 |
| | 标准差系数 | — | 0.636056 | 0.376 | 0.192 | 0.200 | 0.272 |
| | Range | — | 6076 | 56.9 | 54.6 | 48.7 | 38.8 |
| 中国 | 1992 年数值 | 419 | 33.05 | 50.11 | 43.89 | — | |
| | 2003 年数值 | 1273 | 33.98 | 46.16 | 41.93 | — | |

注：调整 1、2、3 是指 Gollin（2002）所采用的调整方式，调整 1 的口径是指全部混合收入归属劳动；调整 2 的口径是指自我雇佣者与公司经营者的劳动收入份额相同；调整 3 的口径是指自雇者与雇员有相同的劳动报酬。中国数据是笔者的调整结果，见本书第三章表 3 - 14。

资料来源：Gollin, D., "Getting Income Shares Right," *Journal of Political Economy* 110（2002）：458 - 474.

根据 Gollin 的调整结果可见，通过调整自我雇佣者的混合收入，发达国家和发展中国家的劳动收入份额都有明显上升，但显然发展中国家提高的幅度更大，不同发展阶段国家间的劳动收入份额缩小了。就原始数据而言，发达国家的劳动收入份额的均值为 53.3%，发展中国家的均值为 43.0%，两者相差 10.3 个百分点；如果把全部混合收入计入劳动报酬（调整1），则发达国家的均值为 76.5%，发展中国家的均值为 73.0%，两者之间的差异只有 3.5 个百分点；如果就调整 2 的结果而言，发达国家的劳动收入份额均值为 71.8%，发展中国家均值为 64.4%，相差 7.4 个百分点。Gollin 想要强调的就是：由于经济发展阶段不同，不同国家间的公司化程度，即混合收入部分存在巨大差异，按照联合国统计口径计算的劳动收入份额可能低估了发展中国家的水平，调整之后不同发展阶段国家间劳动收入份额的差距将明显缩小。也就是说，他根据调整后的数据得到的结论倾向于认为：宽口径的劳动收入份额在发达国家与发展中国家之间并不存在显著差异。

通过调整（方法 1），与原始值相比，发达国家之间的劳动收入份额的标准差系数由 0.101 降低为 0.057；发展中国家之间的劳动收入份额标准差系数由 0.376 下降为 0.200。也就是说，按照 Gollin 的调整结果，采用宽口径时劳动收入份额的差异程度比采用窄口径时有所缩小，国家间的劳动收入份额表现出更好的空间稳定性。

为了进行国际对比，我们把中国 1992 年和 2003 年的各种口径的劳动收入份额（本书第三章调整得到的结果）放在了表 7-13 的下方。发现中国的劳动收入份额明显低于发展中国家的平均水平，与发达国家水平相差更大。在 Gollin 的 31 个样本国家中，就宽口径和中口径的劳动收入份额而言，中国只比博茨瓦纳高，而比其他所有国家都低；以窄口径的劳动收入份额而言，中国高于玻利维亚、博茨瓦纳、布隆迪、厄瓜多尔、象牙海岸 5 国。就平均值而言，如果采用宽口径劳动收入份额，中国低于发展中国家的均值 23 个百分点，低于发达国家的均值约 26 个百分点；如果采用中口径劳动收入份额，中国低于发展中国家的均值约 21 个百分点，低于发达国家的均值约 28 个百分点；如果采用窄口径劳动劳动收入份额，中国低于发展中国家的均值约 10 个百分点，低于发达国家的均值约 20 个百分点。

## 三　本章小结

本章考察了劳动收入份额的时间稳定性和空间稳定性，前者包括对"卡尔多特征化事实"的再认识和对"U"形规律的检验，后者主要考察劳动收入份额在国际间的差异程度及其变动趋势，并且按照可比口径对中国劳动收入份额进行了国际比较。

要素分配份额保持稳定的"卡尔多特征化事实"一直被经济学者普遍接受，但通过对劳动收入份额更长历史时期的考察发现：要素份额稳定性仅在特定经济发展阶段之内成立。发达国家在步入工业化成熟阶段后，其劳动收入份额确实较为稳定，一旦考察范围扩展到多个不同发展阶段，这种稳定性就不复存在，在两个相对稳定的时期之间可能存在一个剧烈变动的阶段。

各国对混合收入的不同核算口径也会影响其劳动收入份额的稳定程度。如果采用窄口径的劳动收入份额，第一产业的劳动收入份额将会很低，在工业化过程中第一产业比重的下降有助于提高经济整体的劳动收入份额，使其不至于表现出明显的下降，这可能是发达国家劳动收入份额表现得较为稳定的重要原因。如果采用宽口径的劳动收入份额，第一产业中的劳动收入份额将会很高，工业化进程中的产业结构变化将夸大经济整体劳动收入份额下降的幅度，这是中国的劳动收入份额大幅度下降的重要原因之一。

本章分别根据其他国家的数据和我国的省际数据检验了"U"形规律，发现这一规律只是在狭窄的特定范围内可能成立，并不具有长期的和一般性意义。从长期看，劳动收入份额随着经济发展水平出现阶段性稳定和跃迁，呈倒"L"形而非"U"形规律，但在两个经济发展阶段的转型时期，劳动收入份额可能与人均 GDP 呈现"U"形规律。

就我国的省际数据而言，劳动收入份额与人均实际 GDP 的一次项之间的系数显著为负，与其二次项之间的系数显著为正，"U"形规律可能是存在的。但其实质和主要原因仍然是产业结构的转型，如果控制住了产业结构的变动，单纯的人均 GDP 的提高与劳动收入份额之间的相关形式依然是开口向下的抛物线，即倒"L"形，而非"U"形。因此，就我国的现实情况而言，把"U"形特征奉为经济发展过程中的普适规律对于政策制定可能会产生强烈的误导性，不如切实推进农村剩余劳动力的流动，努力促进产业结构的升级。

从劳动收入份额的空间稳定性角度看，发达国家的劳动收入份额的均值高于发展中国家约 13.6 个百分点，表明经济发展阶段对劳动收入份额的影响是显著的。从指标变异程度来看，发达国家之间的劳动收入份额各年的标准差系数在 0.112~0.074 之间波动，而发展中国家的则在 0.322~0.171 之间波动，后者的波动幅度剧烈得多。显然各发达国家的劳动收入份额平均值高而且波动小，表现出明显的"俱乐部趋同"

特征。

对于我国初次分配中劳动收入份额的相对水平进行判断，是本章的重要目的之一。根据本书调整后的可比数据（都是窄口径）看，我国在 1980～2007 年期间的劳动收入份额低于发达国家的均值约 15 个～20 个百分点，也低于发展中国家均值约 4 个百分点。在发展中国家里，我国的劳动收入份额低于其他转轨国家如捷克、波兰、俄罗斯，也低于韩国等约 10 个百分点，但高于墨西哥、土耳其近 5 个百分点。

根据 Gollin（2002）的调整结果，把 1992 年中国的劳动收入份额与其他国家相比较，如果采用窄口径劳动报酬概念，中国的劳动收入份额低于发展中国家的平均值约 10 个百分点，低于发达国家的均值约 20 个百分点。如果都采用宽口径劳动报酬概念，中国的劳动收入份额低于发展中国家的均值 23 个百分点，低于发达国家的均值约 26 个百分点。显然，无论采用哪种口径，中国与其他国家劳动收入份额的差距都是相当明显的。

总之，劳动收入份额受经济发展水平的影响非常显著，不同发展阶段的国家之间存在明显差距，在发达国家之间劳动收入份额较为接近，存在着"俱乐部趋同"现象。劳动收入份额也会受到统计核算口径的影响，如果都采用宽口径的劳动收入份额，发达国家与发展中国家的差距会有所缩小，表现出一定的空间稳定性。但无论按照哪种口径进行比较，中国的劳动收入份额都是明显偏低的。

# 第八章　我国国民收入初次分配
# 与再分配格局变迁

劳动报酬构成居民部门的主要收入来源，在初次分配中占居民部门总收入的比重一般在 80% 以上。在初次分配阶段，居民部门除获得劳动报酬外，还与其他部门之间存在财产性收支关系。在再分配环节，居民部门又通过所得税、社会保险缴款、社会补助等项目与其他部门发生收支关系。因此，从理论上来讲，初次分配与再分配的结果可能有明显差异。因为，政府通过各项政策对国民收入进行再分配，有可能显著地改变国民收入的初次分配格局，从而矫正初次分配中的偏差，缓解收入分配不公等问题。因此，在研究国民收入分配问题时，仅仅关注初次分配是不够的，它不能完整地反映一个经济体中国民收入的最终分配状况，还需要考虑再分配的情况。这样才能准确把握居民部门在整个国民收入中相对地位的变动原因和趋势。

在我国统计部门提供的数据中，只有资金流量表描述了完整的初次分配和再分配过程。因此，如无特别说明，本章分析中使用的 2004 年以前的数据均来自于《中国资金流量表历史资料 1992~2004》①，2004 年之后的数据则来自于国家统计局

---

① 国家统计局国民经济核算司、中国人民银行调查统计司：《中国资金流量表历史资料（1992~2004）》，中国统计出版社，2008。

数据库中的资金流量表（实物交易部分）。

## 第一节　初次分配与再分配的统计口径

### 一　国民收入初次分配的统计口径

国民收入的初次分配是与生产过程相联系的一个分配层次，它的收入主体是参与国民收入创造的生产要素所有者。在 SNA 体系下，初次分配发生在全部生产领域内（包括物质生产部门和非物质生产部门）。其主体包括三个机构部门，即政府部门、企业部门和家庭部门。需要说明的是，政府部门是一个广义的概念，它包括我国目前机构分类中的所有行政事业单位，是 SNA 中一般政府的概念。企业部门也是一个广义的概念，它包括国有企业、私营企业、集体企业、中外合资企业等各种类型的法人、准法人企业，农村的乡镇企业也应划入企业部门。家庭部门则包括一切通过自己劳动获取收入的劳动者和自我雇佣的个体经营者。

对一个机构部门而言，初次分配包括两个方面内容：一方面是各机构部门以其增加值为起点，扣除向为它提供生产要素的其他机构部门支付的劳动者报酬或财产收入，并按规定在生产过程中缴纳生产税后的余额，称为本部门的经营性留存；另一方面是因向其他机构提供生产要素而获得的劳动者报酬或财产性收入，或者依法取得的生产税净额。因此，各机构部门的初次分配收入实际上由劳动者报酬、财产性收入、生产税净额、经营性留存中的某几项构成。表 8 - 1 给出了各部门在初次分配过程中的收入来源及计算方法。

表 8 - 1　各部门初次分配收入来源

| 收入来源 | 企业部门 | 政府部门 | 居民部门 |
|---|---|---|---|
| 劳动者报酬 | 无 | 无 | 企业部门、政府部门向居民部门支付的劳动者报酬 |
| 生产税净额 | 无 | 企业、政府、居民部门向政府支付的生产税净额 | 无 |
| 财产性收入 | 存款所获得的利息，持有股票所取得的红利 | 存款取得的利息，持股所获得的红利 | 存款取得的利息，持股所获得的红利 |
| 经营性留存 | ＝本部门增加值－向住户部门支付的劳动者报酬－向政府部门缴纳的生产税净额－对本部门其他企业支付的利息－上市公司对股东的分红 | ＝本部门增加值－向住户部门支付的劳动者报酬－向本部门缴纳的生产税净额－贷款和国债产生的利息 | ＝本部门增加值－向本部门支付的劳动者报酬－向政府部门缴纳的生产税净额－贷款产生的利息 |

　　资料来源：根据国家统计局 2007 年出版的《中国经济普查年度资金流量表编制方法》编制。

　　企业部门包括非金融机构和金融机构，它的初次分配收入由两部分构成：一是财产性收入，包括存款或者持有债券所带来的利息收入、持有股票所获得的红利；二是从本部门增加值中扣除要素成本（包括劳动者报酬和财产性支出）和生产税净额后的结余，即企业部门的"经营性留存"。

　　政府部门的初次分配收入由三部分构成：一是生产税净额；二是财产收入（包括存款利息收入和持股产生的红利）；三是从本部门增加值中扣除劳动者报酬、生产税净额以及各种利息（贷款利息和国债利息）等支出后的余额，这是政府部门的"经营性留存"。

居民部门初次分配收入由三个部分组成：一是劳动者报酬，来自企业、政府部门的支付，以及居民部门内部的雇佣关系产生的劳动报酬，例如个体经营者向其雇员支付的工资；二是财产收入，主要是居民存款和持有国债取得的利息、持有股票所分得的红利等；三是居民部门增加值中扣除劳动者报酬、贷款产生的利息、生产税净额后的结余，即居民部门的"经营性留存"。

## 二 国民收入再分配的统计口径

与国民收入初次分配相比，国民收入再分配是一个极其复杂的过程，在学者们的研究中存在诸多分歧。石良平（1993）认为，再分配的形式大致有三种："一种称为行政性再分配。这种再分配是国家通过法律形式所进行的一种强制性或义务性再分配，如国家的直接税收等。第二种称为非金融交易再分配，这种再分配是以交易形式发生的收支转移。行政性再分配和非金融交易再分配都会引起主体之间的收入所有权和使用权的同时转移，因此这也是一种永久性再分配。第三种称为金融交易再分配，这种再分配不改变收入的所有权，只改变收入的使用权，因此这种再分配也称为暂时性再分配。"① 他进一步区分了可支配收入与最终收入：

$$可支配收入 = 初次分配收入 - 非金融交易再分配支出 + $$
$$非金融交易再分配收入$$

---

① 石良平：《国民收入分配：经济分析中的统计界定》，《统计研究》1993年第4期，第26页。

最终收入 = 可支配收入 - 金融交易再分配支出 +

金融交易再分配收入 - 折旧①

本书认为，把没有所有权转移的金融交易（比如信贷）也视为再分配过程是过于勉强的，这种分类对于计划经济下的资源配置也许有其必要性，但在市场经济条件下它的经济分析意义已经不大。因此，为了避免过于烦琐和重复计算，本书不再单独核算此类金融交易所导致的各部门最终收入的变化，只考察行政性和非金融交易再分配过程，到形成各机构部门的可支配收入为止。各机构部门的可支配收入包括：

政府的可支配收入 = 初次分配收入 - 政府转移支付

（国债利息、救灾扶贫、社会保障等）+

企业和个人缴纳的所得税

企业的可支配收入 = 初次分配收入 - 企业转移支付

（捐赠、消费者坏账等）+

政府补贴 - 企业所得税

居民的可支配收入 = 初次分配收入 - 个人所得税 +

政府和企业对个人的转移支付

国民收入的初次分配和再分配过程可以表示为图 8 - 1。

上述各方面的数据一般可以通过国内生产总值核算表或者资金流量表得到。国民收入的再分配以各部门初次分配收入为起点，经缴纳收入税、社会保险缴款或福利、社会补助，以及其他经常性转移等再分配项目，最终形成各部门的可支配收入。②

---

① 此处作者所说的分配对象是 NNP，而不是 GNP。如果分配对象是 GNP，那么最终收入中就不必再加折旧了。

② 见本书第三章表 3 - 1（见第 55 页），资金流量表表式。

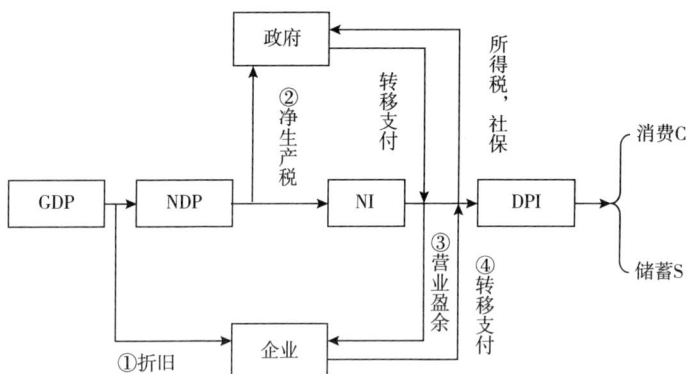

**图 8-1　国民收入初次分配及再分配示意图**

注：GDP 指国内生产总值，NDP 指国内生产净值，NI 指国民收入，DPI 指个人可支配收入。

## 第二节　国民收入初次分配过程分析

按照国家统计局的指标解释，初次分配的对象是生产活动形成的净成果，即增加值在参与生产活动的各要素的所有者及政府之间的分配。生产要素包括劳动力、土地、资本。劳动力所有者因提供劳动而获得劳动报酬；土地所有者因出租自然资源而获得租金；资本所有者因资本的形态不同而获得不同形式的收入，借贷资本所有者获得利息收入、股权所有者获得红利或未分配利润；政府因直接或间接介入生产过程而获得生产税或支付补贴。各部门的初次分配总收入之和就等于国民总收入，即国民生产总值。[1]

---

[1]　国家统计局：《中国统计年鉴（2009）·国民经济核算·主要统计指标解释》，中国统计出版社，2009；http://www.stats.gov.cn/tjsj/ndsj/2009/indexch。htm.

## 一 各机构部门的增加值及其比重

增加值是常住单位所生产的全部最终产品的市场价值总和，一个国家的全部常住单位所生产的增加值之和就是国内生产总值（GDP）。一个机构部门所创造的增加值是本部门进行分配和再分配的基础与起点。

在1992~2008年期间，企业部门的增加值比重从58.74%上升到63.94%，增加为5.2个百分点；政府部门的比重则从11.28%下降到9.45%，居民部门的比重也从29.98%下降到26.60%，分别下降了1.83个和3.38个百分点，波动幅度并不大（见表8-2，图8-2）。

表 8-2  1992~2008 年期间各部门增加值占 GDP 比重

单位:%

| 年份 | 各机构部门增加值占 GDP 比重 | | | 年份 | 各机构部门增加值占 GDP 比重 | | |
|---|---|---|---|---|---|---|---|
| | 企业部门 | 政府部门 | 居民部门 | | 企业部门 | 政府部门 | 居民部门 |
| 1992 | 58.74 | 11.28 | 29.98 | 2001 | 61.14 | 8.31 | 30.55 |
| 1993 | 62.71 | 9.97 | 27.32 | 2002 | 61.98 | 9.46 | 28.56 |
| 1994 | 62.29 | 8.77 | 28.94 | 2003 | 61.08 | 9.88 | 29.04 |
| 1995 | 64.14 | 7.86 | 28.00 | 2004 | 63.00 | 9.06 | 27.94 |
| 1996 | 62.89 | 7.27 | 29.84 | 2005 | 62.84 | 9.25 | 27.91 |
| 1997 | 62.66 | 7.37 | 29.97 | 2006 | 63.01 | 9.21 | 27.78 |
| 1998 | 61.19 | 8.04 | 30.77 | 2007 | 63.34 | 9.14 | 27.51 |
| 1999 | 60.50 | 8.20 | 31.31 | 2008 | 63.94 | 9.45 | 26.60 |
| 2000 | 59.96 | 7.87 | 32.17 | | | | |

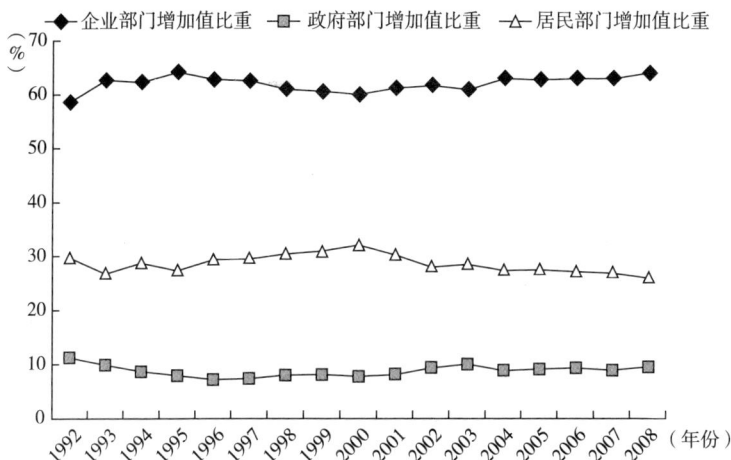

图 8 – 2　1992～2008 各机构部门增加值占 GDP 比重

## 二　初次分配中各环节分析

资金流量表中的初次分配过程以各部门的增加值为起点，包括劳动者报酬、生产税净额、财产性收入三个过程，最后形成各部门的初次分配收入。

### （一）对劳动者报酬的分析

劳动者报酬由企业、政府、居民向居民部门支付，是居民部门收入的主要来源，占其初次分配收入的 80% 以上，平均为 82.23%（见表 8 – 3）。

在三个机构部门中，企业支付的工资占其增加值比重最低，居民部门次之，政府部门最高。企业和居民部门支付的工资占其增加值的比重都明显下降。企业部门由 42.06% 下降到 35.78%，下降 6.28 个百分点（第 1 列）；居民部门由 71.08% 下降到 65.90%，下降为 5.18 个百分点（第 3 列）。这

表 8 – 3　各机构部门支付的工资占本部门增加值比重

单位:%

| 年份 | 各部门的工资支出占本部门增加值的比重 | | | 居民工资收入占其初次分配收入 | 居民工资收入占 GDP |
|---|---|---|---|---|---|
| | 企业部门 | 政府部门 | 居民部门 | | |
| | （1） | （2） | （3） | （4） | （5） |
| 1992 | 42.06 | 76.00 | 71.08 | 82.59 | 54.59 |
| 1993 | 38.42 | 77.00 | 71.98 | 82.32 | 51.43 |
| 1994 | 40.59 | 75.00 | 70.61 | 80.42 | 52.30 |
| 1995 | 41.35 | 78.00 | 71.88 | 82.22 | 52.78 |
| 1996 | 42.81 | 70.48 | 67.22 | 79.53 | 52.10 |
| 1997 | 43.10 | 73.50 | 68.66 | 81.22 | 53.02 |
| 1998 | 40.93 | 78.70 | 68.74 | 80.82 | 52.51 |
| 1999 | 40.13 | 83.68 | 68.54 | 81.95 | 52.56 |
| 2000 | 37.93 | 81.59 | 66.18 | 80.58 | 50.42 |
| 2001 | 36.48 | 78.99 | 67.96 | 82.14 | 49.59 |
| 2002 | 37.66 | 76.94 | 69.34 | 84.15 | 50.41 |
| 2003 | 37.61 | 74.48 | 64.95 | 82.80 | 49.21 |
| 2004 | 39.16 | 76.12 | 68.11 | 85.06 | 50.63 |
| 2005 | 38.84 | 76.01 | 67.57 | 84.33 | 50.37 |
| 2006 | 37.60 | 75.90 | 66.31 | 82.82 | 49.17 |
| 2007 | 36.53 | 76.25 | 65.03 | 81.97 | 48.12 |
| 2008 | 35.78 | 78.00 | 65.90 | 82.92 | 47.93 |
| 1992～2008 年平均 | 39.23 | 76.86 | 68.24 | 82.23 | 51.01 |
| 2008 年与 1992 年差额 | −6.28 | 2.00 | −5.18 | 0.33 | −6.66 |

显然说明了在初次分配过程中，劳动要素的地位下降这一事实，无论在企业部门还是居民部门都是如此。政府部门的工资支出占其增加值比重有微弱上升，由 76% 上升到 78%（第 2列），提高了 2 个百分点。

由于上述原因，居民部门的劳动收入占 GDP 比重有明显下降，由 54.59% 下降到 47.93%，下降了 6.66 个百分点（见图 8-3）。

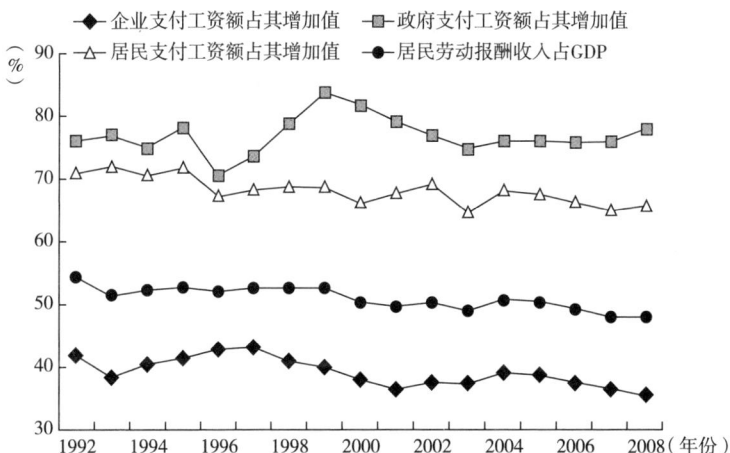

**图 8-3　各机构部门所支付的工资占本部门增加值的比重**

（二）对财产性收支格局的分析

财产性收入是居民收入的另一重要来源，平均占居民初次分配收入的比重为 6.11%（见表 8-4）。

在现行国际标准中，财产收入是指金融资产的所有者向其他单位提供资金，或者将有形非金融资产提供给其他单位使用所获得的收入。也就是说，财产性收入包括两类：一是金融资产带来的回报，包括红利、股息、利息；二是有形非金融资产带来的回报，如资产租金、土地等。财产性收入与营业性收

表8－4　财产性收入与支出格局

单位：%

| 年份 | 各部门财产性支出占全部财产性支出的比重 | | | 各部门财产性收入占全部财产性收入的比重 | | | 居民财产性收入占初次分配收入 | 居民财产性收入占GDP比重 |
| | 企业部门 | 政府部门 | 居民部门 | 企业部门 | 政府部门 | 居民部门 | | |
| | (1) | (2) | (3) | (4) | (5) | (6) | (7) | (8) |
| 1992 | 95.46 | 4.41 | 0.13 | 72.26 | 1.74 | 26.00 | 6.69 | 4.43 |
| 1993 | 95.42 | 4.41 | 0.17 | 71.09 | 1.87 | 27.04 | 8.16 | 5.09 |
| 1994 | 95.29 | 4.51 | 0.2 | 70.36 | 1.89 | 27.74 | 8.85 | 5.76 |
| 1995 | 94.99 | 4.86 | 0.15 | 68.61 | 1.60 | 29.8 | 7.61 | 4.89 |
| 1996 | 94.81 | 5.01 | 0.18 | 68.12 | 1.44 | 30.44 | 7.91 | 5.18 |
| 1997 | 94.96 | 4.83 | 0.21 | 67.97 | 1.33 | 30.70 | 6.55 | 4.28 |
| 1998 | 94.85 | 4.94 | 0.21 | 70.85 | 1.89 | 27.26 | 6.58 | 4.27 |
| 1999 | 93.99 | 5.78 | 0.24 | 70.44 | 1.56 | 28.00 | 5.30 | 3.40 |
| 2000 | 95.96 | 3.71 | 0.33 | 69.60 | 2.16 | 28.24 | 5.04 | 3.15 |

续表

| 年　份 | 各部门财产性支出占全部财产性支出的比重 | | | 各部门财产性收入占全部财产性收入的比重 | | | 居民财产收入占其初次分配收入 | 居民财产收入占GDP比重 |
| | 企业部门 | 政府部门 | 居民部门 | 企业部门 | 政府部门 | 居民部门 | | |
| | (1) | (2) | (3) | (4) | (5) | (6) | (7) | (8) |
| 2001 | 94.66 | 4.68 | 0.66 | 65.98 | 2.72 | 31.31 | 5.05 | 3.05 |
| 2002 | 92.25 | 5.04 | 2.71 | 66.85 | 2.68 | 30.47 | 5.21 | 3.12 |
| 2003 | 89.87 | 6.57 | 3.56 | 70.50 | 3.09 | 26.41 | 4.72 | 2.80 |
| 2004 | 82.21 | 7.78 | 10.01 | 70.36 | 3.68 | 25.96 | 4.47 | 2.66 |
| 2005 | 89.46 | 4.38 | 6.16 | 72.64 | 2.92 | 24.43 | 4.28 | 2.55 |
| 2006 | 89.9 | 3.35 | 6.75 | 72.61 | 2.97 | 24.42 | 5.74 | 3.41 |
| 2007 | 89.79 | 2.78 | 7.43 | 72.10 | 3.47 | 24.43 | 6.22 | 3.64 |
| 2008 | 86.32 | 6.23 | 7.45 | 74.60 | 3.53 | 21.87 | 6.11 | 3.52 |
| 2008年与1992年差额 | -9.14 | 1.82 | 7.32 | 2.34 | 1.79 | -4.13 | -0.58 | -0.91 |

入是不同的，出租机器设备、房屋等都是营业性活动，它是创造增加值的，它的大小直接影响 GDP 的大小。所以机器设备出租、房屋出租等分别属于租赁业和房地产行业，它们的收入计入本行业的增加值中。财产性收入并不影响 GDP 本身的大小，只影响 GDP 在各要素之间的分配结构，它和生产税净额、劳动者报酬共同构成国民收入的初次分配过程。[①]

显然，1992~2008 年期间的财产性收支格局发生了重要变化。

**1. 从财产支付角度看**

（1）企业的财产性支出占总财产支出的比重由 95.46% 下降到 86.32%，下降了 9.14 个百分点（第 1 列）。

（2）政府的财产性支付占总财产支付的比重由 4.41% 上升到 6.23%，提高了 1.82 个百分点（第 2 列）。

（3）居民部门的财产性支出占全部财产支出的比重由 0.13% 上升到 7.45%，提高了 7.32 个百分点（第 3 列）。这可能与 1998 年以来住房体制货币化改革密切相关，居民的住房信贷额和相应的利息支出急剧上升。

**2. 从财产性收入角度看**

（1）企业部门的财产收入占总的财产性收入比重从 72.26% 上升到 74.60%，提高了 2.34 个百分点（第 4 列）。

（2）政府部门的财产收入占总的财产性收入比重从 1.74% 上升到 3.53%，提高了 1.79 个百分点（第 5 列）。

---

① 许宪春：《关于与 GDP 核算有关的若干统计问题》，《财贸经济》2009 年第 4 期，第 5~10 页。

（3）居民部门的财产收入占总的财产性收入比重从26.00%下降到时21.87%，下降了4.13个百分点（第6列）。

### 3. 总体看来

居民部门的财产性收入占总的财产收入比重下降了4.13个百分点，而财产性支出所占比重则上升了7.32个百分点，这是居民部门初次分配收入占比下降的另一重要原因。最终使得居民财产收入占GDP的比重由4.43%下降到3.52%（第8列）。居民部门财产性收入下降的原因可能有两点：一是存款利息率的下降（见表8-5），二是居民部门所持有的经营性财产比重较低。

表8-5　我国金融资产利率变动表

单位:%

| 存款利率调整时间 | 活期存款 | 定期存款 | | | | | |
|---|---|---|---|---|---|---|---|
| | | 3个月 | 6个月 | 1年 | 2年 | 3年 | 5年 |
| 1990年4月15日 | 2.88 | 6.30 | 7.74 | 10.08 | 10.98 | 11.88 | 13.68 |
| 1993年5月15日 | 2.16 | 4.86 | 7.20 | 9.18 | 9.90 | 10.80 | 12.06 |
| 1993年7月11日 | 3.15 | 6.66 | 9.00 | 10.98 | 11.70 | 12.24 | 13.86 |
| 1996年5月11日 | 2.97 | 4.86 | 7.20 | 9.18 | 9.90 | 10.80 | 12.06 |
| 1996年8月23日 | 1.98 | 3.33 | 5.40 | 7.47 | 7.92 | 8.28 | 9.00 |
| 1997年10月23日 | 1.71 | 2.88 | 4.14 | 5.67 | 5.94 | 6.21 | 6.66 |
| 2004年10月29日 | 0.72 | 1.71 | 2.07 | 2.25 | 2.70 | 3.24 | 3.60 |
| 2010年12月26日 | 0.36 | 2.25 | 2.50 | 2.75 | 3.55 | 4.15 | 4.55 |
| 2011年2月9日 | 0.40 | 2.60 | 2.80 | 3.00 | 3.90 | 4.50 | 5.00 |

两年期存款的利率由1990年的10.98%下降到2011年的3.90%。由于居民是净储蓄部门，金融资产投资是居民部门的

重要投资形式，因此我国长期实行的低利率甚至"负利率"政策将会减少企业的财产性支出，相应地减少居民的财产性收入，这种低利率政策是把居民收入向企业转移的巨大管道。资本要素价格过低是导致我国企业部门"投资饥渴症"的重要原因之一，也是我国长期依赖高投资拉动内需的经济增长方式无法有效转型的根源。从收入分配角度看，低利率政策可能也是国民收入分配格局失衡的原因之一。

表 8 - 6　中美居民财产收入比重

单位：%

| | 1992 年 | 1995 年 | 2000 年 | 2003 年 | 平均比重 |
|---|---|---|---|---|---|
| 中国居民财产收入占 GDP 比重 | 4.47 | 5.08 | 3.49 | 3.24 | 4.07 |
| 其中：利息 | 4.45 | 5.03 | 3.33 | 3.00 | 3.95 |
| 红利 | 0.01 | 0.05 | 0.14 | 0.21 | 0.10 |
| 其他 | 0.01 | 0.00 | 0.02 | 0.03 | 0.02 |
| 美国居民财产收入占 GDP 比重 | 14.40 | 13.70 | 14.10 | 12.00 | 13.55 |
| 其中：利息 | 11.40 | 10.30 | 10.30 | 8.50 | 10.13 |
| 红利 | 3.00 | 3.40 | 3.80 | 3.50 | 3.43 |

数据来源：乔为国、李晓华：《中美宏观收入分配比较研究》，载《中国居民收入分配理论与政策》，中国计划出版社，2006，第 177～187 页。

美国居民财产收入占 GDP 比重平均为 13.58%，而中国为 4.07%，相差近 9.51 个百分点。其中原因可能有两点，一是我国以公有制为主体，政府控制大部分的矿山、水域等自然资源，包括城市建设用地（农村集体土地事实上也由政府控制），居民拥有的有形生产性资产数量很少，相应的财产收益也很少。二是我国政府对利率和银行经营的管制过多，金融市场发育缓慢，秩序混乱，风险较大，使居民持有的资产无法得

到有效利用和增值。这些都是造成我国居民的财产性收入占
GDP 比重长期偏低的制度原因。

（三）　对生产税净额的分析

生产税净额是政府的生产税收入扣减对企业的亏损补贴之
后的政府净收入。

1992～2008 年，企业和居民所缴纳的生产税占本部门增
加值的比重都有所上升，企业部门由 21.71% 上升到 22.24%
（第 1 列）；居民部门由 5.22% 上升到 6.53%（第 2 列）。相
应地政府部门的生产税收入占 GDP 比重则由 14.51% 上升到
16.12%（第 7 列），提高了 1.61 个百分点。企业部门和居民
部门纳税额占生产税总额的比重变化幅度很小，平均分别为
88.43%（第 5 列）和 10.60%（第 6 列）（见表 8 - 7）。

（四）　经营性留存变化格局的分析

经营性留存是各部门增加值扣除对其他部门支付的要素成
本及生产税后的余额，大致相当于本部门所计提的固定资产折
旧与营业盈余之和再减去向其他部门的财产性支付，其最终归
本部门支配，称为经营性留存。即：

经营性留存 = 增加值 - 支付的生产税净额 - 财产性支付 -
　　　　　　向其他部门支付的劳动者报酬
　　　　　= 固定资产折旧 + 营业盈余 - 向其他部门的财产性支付

本部门的初
次分配收入 = 来自其他部门的劳动者报酬 + 财产性收入 +
　　　　　　经营性留存 + 生产税净额

由表 8 - 8 和图 8 - 4 可见：

（1）企业部门的经营性留存迅速上升，在经营性留存总额

表 8 - 7　1992~2008 年生产税比重变化

单位：%

| 年　份 | 各部门缴纳生产税占其增加值比重 | | 各部门缴纳生产税占其初次分配收入比重 | | 各部门缴纳生产税总额的比重 | | 政府部门的生产税总收入占 GDP |
| | 企业部门 | 居民部门 | 企业部门 | 居民部门 | 企业部门 | 居民部门 | |
| | (1) | (2) | (3) | (4) | (5) | (6) | (7) |
| 1992 | 21.71 | 5.22 | 73.38 | 2.37 | 87.89 | 10.78 | 14.51 |
| 1993 | 21.97 | 6.12 | 68.70 | 2.68 | 88.22 | 10.71 | 15.62 |
| 1994 | 22.34 | 5.15 | 78.44 | 2.29 | 89.50 | 9.58 | 15.55 |
| 1995 | 19.55 | 4.72 | 65.24 | 2.06 | 89.66 | 9.44 | 13.98 |
| 1996 | 21.29 | 5.11 | 80.41 | 2.33 | 89.10 | 10.14 | 15.03 |
| 1997 | 22.47 | 4.65 | 84.32 | 2.14 | 90.35 | 8.95 | 15.59 |
| 1998 | 24.37 | 4.49 | 93.62 | 2.13 | 90.89 | 8.43 | 16.41 |
| 1999 | 24.08 | 5.11 | 82.92 | 2.49 | 89.48 | 9.82 | 16.28 |
| 2000 | 24.04 | 5.56 | 76.98 | 2.86 | 88.38 | 10.97 | 16.31 |

续表

| 年 份 | 各部门缴纳生产税占其增加值比重 | | 各部门缴纳生产税占其初次分配收入比重 | | 各部门缴纳生产税占生产税总额的比重 | | 政府部门的生产税总收入占 GDP |
|---|---|---|---|---|---|---|---|
| | 企业部门 (1) | 居民部门 (2) | 企业部门 (3) | 居民部门 (4) | 企业部门 (5) | 居民部门 (6) | (7) |
| 2001 | 24.22 | 6.34 | 74.41 | 3.20 | 87.86 | 11.49 | 16.85 |
| 2002 | 24.20 | 7.21 | 74.58 | 3.44 | 87.29 | 11.98 | 17.18 |
| 2003 | 24.20 | 8.19 | 70.95 | 4.00 | 85.52 | 13.77 | 17.28 |
| 2004 | 21.43 | 5.96 | 57.60 | 2.80 | 87.75 | 10.83 | 15.38 |
| 2005 | 21.85 | 6.12 | 58.92 | 2.86 | 87.66 | 10.9 | 15.66 |
| 2006 | 22.32 | 6.28 | 60.42 | 2.94 | 87.72 | 10.88 | 16.04 |
| 2007 | 22.70 | 6.43 | 60.56 | 3.02 | 87.83 | 10.8 | 16.37 |
| 2008 | 22.24 | 6.53 | 55.92 | 3.01 | 88.25 | 10.77 | 16.12 |
| 2008 年与 1992 年差额 | 0.53 | 1.31 | -17.46 | 0.65 | 0.36 | -0.01 | 1.61 |
| 1992~2008 年平均 | 22.65 | 5.83 | 71.61 | 2.74 | 88.43 | 10.60 | 15.89 |

表8-8 各部门经营性留存占本部门增加值比重

单位:%

| 年份 | 在经营性留存总额中各部门所占比重 | | | 各部门经营性留存占 GDP 比重 | | |
|------|------|------|------|------|------|------|
| | 企业部门 | 政府部门 | 居民部门 | 企业部门 | 政府部门 | 居民部门 |
| | (1) | (2) | (3) | (4) | (5) | (6) |
| 1992 | 36.49 | 12.67 | 50.84 | 5.09 | 1.77 | 7.08 |
| 1993 | 47.93 | 9.26 | 42.80 | 6.66 | 1.29 | 5.95 |
| 1994 | 28.00 | 9.86 | 62.14 | 3.14 | 1.11 | 6.97 |
| 1995 | 52.34 | 4.79 | 42.87 | 7.97 | 0.73 | 6.52 |
| 1996 | 35.14 | 7.69 | 57.17 | 5.05 | 1.11 | 8.22 |
| 1997 | 44.34 | 6.83 | 48.83 | 7.23 | 1.11 | 7.97 |
| 1998 | 35.02 | 5.43 | 59.55 | 4.82 | 0.75 | 8.20 |
| 1999 | 50.98 | 2.53 | 46.49 | 9.01 | 0.45 | 8.22 |
| 2000 | 52.44 | 4.23 | 43.33 | 10.95 | 0.88 | 9.05 |
| 2001 | 60.23 | 4.98 | 34.79 | 13.47 | 1.11 | 7.78 |
| 2002 | 62.72 | 7.05 | 30.23 | 13.26 | 1.49 | 6.39 |
| 2003 | 59.52 | 7.44 | 33.04 | 13.34 | 1.67 | 7.41 |
| 2004 | 68.90 | 4.80 | 26.30 | 16.23 | 1.13 | 6.20 |
| 2005 | 65.50 | 6.47 | 28.03 | 15.71 | 1.55 | 6.72 |
| 2006 | 61.46 | 7.21 | 31.33 | 13.15 | 1.54 | 6.70 |
| 2007 | 60.89 | 7.27 | 31.84 | 12.98 | 1.55 | 6.79 |
| 2008 | 65.31 | 4.64 | 30.06 | 13.42 | 0.95 | 6.18 |
| 2008 年与 1992 年差额 | 28.82 | -8.03 | -20.78 | 8.33 | -0.81 | -0.91 |

中所占比重从 36.49% 上升到 65.31%（第 1 列），提高了 28.82 个百分点；占 GDP 的比重也由 5.09% 上升到 13.42%（第 4 列），提高了 8.33 个百分点。

（2）政府部门的经营性留存所占比重有较大幅度的下降，从 12.67% 下降到 4.64%，下降了 8.03 个百分点（第 2 列）。

（3）居民部门的经营性留存所占比重有大幅度的下降，从 50.84% 下降到 30.06%（第 3 列），降幅为 20.78 个百分点，占 GDP 比重也由 7.08% 下降到 6.18%（第 6 列），降幅为 0.91 个百分点。

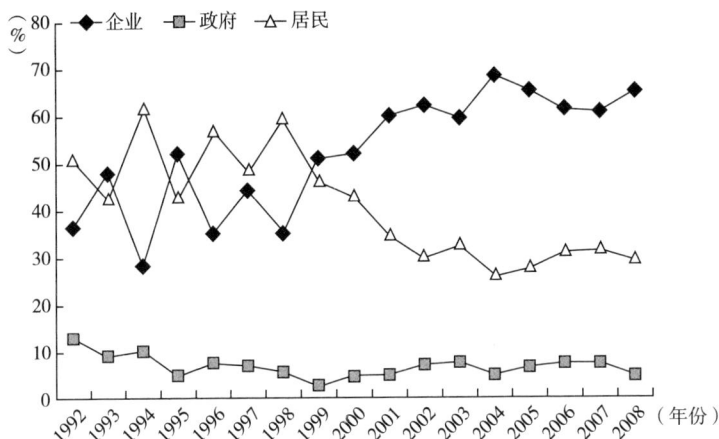

图 8-4　在经营性留存总额中各部门所占比重

## 第三节　对国民收入再分配格局变化的分析

国民收入在初次分配结果的基础上经过转移支付形成各部门的可支配收入。经常转移 是一个机构单位向另一个机构单位提供货物、服务或资产，而同时并没有从后一机构单位获得任何货物、服务或资产作为回报的一种交易。它包括企业和居民缴纳所得税、居民缴纳社会保险税、政府对居民和企业的社会补助、其他转移支付四个环节。按照国家统计局的指标解释："可支配总收入是在初次分配总收入的基础上，通过经常转移的形式对初次分配总收入进行再次分配。再分配的结果形成各个机构部门的可支配总收入。各部门的可支配总收入之和称为国民可支配总收入。"[1]

## 一 对收入税格局的变化分析

收入税是国民收入分配格局中变动较大的部分（见表 8 - 9）。

（1）企业交纳的所得税占其初次分配收入的比重经历了一个先下降后上升的过程，由 1992 年的 21.73% 下降到 1998 年的最低点 6.37% 后，又逐渐上升到 2008 年的 13.99%（第 2 列），但总体上说是明显下降的。这种变化可能与我国政府的税制改革及加强税收征管有关。

（2）居民交纳的所得税占其初次分配收入的比重稳步上升。从 1992 年的 0.03% 上升到 2008 年的 2.06%（第 5 列），提高了 2.03 个百分点。这一变化可能与我国税制改革目标有关：逐步降低流转税在政府税收总额中的比例，提高所得税收入在税收总额中的比重，使其成为一个主要税种。

（3）上述两个原因导致在政府的所得税总收入中，企业和居民部门所缴纳的比重发生了明显倾斜，企业纳税额占比由 1992 年的 97.11% 下降到 2008 年的 75.02%（第 7 列），而居民纳税额占比则由 1992 年的 0.45% 上升到 2002 年的 35.79%，到 2008 年逐步又下降到 24.98%（第 8 列）。

（4）虽然企业的纳税额所占比重在下降，但由于居民的纳税额所占比重迅速上升，所以从总体上看，政府的所得税收入占其可支配收入的比重依然是上升的，从 1978 年的 19.43% 下降到 1998 年的 7.90%，再逐步升至 2008 年的 21.92%（第 11

---

① 国家统计局：《中国统计年鉴（2009）·国民经济核算·主要统计指标解释》，中国统计出版社，2009；http://www.stats.gov.cn/tjsj/ndsj/2009/indexch.htm。

**表8-9　1992～2008年各部门缴纳所得税比重**

单位：%

| 年份 | 企业部门支付所得税比重 | | | 居民部门缴纳所得税比重 | | | 所得税总额中 | | 政府部门所得税收入比重 | | |
|---|---|---|---|---|---|---|---|---|---|---|---|
| | 占GDP比重 | 占其初次分配收入 | 占其可支配收入 | 占GDP比重 | 占其初次分配收入 | 占其可支配收入 | 企业支付收入税占比 | 居民支付所得税占比 | 占GDP比重 | 占初次分配收入 | 占可支配收入 |
| | (1) | (2) | (3) | (4) | (5) | (6) | (7) | (8) | (9) | (10) | (11) |
| 1992 | 3.78 | 21.73 | 32.18 | 0.02 | 0.03 | 0.03 | 97.11 | 0.45 | 3.89 | 23.46 | 19.43 |
| 1993 | 2.46 | 12.27 | 15.64 | 0.08 | 0.12 | 0.12 | 94.78 | 2.97 | 2.60 | 15.04 | 13.21 |
| 1994 | 1.33 | 7.48 | 9.13 | 0.15 | 0.23 | 0.23 | 89.80 | 10.20 | 1.48 | 8.67 | 7.98 |
| 1995 | 1.24 | 6.45 | 7.75 | 0.22 | 0.34 | 0.33 | 85.14 | 14.86 | 1.46 | 9.72 | 8.92 |
| 1996 | 1.14 | 6.85 | 8.43 | 0.27 | 0.41 | 0.40 | 80.77 | 19.23 | 1.41 | 8.62 | 7.99 |
| 1997 | 1.18 | 7.06 | 9.06 | 0.33 | 0.50 | 0.48 | 78.19 | 21.81 | 1.51 | 8.94 | 8.30 |
| 1998 | 1.01 | 6.37 | 7.63 | 0.40 | 0.62 | 0.59 | 71.66 | 28.34 | 1.42 | 8.11 | 7.90 |
| 1999 | 1.13 | 6.41 | 7.72 | 0.46 | 0.72 | 0.69 | 70.90 | 29.10 | 1.59 | 9.38 | 8.85 |
| 2000 | 1.46 | 7.78 | 8.83 | 0.67 | 1.06 | 1.04 | 68.63 | 31.37 | 2.12 | 12.17 | 11.13 |

续表

| 年份 | 企业部门支付所得税比重 | | | 居民部门缴纳所得税比重 | | | 所得税总额中 | | 政府部门所得税收入比重 | | |
|---|---|---|---|---|---|---|---|---|---|---|---|
| | 占GDP比重 | 占其初次分配收入 | 占其可支配收入 | 占GDP比重 | 占其初次分配收入 | 占其可支配收入 | 企业支付收入税占比 | 居民支付所得税占比 | 占GDP比重 | 占初次分配收入 | 占可支配收入 |
| | (1) | (2) | (3) | (4) | (5) | (6) | (7) | (8) | (9) | (10) | (11) |
| 2001 | 1.94 | 9.72 | 11.15 | 0.91 | 1.50 | 1.48 | 68.06 | 31.94 | 2.84 | 15.59 | 13.98 |
| 2002 | 1.81 | 8.98 | 10.04 | 1.01 | 1.68 | 1.65 | 64.21 | 35.79 | 2.81 | 14.84 | 13.41 |
| 2003 | 1.95 | 9.34 | 10.63 | 1.04 | 1.76 | 1.73 | 65.09 | 34.91 | 2.99 | 15.50 | 13.51 |
| 2004 | 2.48 | 10.56 | 11.72 | 1.09 | 1.83 | 1.80 | 69.51 | 30.49 | 3.56 | 21.08 | 18.24 |
| 2005 | 2.36 | 10.12 | 11.18 | 1.13 | 1.90 | 1.88 | 67.57 | 32.43 | 3.49 | 19.93 | 17.16 |
| 2006 | 3.25 | 13.98 | 16.12 | 1.13 | 1.91 | 1.90 | 74.15 | 25.85 | 4.39 | 24.39 | 20.14 |
| 2007 | 3.3 | 13.91 | 16.45 | 1.20 | 2.05 | 2.03 | 73.38 | 26.62 | 4.50 | 24.41 | 20.15 |
| 2008 | 3.56 | 13.99 | 16.20 | 1.19 | 2.06 | 2.04 | 75.02 | 24.98 | 4.74 | 26.90 | 21.92 |
| 差额 | -0.22 | -7.74 | -15.98 | 1.17 | 2.03 | 2.01 | -22.09 | 24.53 | 0.85 | 3.44 | 2.49 |

248

列）。政府的所得税收入占 GDP 比重也呈上升趋势，从 1992
年的 3.89% 升至 2008 年的 4.74%（第 9 列）。

企业、政策、居民所得税占其可支配收入的比重见图 8-5。

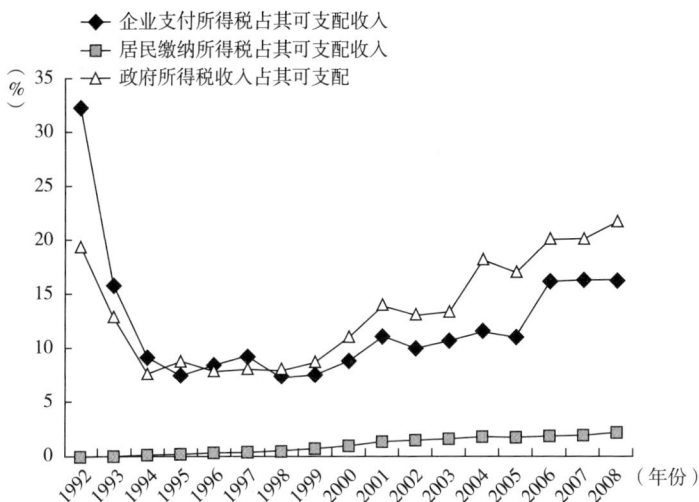

图 8-5　三大机构部门的所得税占其可支配收入比重

## 二　政府与居民之间的社会保险缴款与社会补助分析

我国自改革开放以来逐步建立并完善社会保障机制。一方
面通过向居民收取社会保险费筹集资金；另一方面通过社会补
助向居民进行转移支付，形成居民可支配收入的一部分（见
表 8-10 和图 8-6）。

1992~2008 年，我国社会保险的规模不断扩大，保障范
围不断完善。

（1）从居民社会保险缴款（政府的社会保险收入）角度
看，政府的社会保险收入占 GDP 的比重由 1992 年的 1.36% 上
升到 2008 年的 4.36%（第 1 列），占政府初次分配收入的比重

表8－10 1992～2008 年期间政府与居民之间的社会保险收支关系

单位：%

| 年份 | 政府社保收入比重 | | | 居民社保缴款比重 | | | 政府的社保支出比重 | | | |
|---|---|---|---|---|---|---|---|---|---|---|
| | 政府社保收入占GDP (1) | 占政府初次分配收入 (2) | 占政府可支配收入 (3) | 占其初次分配收入 (4) | 占其可支配收入 (5) | 占GDP比重 (6) | 占居民初次分配收入 (7) | 占居民可支配收入 (8) | 占政府初次分配收入 (9) | 占政府可支配收入 (10) |
| 1992 | 1.36 | 8.20 | 6.79 | 2.06 | 1.98 | 2.66 | 4.02 | 3.88 | 16.04 | 13.28 |
| 1993 | 1.44 | 8.33 | 7.32 | 2.30 | 2.23 | 2.40 | 3.85 | 3.72 | 13.92 | 12.23 |
| 1994 | 1.49 | 8.72 | 8.03 | 2.29 | 2.22 | 2.25 | 3.45 | 3.35 | 13.17 | 12.12 |
| 1995 | 1.60 | 10.66 | 9.79 | 2.49 | 2.41 | 2.25 | 3.50 | 3.39 | 15.02 | 13.79 |
| 1996 | 1.70 | 10.35 | 9.60 | 2.59 | 2.51 | 2.31 | 3.53 | 3.42 | 14.13 | 13.11 |
| 1997 | 1.84 | 10.90 | 10.12 | 2.82 | 2.7 | 2.55 | 3.91 | 3.75 | 15.13 | 14.05 |
| 1998 | 1.85 | 10.61 | 10.34 | 2.85 | 2.74 | 2.91 | 4.48 | 4.31 | 16.69 | 16.26 |
| 1999 | 2.29 | 13.53 | 12.75 | 3.57 | 3.44 | 2.44 | 3.80 | 3.66 | 14.40 | 13.58 |
| 2000 | 2.51 | 14.40 | 13.17 | 4.01 | 3.94 | 2.60 | 4.15 | 4.07 | 14.89 | 13.62 |

续表

| 年份 | 政府社保收入比重 | | | 居民社保缴款比重 | | | 政府的社保支出比重 | | | |
|---|---|---|---|---|---|---|---|---|---|---|
| | 政府社保收入占GDP | 占政府初次分配收入 | 占政府可支配收入 | 占其初次分配收入 | 占其可支配收入 | 占GDP比重 | 占居民初次分配收入 | 占居民可支配收入 | 占政府初次分配收入 | 占政府可支配收入 |
| | (1) | (2) | (3) | (4) | (5) | (6) | (7) | (8) | (9) | (10) |
| 2001 | 2.82 | 15.45 | 13.85 | 4.66 | 4.58 | 3.14 | 5.20 | 5.11 | 17.24 | 15.46 |
| 2002 | 3.36 | 17.76 | 16.04 | 5.62 | 5.52 | 3.73 | 6.23 | 6.12 | 19.69 | 17.79 |
| 2003 | 3.60 | 18.65 | 16.24 | 6.05 | 5.98 | 3.33 | 5.60 | 5.53 | 17.25 | 15.03 |
| 2004 | 3.62 | 21.40 | 18.52 | 6.08 | 5.99 | 3.25 | 5.46 | 5.38 | 19.22 | 16.63 |
| 2005 | 3.77 | 21.53 | 18.53 | 6.32 | 6.27 | 3.31 | 5.55 | 5.50 | 18.88 | 16.25 |
| 2006 | 4.00 | 22.21 | 18.34 | 6.74 | 6.70 | 3.41 | 5.76 | 5.72 | 18.97 | 15.67 |
| 2007 | 4.07 | 22.06 | 18.21 | 6.95 | 6.91 | 3.40 | 5.80 | 5.76 | 18.42 | 15.2 |
| 2008 | 4.36 | 24.73 | 20.15 | 7.57 | 7.51 | 3.81 | 6.62 | 6.57 | 21.62 | 17.62 |
| 差额 | 3.00 | 16.53 | 13.36 | 5.51 | 5.53 | 1.15 | 2.60 | 2.69 | 5.58 | 4.34 |

由 1992 年的 8.2% 迅速上升到 2008 年的 24.73%（第 2 列）。这反映了我国社会保障体系不断完善，保障范围不断扩大的过程。居民社会保险缴款占其初次分配收入的比重也由 1992 年的 2.06% 上升到 2008 年的 7.57%（第 4 列），占其可支配收入的比重由 1.98% 上升到 7.51%（第 5 列）。

（2）从政府的社会补助支出（即居民的社会社会保障收入）角度看，政府社会补助支出占 GDP 比重由 1992 年的 2.66% 逐步提高到 2008 年的 3.81%（第 6 列），占政府的初次分配收入的比重也由 1992 年的 16.04% 提高到 2008 年的 21.62%（第 9 列）。居民部门通过政府的社会补助获得的收入占其可初次分配收入的比重由 1992 年的 4.02% 上升到 2008 年的 6.62%（第 7 列）。

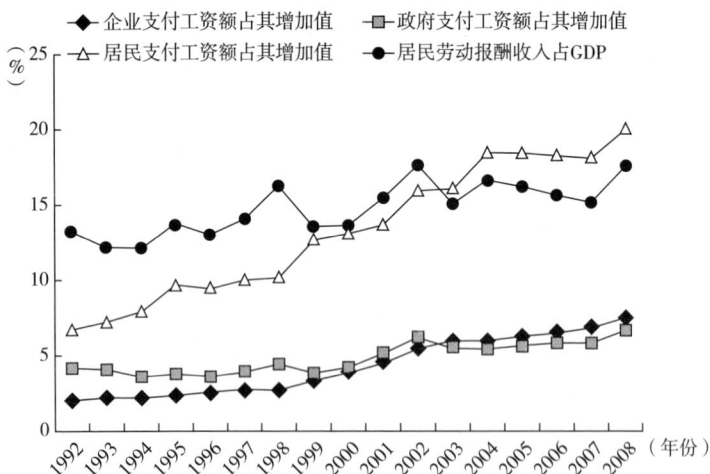

图 8 - 6　政府与居民之间的社保收支占其可支配收入比重

（3）在政府与居民之间，居民的社会保险缴款的增长速度远远超过其从政府获得的社会补助收入（见表 8 - 11）。

**表 8 - 11 1992 ~ 2008 年期间政府的社会补助与居民的社保缴款**

单位：亿元

| 年　份 | 政府社保补助 | 居民社保缴款 | 两者的净差额 |
|---|---|---|---|
| | （1） | （2） | （3）=（1）-（2） |
| 1992 | 715.91 | 365.80 | 350.11 |
| 1993 | 848.98 | 508.22 | 340.76 |
| 1994 | 1082.35 | 716.61 | 365.74 |
| 1995 | 1367.47 | 970.74 | 396.73 |
| 1996 | 1647.48 | 1207.00 | 440.48 |
| 1990 | 2017.34 | 1453.40 | 563.94 |
| 1998 | 2458.09 | 1562.63 | 895.46 |
| 1999 | 2185.23 | 2052.00 | 133.23 |
| 2000 | 2575.70 | 2491.60 | 84.10 |
| 2001 | 3446.20 | 3088.00 | 358.20 |
| 2002 | 4488.80 | 4048.70 | 440.10 |
| 2003 | 4516.50 | 4882.90 | -366.40 |
| 2004 | 5190.86 | 5780.30 | -589.44 |
| 2005 | 6117.19 | 6975.20 | -858.01 |
| 2006 | 7385.08 | 8643.20 | -1258.12 |
| 2007 | 9024.92 | 10812.00 | -1787.08 |
| 2008 | 11976.85 | 13696.10 | -1719.25 |
| 年均增长速度（%） | 19.25 | 25.41 | — |

在 1992 ~ 2008 年期间，政府的社会补助金额从 715.91 亿元增加到 11976.85 亿元，年均增长 19.25%；而居民的社保缴款则从 365.8 亿元增长到 13696.1 亿元，年均增长速度为 25.41%。

在 1992 ~ 2002 年期间，政府补助大于居民向政府的缴款，但从 2003 年起，居民的社会保险缴款开始超过政府向居民的补助，形成居民向政府的净支付。这种局面的形成可能与我国社会保障建立的时间比较短有关系，随着加入社会保障体系人口比例的提高，政府的社会补助和居民社保缴款会达到基本平衡的状态。

## 三 对"其他收支"格局分析

资金流量表中的"其他收入"和"其他支出"通常被研究者们忽略，但其数额却相当庞大，需要深入分析。根据国家统计局的指标解释，"其他经常转移"包括未纳入统筹的单位支付的离退休费和医疗费、常住者和非常住者之间的经常转移、保险赔款三项，[①] 分别记录在企业、政府、居民部门的"其他收支"项目中。如果我们把再分配过程中居民部门的"所得税""社会保险收支""其他收支"并列起来，就会发现"其他收支"数额庞大，是居民再分配过程中不可忽略的项目。

### 1. 居民部门再分配过程中各种收支情况

就居民的收入方面而言，"其他收入"一直占有重要地位，超过居民从政府获得的社会补助的一半。就支出方面而言，居民的"其他支出"数额也一度超过居民部门缴纳的所得税，因此对"其他收支"进行深入分析是非常必要的。随着城市和农村人口越来越多地被纳入社会统筹的医疗、养老保险，资金流量表中的其他收支的相对比重会逐渐降低（见表 8 - 12）。

---

① 国家统计局国民经济核算司：《中国经济普查年度资金流量表编制方法》，中国统计出版社，2007，第 67 页。

表 8 – 12　居民部门再分配过程中的各种收支对比

单位：亿元

| 年份 | 居民支出 | | | 居民收入 | |
|------|---------|---------|--------|---------|---------|
|      | 缴纳所得税 | 社保缴款 | 其他 | 政府补助 | 其他 |
| 1992 | 4.71 | 365.80 | 291.57 | 771.51 | 547.91 |
| 1993 | 27.25 | 508.22 | 418.45 | 916.38 | 789.33 |
| 1994 | 72.67 | 716.61 | 397.72 | 1169.40 | 968.77 |
| 1995 | 131.49 | 970.74 | 365.78 | 1498.40 | 1236.40 |
| 1996 | 193.19 | 1207.00 | 438.51 | 1726.80 | 1608.20 |
| 1990 | 259.93 | 1453.40 | 565.60 | 2104.70 | 2478.90 |
| 1998 | 338.65 | 1562.60 | 597.10 | 2549.10 | 2142.70 |
| 1999 | 414.31 | 2052.00 | 69.76 | 2245.80 | 2469.90 |
| 2000 | 660.40 | 2491.60 | 241.70 | 2655.70 | 1863.20 |
| 2001 | 996.00 | 3088.00 | 35.40 | 3516.20 | 1788.60 |
| 2002 | 1211.10 | 4048.70 | 183.90 | 4557.40 | 2089.60 |
| 2003 | 1417.30 | 4882.90 | 346.30 | 4564.80 | 3089.10 |
| 2004 | 1736.20 | 5780.30 | 394.52 | 5245.30 | 4070.70 |
| 2005 | 2093.96 | 6975.20 | 540.28 | 6179.80 | 4358.90 |
| 2006 | 2453.71 | 8643.20 | 682.12 | 7457.00 | 5131.20 |
| 2007 | 3185.58 | 10812.00 | 966.19 | 9107.70 | 6777.90 |
| 2008 | 3722.19 | 13696 | 916.49 | 12072.00 | 7722.10 |
| 年均增长速度（%） | 51.74 | 25.41 | 7.42 | 18.76 | 17.98 |

**2. 各机构部门的其他收入和支出情况**

各机构部门的其他收入和支出情况见表 8 – 13 和图 8 – 7。

在 1992 ~ 2008 年期间，各机构部门的其他收入和支出呈现出以下几个特点。

（1）企业部门的其他收入和其他支出都有较快增加，其他支出从 1992 年的 773.67 亿元增加到 2008 年的 2557.21 亿元，

表 8 - 13　各机构部门的其他收入和支出

单位：亿元

| 年份 | 企业部门 | | 政府部门 | | 居民部门 | |
|---|---|---|---|---|---|---|
| | 其他支出 | 其他收入 | 其他支出 | 其他收入 | 其他支出 | 其他收入 |
| | （1） | （2） | （3） | （4） | （5） | （6） |
| 1992 | 737.67 | 234.07 | 1.87 | 257.23 | 291.57 | 547.91 |
| 1993 | 1034.74 | 374.34 | 5.76 | 295.41 | 418.45 | 789.33 |
| 1994 | 1356.18 | 450.18 | 15.00 | 378.18 | 397.72 | 968.77 |
| 1995 | 1656.84 | 449.94 | 2.66 | 327.78 | 365.78 | 1236.42 |
| 1996 | 1949.42 | 532.08 | 6.51 | 352.65 | 438.51 | 1608.16 |
| 1990 | 2648.63 | 673.27 | 147.89 | 549.00 | 565.60 | 2478.90 |
| 1998 | 1981.50 | 608.30 | 453.12 | 544.20 | 597.10 | 2142.70 |
| 1999 | 2271.88 | 592.70 | 453.52 | 81.22 | 69.76 | 2469.94 |
| 2000 | 1298.90 | 522.00 | 414.30 | 12.20 | 241.70 | 1863.20 |
| 2001 | 1341.80 | 677.30 | 467.20 | 11.40 | 35.40 | 1788.60 |
| 2002 | 1147.60 | 754.60 | 513.30 | 7.20 | 183.90 | 2089.60 |
| 2003 | 1641.30 | 859.10 | 500.10 | 9.40 | 346.30 | 3089.10 |
| 2004 | 1102.43 | 1343.60 | 2082.09 | 8.07 | 394.52 | 4070.73 |
| 2005 | 1253.94 | 1535.80 | 2087.53 | 4.00 | 540.28 | 4358.89 |
| 2006 | 1448.46 | 1791.22 | 2541.13 | 5.20 | 682.12 | 5131.15 |
| 2007 | 1777.72 | 2193.39 | 3372.54 | 2.66 | 966.19 | 6777.93 |
| 2008 | 2557.21 | 2868.10 | 4034.32 | 3.42 | 916.49 | 7722.14 |
| 年均增速（%） | 8.08 | 16.95 | 61.57 | -23.66 | 7.42 | 17.98 |

年均增长速度为 8.08%（第 1 列）；其他收入从 1992 年的
234.07 亿元增加到 2008 年的 2868.10 亿元，年均增长速度为
16.95%（第 2 列）。这主要是企业部门与居民部门之间的保
险缴款和赔款。

（2）政府部门的其他支出增长更迅速，从 1992 年的 1.87 亿元增加到 2008 年的 4034.32 亿元，年均增长速度为 61.57%（第 3 列）；政府部门的其他收入则迅速减少，1999 年之后出现快速下降的局面。这反映了在随着我国的社会保障体制的建立和完善，企业办社会的负担逐渐减轻，政府则承担起了相应的社会责任，比如对农村居民的养老和医疗补贴等。

（3）居民部门的其他支出由 1992 年的 291.57 亿元增加到 2008 年的 916.49 亿元，年均增长速度为 7.42%（第 5 列），这主要是指居民支付的保险费用；居民部门的其他收入从 1992 年的 547.91 亿元增加到 2008 年的 7722.14 亿元，年均增长速度为 17.98%（第 6 列），主要包括居民从政府获得的养老和医疗补贴，以及从企业获得的保险赔款。

**3. 三大机构部门的其他收支占初次分配收入和可支配收入的比重**

三大机构部门的其他收入占初次分配收入和可支配的情况见表 8－14。

（1）政府部门的其他支出占其初次分配收入的比重从 1992 年的 0.04% 提高到 2008 年的 7.28%（第 1 列），它主要用于支付未纳入统筹的职工的离退休费和医疗费、对国有企业的政策性补贴、对农村劳动者的各种补贴等，形成居民部门的收入。

（2）企业部门的其他支出占其初次分配收入的比重则由 1992 年的 15.76% 降低到 2008 年的 3.2%（第 5 列）。这反映随着我国社会保障体系的扩大和完善，企业已经大大减轻了"办社会的负担"，以前由企业承担的公费医疗、福利住房支出大幅度降低，这些社会负担一部分纳入了统筹，由社会保险系统承担，一部分由政府通过"其他支出"项目承担起来。

表 8-14　三大机构部门的其他收支占初次分配收入和可支配收入的比重

单位：%

| 年份 | 政府的其他支出 | | 企业的其他收入 | | 企业的其他支出 | | 居民的其他收入 | | 居民的其他支出 | |
|---|---|---|---|---|---|---|---|---|---|---|
| | 占初次分配收入的比重 (1) | 占可支配收入的比重 (2) | 占初次分配收入的比重 (3) | 占可支配收入的比重 (4) | 占初次分配收入的比重 (5) | 占可支配收入的比重 (6) | 占初次分配收入的比重 (7) | 占可支配收入的比重 (8) | 占初次分配收入的比重 (9) | 占可支配收入的比重 (10) |
| 1992 | 0.04 | 0.03 | 5.00 | 7.41 | 15.76 | 23.35 | 3.08 | 2.97 | 1.64 | 1.58 |
| 1993 | 0.09 | 0.08 | 5.28 | 6.74 | 14.60 | 18.62 | 3.58 | 3.46 | 1.90 | 1.83 |
| 1994 | 0.18 | 0.17 | 5.26 | 6.43 | 15.86 | 19.36 | 3.09 | 3.00 | 1.27 | 1.23 |
| 1995 | 0.03 | 0.03 | 3.85 | 4.63 | 14.18 | 17.04 | 3.17 | 3.07 | 0.94 | 0.91 |
| 1996 | 0.06 | 0.05 | 4.49 | 5.53 | 16.45 | 20.25 | 3.45 | 3.34 | 0.94 | 0.91 |
| 1990 | 1.11 | 1.03 | 5.10 | 6.55 | 20.08 | 25.76 | 4.81 | 4.6 | 1.10 | 1.05 |
| 1998 | 3.08 | 3.00 | 4.52 | 5.42 | 14.74 | 17.67 | 3.91 | 3.76 | 1.09 | 1.05 |
| 1999 | 2.99 | 2.82 | 3.76 | 4.54 | 14.42 | 17.39 | 4.29 | 4.13 | 0.12 | 0.12 |
| 2000 | 2.40 | 2.19 | 2.81 | 3.19 | 6.99 | 7.94 | 3.00 | 2.95 | 0.39 | 0.38 |

续表

| 年份 | 政府的其他支出 | | 企业的其他收入 | | 企业的其他支出 | | 居民的其他收入 | | 居民的其他支出 | |
|---|---|---|---|---|---|---|---|---|---|---|
| | 占初次分配收入的比重 | 占可支配收入的比重 | 占初次分配收入的比重 | 占可支配收入的比重 | 占初次分配收入的比重 | 占可支配收入的比重 | 占初次分配收入的比重 | 占可支配收入的比重 | 占初次分配收入的比重 | 占可支配收入的比重 |
| | （1） | （2） | （3） | （4） | （5） | （6） | （7） | （8） | （9） | （10） |
| 2001 | 2.34 | 2.09 | 3.10 | 3.56 | 6.15 | 7.05 | 2.70 | 2.65 | 0.05 | 0.05 |
| 2002 | 2.25 | 2.03 | 3.12 | 3.49 | 4.74 | 5.31 | 2.90 | 2.85 | 0.26 | 0.25 |
| 2003 | 1.91 | 1.66 | 3.04 | 3.45 | 5.80 | 6.60 | 3.83 | 3.78 | 0.43 | 0.42 |
| 2004 | 7.71 | 6.67 | 3.59 | 3.98 | 2.94 | 3.27 | 4.28 | 4.22 | 0.41 | 0.41 |
| 2005 | 6.44 | 5.55 | 3.56 | 3.94 | 2.91 | 3.21 | 3.95 | 3.92 | 0.49 | 0.49 |
| 2006 | 6.53 | 5.39 | 3.56 | 4.10 | 2.88 | 3.32 | 4.00 | 3.98 | 0.53 | 0.53 |
| 2007 | 6.88 | 5.68 | 3.48 | 4.11 | 2.82 | 3.33 | 4.35 | 4.33 | 0.62 | 0.62 |
| 2008 | 7.28 | 5.94 | 3.59 | 4.16 | 3.20 | 3.71 | 4.27 | 4.23 | 0.50 | 0.50 |
| 差额 | 7.24 | 5.91 | -1.41 | -3.25 | -12.56 | -19.64 | 1.19 | 1.26 | -1.14 | -1.08 |

（3）居民部门获得的其他收入占其初次分配收入的比重从 1992 年的 3.08% 提高到 2008 年的 4.27%（第 7 列）。这通常来自于政府的抚恤金或养老金补贴、常住者与非常住者之间的经常转移（侨汇）、企业与居民部门之间的保险缴费与赔款等交易。在"其他收支"环节，政府部门通常是净支付方，居民和企业是受益方。随着社会保险体制的改革，企业的负担也逐渐减轻，获得的"其他收入"也开始超过"其他支出"，从而有净收益。

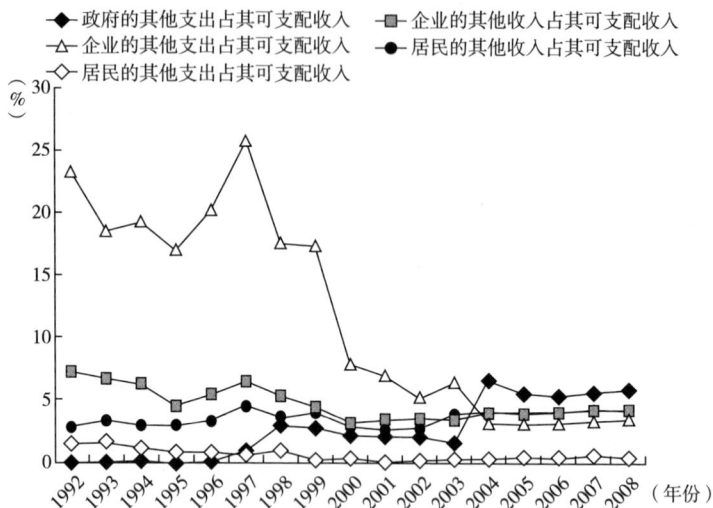

图 8 - 7　三大机构部门的"其他收支"占其可支配收入比重

2004 年之后，企业部门的其他收入与其他支出相差不大。居民部门获得的"其他收入"一直远大于"其他支出"，这种超收主要来自政府部门的超付，是居民部门尤其是弱势群体的重要收入来源。

四　对初次分配和再分配格局的整体分析

**1. 三个机构部门在初次分配中与再次分配中的对比**

初次分配收入经过各部门之间的转移支付，形成了相应的可支配收入（见表 8 – 15 和图 8 – 8）。

表 8 – 15　1992～2008 年期间初次分配与再分配格局的对比

单位:%

| 年份 | 企业部门 | | 政府部门 | | 居民部门 | |
|---|---|---|---|---|---|---|
| | 企业收入占比* | 企业收入占比** | 政府收入占比* | 政府收入占比** | 居民收入占比* | 居民收入占比** |
| | （1） | （2） | （3） | （4） | （5） | （6） |
| 1992 | 17. 38 | 11. 73 | 16. 57 | 20. 02 | 66. 10 | 68. 54 |
| 1993 | 20. 06 | 15. 73 | 17. 26 | 19. 65 | 62. 48 | 64. 6 |
| 1994 | 17. 74 | 14. 53 | 17. 05 | 18. 52 | 65. 03 | 67. 00 |
| 1995 | 19. 22 | 15. 99 | 14. 97 | 16. 31 | 64. 19 | 66. 28 |
| 1996 | 16. 65 | 13. 52 | 16. 38 | 17. 66 | 65. 51 | 67. 61 |
| 1997 | 16. 70 | 13. 02 | 16. 88 | 18. 19 | 65. 26 | 68. 18 |
| 1998 | 15. 93 | 13. 29 | 17. 45 | 17. 91 | 64. 99 | 67. 59 |
| 1999 | 17. 57 | 14. 57 | 16. 92 | 17. 94 | 64. 18 | 66. 61 |
| 2000 | 18. 72 | 16. 48 | 17. 43 | 19. 07 | 62. 62 | 63. 75 |
| 2001 | 19. 90 | 17. 36 | 18. 23 | 20 33 | 60. 42 | 61. 50 |
| 2002 | 20. 11 | 17. 98 | 18. 95 | 20. 97 | 59. 92 | 60. 92 |
| 2003 | 20. 83 | 18. 31 | 19. 28 | 22. 13 | 59. 42 | 60. 16 |
| 2004 | 23. 44 | 21. 11 | 16. 89 | 19. 53 | 59. 49 | 60. 37 |
| 2005 | 23. 30 | 21. 10 | 17. 52 | 20. 35 | 59. 65 | 60. 15 |
| 2006 | 23. 28 | 20. 19 | 17. 99 | 21. 79 | 59. 28 | 59. 66 |
| 2007 | 23. 74 | 20. 08 | 18. 44 | 22. 34 | 58. 56 | 58. 91 |
| 2008 | 25. 43 | 21. 97 | 17. 64 | 21. 64 | 57. 63 | 58. 09 |

| 年份 | 企业部门 | | 政府部门 | | 居民部门 | |
|---|---|---|---|---|---|---|
| | 企业收入<br>占比 * | 企业收入<br>占比 * * | 政府收入<br>占比 * | 政府收入<br>占比 * * | 居民收入<br>占比 * | 居民收入<br>占比 * * |
| | （1） | （2） | （3） | （4） | （5） | （6） |
| 1992~2008<br>年均值 | 20.00 | 16.88 | 17.40 | 19.67 | 62.04 | 63.52 |
| 2008 年与<br>1992 年差值 | 8.05 | 10.24 | 1.07 | 1.62 | - 8.47 | - 10.45 |

注：＊代表该机构部门在初次分配中的收入占初次分配总收入（GDP）的比重；＊＊代表该机构部门的可支配收入中占总可支配收入的比重。

（1）企业部门收入占比无论是在初次分配中还是在再分配中都有明显上升。在初次分配中企业收入占比从 1992 年的 17.38% 上升到 2008 年的 25.43%，提高了为 8.05 个百分点，再分配后企业的可支配收入占比从 1992 年的 11.73% 上升到 2008 年的 21.97%，提高了 10.24 个百分点。由于缴纳所得税，企业的可支配收入所占 GDP 比重与初次分配相比有明显下降，平均下降了 3.12 个百分点（3.12 = 20.00 - 16.88）。

（2）政府部门收入占比无论在在初次分配还是再分配收入都有提高。在初次分配中，政府收入占比从 1992 年的 16.57% 上升到 2008 年的 17.64%，提高了 1.07 个百分点，在再分配中收入占比进一步从 1992 年的 20.02% 上升到 2008 年的 21.64%，提高了 1.62 个百分点。并且经过再分配，政府收入占比平均由 17.40% 上升到 19.67%，平均提高 2.27 个百分点（2.27 = 19.67 - 17.40）。

（3）无论是初次分配还是再分配，居民部门的收入占比都是下降的。居民部门在初次分配收入中占比由 1992 年的

66.10% 下降到 2008 年的 57.63%，下降了 8.47 个百分点；在再分配中，其可支配收入占比从 1992 年的 68.54% 下降到 2008 年的 58.09%，降幅为 10.45 个百分点。尽管如此，通过再分配过程，居民收入占比依然有微弱提高，平均由 62.04% 上升到 63.52%，提高了 1.48 个百分点（1.48 = 63.52 − 62.04）。但自从 2001 年以来，再分配的公平职能更加微弱了，居民收入占比在初次分配和再分配中几乎相同，而且几乎没有得到改善。

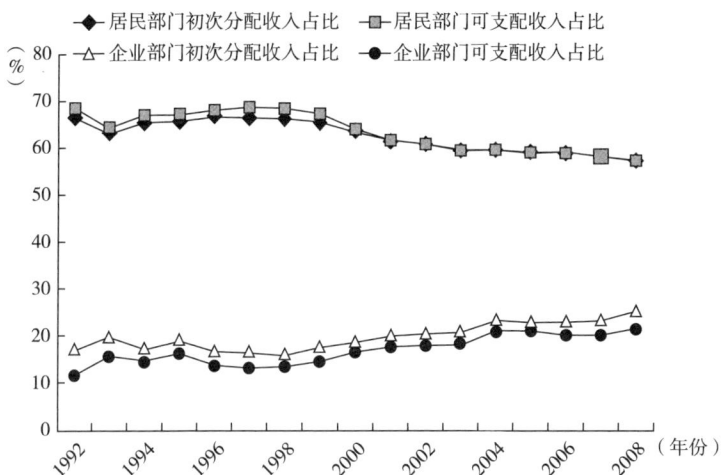

图 8 − 8　企业和居民部门在初次分配和再分配过程中的收入份额比较

**2. 三个机构部门在分配过程中的贡献**

表 8 − 16 反映了在初次分配和再分配过程中各个环节的影响情况。

（1）企业部门的可支配收入提高了 10.24 个百分点，其中初次分配过程中提高了 8.05 个百分点，贡献率为 78.64%，主要原因是企业的经营性留存提高 8.34 个百分点，贡献率为 81.44%。再分配过程中企业的收入比重又提高 2.19 个百分点，

表 8 - 16 1992 ~ 2008 年初次分配和再分配各环节收入
份额的变动百分点及贡献率

单位：百分点，%

| 分配项目 | 企业部门 | | 政府部门 | | 居民部门 | |
|---|---|---|---|---|---|---|
| | 绝对值 | 贡献率 | 绝对值 | 贡献率 | 绝对值 | 贡献率 |
| 劳动者报酬 | — | — | — | — | - 6. 66 | - 63. 75 |
| 生产税净额 | — | — | 1. 60 | 98. 41 | — | — |
| 财产性收入 | - 0. 29 | - 2. 80 | 0. 27 | 16. 74 | - 0. 90 | - 8. 66 |
| 经营性留存 | 8. 34 | 81. 44 | - 0. 81 | - 49. 89 | - 0. 91 | - 8. 67 |
| 初次分配收入变动 | 8. 05 | 78. 64 | 1. 06 | 65. 26 | - 8. 47 | - 81. 08 |
| 收入税 | 0. 22 | 2. 13 | 0. 95 | 58. 32 | - 1. 17 | - 11. 18 |
| 社会保险： | — | — | 1. 85 | 113. 42 | - 2. 02 | - 19. 37 |
| 其中：社保缴款 | — | — | 3. 00 | 184. 29 | - 3. 00 | - 28. 74 |
| 社保福利 | — | — | 1. 15 | 70. 87 | 0. 98 | 9. 37 |
| 其他收支： | 1. 97 | 19. 24 | - 2. 23 | - 137. 00 | 1. 21 | 11. 63 |
| 其中：其他收入 | 0. 04 | 0. 43 | - 0. 95 | - 58. 58 | 0. 42 | 4. 06 |
| 其他支出 | - 1. 93 | 18. 81 | 1. 28 | 78. 42 | - 0. 79 | - 7. 57 |
| 再分配环节变动 | 2. 19 | 21. 36 | 0. 57 | 34. 74 | - 1. 98 | - 18. 92 |
| 可支配收入变动 | 10. 24 | 100. 00 | 1. 63 | 100. 00 | - 10. 45 | 100. 00 |

贡献率为 21. 36% ，主要原因是企业的"其他支出"占比下降
了 1. 93 个百分点，贡献率为 18. 81% 。

（2）政府部门的可支配收入提高了 1. 63 个百分点，其中
初次分配过程中提高了 1. 06 个百分点，贡献率为 65. 26% ，
主要原因是生产税净额占比提高 1. 60 个百分点，贡献率为
98. 41% 。再分配过程中政府的收入占比又提高 0. 57 个百分
点，贡献率为 34. 74% ，主要原因是政府在社会保险收支上有
净收益，在收入税上占比也有所提高，但政府的"其他支出"
增长较快。

（3）居民部门的可支配收入下降了 10.45 个百分点，其中初次分配过程下降了 8.47 个百分点，贡献率为 - 81.08%，主要是劳动者报酬占比下降了 6.66 个百分点，贡献率为 - 63.57%。另外，居民部门的财产性收入和经营性留存占比分别下降 0.90 和 0.91 个百分点，贡献率分别为 - 8.66% 和 - 8.67%。在再分配环节居民部门的收入占比又下降了 1.98 个百分点，贡献率为 - 18.92%，主要原因是居民缴纳的收入税占比提高 1.17 个百分点，贡献率为 - 11.18%；在社会保险上对政府有净支付，收入占比下降 2.02 个百分点，贡献率为 - 19.37%；但居民在其他收支上占比有所提高了 1.21 个百分点，贡献率为 11.63%。

## 五　本章小结

本章以修订后的资金流量表（实物交易部分）数据为基础，考察了我国 1992～2008 年初次分配和再分配格局的变动。主要结论如下。

无论是初次分配还是再分配，居民部门的收入占比都是下降的。居民部门的可支配收入下降了 10.45 个百分点，其中初次分配过程下降了 8.47 个百分点，贡献率为 - 81.08%，主要是劳动者报酬占比下降了 6.66 个百分点，贡献率为 - 63.57%。另外，居民部门的财产性收入和经营性留存占比分别下降 0.90 个和 0.91 个百分点，贡献率分别为 - 8.66% 和 - 8.67%。在再分配环节居民部门的收入占比又下降了 1.98 个百分点，贡献率为 - 18.92%，主要原因是居民缴纳的收入税占比提高 1.17 个百分点，贡献率为 - 11.18%。在社会保险上对政府有净支付，收入占比下降 2.02 个百分点，贡献率为 - 19.37%；但居民在其他收支上占比有所提高了 1.21 个百分点，贡献率为 11.63%。也就是说，除"其他收支"环节以外，居民部门几乎在初次分配和再分配中各个分配环节上的收入所占比重都有所下降，在国民收入功能分配格局中的地位明显降低。

因此，如同"十二五"规划所指出的，"努力提高居民收入在国民收入分配中的比重，提高劳动报酬在初次分配中的比重。创造条件增加居民财产性收入"，成为我国收入分配格局调整中需要大力解决的问题。

# 第九章　结语

自 1978 年改革开放以来,我国处于双重的经济转型过程中,即从计划经济向市场经济转型、从农业经济向现代经济转型。在这一转型过程中,我国国民收入的功能性分配格局的变动及其原因一直是关乎民生和政府政策导向的重大理论和实践问题。在初次分配过程中,居民收入 80% 以上来自劳动报酬,因此劳动报酬占 GDP 份额的变动一直是居民分配相对地位的最重要体现。因此本项研究力图回答的核心问题是:我国在 1978～2008 年期间,劳动收入份额的真实变动幅度是多少?主要影响因素是什么?

## 一　劳动报酬数据的调整及劳动收入份额的变动幅度

在测度 1978～2007 的功能性收入分配格局的变动时,有三个方面的问题容易混淆研究者的视线:一是统计部门公布的数据来源不一致,有些数据经过较大幅度的调整;二是 2004 年我国统计口径发生了变动,使得 2004 年前后的数据可比性降低;三是我国对混合收入的处理采用了与其他大多数国家不同的核算方式,这使得我们的劳动报酬数据是宽口径的,与其他大多数国家窄口径的劳动报酬数据不可比。因此,要对统计口径进行必要的调整,得到可比的劳动报酬数据是整个研究工作的基础。

本书首先根据投入产出表、资金流量表、收入法 GDP 核算数据计算出我国的劳动收入份额，并对各种数据的质量和特点进行了分析。发现投入产出表数据连续性较差；资金流量表只有全国层面的数据，没有分产业的核算数据，并且可能存在对劳动报酬的高估；省际收入法 GDP 有分产业数据，虽然 1978~2007 年有较强的连续性，但在 2004 年劳动者报酬的统计口径发生了变动，因此有必要对省际收入法 GDP 中的劳动报酬进行调整，以解决数据的可比性问题。

在已有文献中，一般是从城乡自我雇佣者的经营性收入开始对劳动报酬进行调整，调整之后获得了全国层面的中口径的劳动收入份额；由于经营性收入是个毛收入概念，与增加值口径并不一致，因此该调整方法容易带来统计口径的混乱，导致重复计算。本书以 2004 年经济普查数据为基础，从各产业的增加值出发对劳动报酬进行了调整，分别把自我雇佣者的混合收入全部计入劳动报酬、2/3 计入劳动报酬、全部计入资本收入，得到了宽、中、窄三种口径的劳动收入份额。本书的调整方法更符合要素分配理论的要求，而且得到了各产业不同口径的劳动收入份额，为进一步分析产业结构转型对整体劳动收入份额的影响提供了可能。并且，其中窄口径的劳动收入份额与其他国家的相应指标实现了可比性。

2007 年与 1995 年相比，调整前我国的劳动收入份额下降了 11.7 个百分点，调整后宽、中、窄口径的劳动收入份额分别下降了 6.32、4.88、1.00 个百分点，使降幅大为缩小。因此，我国的劳动收入份额自 1995 尤其是 2002 年以来的下降趋势应该是毋庸置疑的，而不是华生所说的"稳定攀升"。另外，如果按照收入法 GDP 数据计算劳动收入份额，2004 年统计口径的变动夸大了劳动收入份额的下降空间约为 4.6 个百分点。

## 二　劳动收入份额的影响因素

### 1. 劳动收入份额的分解

1978～2007 年是我国工业化进程的重要阶段，第一产业比重大幅度下降，第三产业比重则明显上升，由于三次产业间的劳动收入份额相差很大，产业结构的变动显然对劳动收入份额有着重要影响。本书按照中口径的调整结果，把全国劳动收入份额的变动分解为产业间效应和产业内效应，发现在 1978～2004 年期间，产业间效应使整体劳动收入份额下降了 2.51 个百分点，产业内效应的影响则使之提高了 0.95 个百分点，整体劳动收入份额实际下降了 1.56 个百分点。这意味着在此期间我国劳动收入份额的下降完全是产业结构的影响所导致，如果保持产业结构不变，产业内因素的影响将是正向的。根据产业内因素的影响方向不同，具体可分为两个大的阶段。

在 1978～1998 年期间，产业间效应和产业内效应对整体劳动收入份额的影响方向相反，前者（主要是第一产业比重下降了 10.63 个百分点，第三产业比重上升了 12.97 个百分点）使整体劳动收入份额下降了 1.74 个百分点，后者（主要是第二产业内的劳动收入份额上升了 10.20 个百分点，第三产业内的劳动收入份额则下降了 4.77 个百分点）则使之上升了 3 个百分点。两者部分抵消后，使得我国整体劳动收入份额微升 1.26 个百分点；

在 1998～2004 年期间，产业结构效应和产业内效应均使整体劳动收入份额下降，前者（主要是第一产业比重下降了

4.16 个百分点，第三产业比重上升了 4.15 个百分点）使全国劳动收入份额下降了 0.97 个百分点；后者（主要是第二产业内的劳动收入份额下降了 6.47 个百分点，第三产业内的劳动收入份额则上升了 2.73 个百分点）又使得全国劳动收入份额下降了 1.85 个百分点，所以 1998~2004 年全国劳动收入份额明显下降（下降了 2.82 个百分点）。也就是说，1998 年之后劳动收入份额才出现真正的下降，而在此之前主要是产业结构的影响使之出现降低。

由于在两个时段中第二、第三产业内的劳动收入份额均呈反方向变动，产业内效应一部分被抵消，使得整体劳动收入份额的变异幅度缩小，表现出较强的时间稳定性。因此虽然从短期看产业内的影响较大，但从长期来看产业间效应的影响更为重要。

**2. 劳动收入份额的影响因素——行业视角**

由于第二产业增加值占全国 GDP 比重大（平均为 45.6%），而且该产业内的劳动收入份额在 1998 年前后出现了逆转，使得全国劳动收入份额开始呈现下降趋势，因此对该产业内的劳动收入份额进行深入分析显得尤为必要。考虑到工业部门在第二产业中的增加值比重平均占 88% 左右，并且自我雇佣者大多分布于第三产业和建筑业领域，2004 年统计口径的变动对工业部门的影响比较小，因而工业部门的劳动报酬的时间序列数据可比性更强。因此，本书以 1998~2007 年的工业企业年度报表数据库资料为基础，对工业内的 39 个二位数子行业的劳动收入份额及其影响因素进行考察，发现：

（1）劳均产出（yl）与劳动收入份额显著负相关，它表明我国工业的技术进步特征是资本增强型的，这是 1998 年以来我国工业中劳动收入份额下降的最主要解释因素。

（2）垄断程度与劳动收入份额显著负相关。1998～2007年，主要由于采掘工业、原材料工业和基础工业产品价格大幅度上涨，下游行业为了消化价格上涨因素，必须进一步压低劳动力成本，提高劳动生产率，导致我国工业部门的增加值、利润的集中程度（即垄断程度）逐渐提高，并且垄断利润大部分以资本租金的形式被资方占有，收入分配格局迅速向资方倾斜。所以垄断程度越高的行业其劳动收入份额越低。

（3）产品出口率与劳动收入份额正相关，支持了国际贸易理论中的要素价格均等化定理（Stolper – Samuelson）对要素收入份额变动的解释。尽管我国近年来出口商品结构中的工业制成品比例有了较大幅度的提高，但作为发展中国家，工业制成品中的劳动密集型产品依然占据非常重要的地位，并且一般在出口率较高的行业竞争程度也更为充分，这使得出口率高的行业劳动收入份额也较高。

（4）外资企业比重（rfor）与劳动收入份额显著负相关，这与根据区位优势理论（Dunning，1998）做出的判断相反。原因可能在于区位优势理论是在国际资本自由流动的前提下表现出的规律，但我国吸引外资政策有很强的导向性，我国为了学习国外的先进技术和管理经济，自20世纪90年代以来吸引的外资集中于资金和技术密集型行业，而这些行业的劳动收入份额一般都比较低，表现为外资股份比重与劳动收入份额负相关。因此，在回归模型中两者呈负相关可能恰好捕捉了我国吸引外资政策的阶段性特征。

（5）资本产出比与劳动收入份额显著正相关，表明要素替代弹性小于1，劳动与资本是互补的，资本深化有助于提高劳动收入份额。但我国工业部门的资本产出比在1998～2007年期间是下降的，发生了资本浅化，是导致劳动收入份额下降的原因之一。

（6）即使考虑了个体差异和时间趋势之后，劳均产出、产品出口率、外资股份比重、资本产出比四个变量依然对劳动收入份额有显著影响。这表明，资本增强型技术进步、经济全球化、要素相对价格变动对劳动收入份额的影响无法用个体差异和时间趋势来解释。这四个因素与个体差异和时间趋势共同解释了劳动收入份额变动的95.08%。

**3. 劳动收入份额的影响因素——区域经济视角**

本书把纵向（行业）研究视角和横向（省际）研究视角相结合，以我国28个省份1978~2007年面板数据为基础考察省际劳动收入份额的变动趋势及其影响因素。在所考察的时期内，各省份劳动收入份额的均值从52.3%下降到41.1%，下降了11.29个百分点。为了避免2004年因统计口径的变动所带来的影响，本书按照关键时点对1978~1984年、1984~1998年、1998~2003年、2003年~2007年四个时间段分别建立回归模型。其结果如下。

（1）随着我国由农业经济向工业经济的转型，三次产业结构转变，特别是第一产业比重（argdp）是我国劳动收入份额变动的最主要解释因素。当然，由于我国统计部门把第一产业的混合收入全部计入劳动报酬，导致农业中的劳动收入份额极高，那么在工业化过程中第一产业比重的下降无疑会夸大全国劳动收入份额的下降幅度。也就是说，产业结构转型对劳动收入份额的影响可能被高估了。

（2）在各个时期内，人均实际GDP均与劳动收入份额负相关，表明我国的技术进步方向一直是资本增强型的。对于我国选择资本增强型技术进步路径的原因，本书初步判断可能与长期以来依靠高投资拉动内需的经济增长模式密切相关，这是我国经济赶超战略的一部分。为了迅速实现工业化，我国没有依据比较优势原理发展劳动密集型产业，而是通过对资本与劳动力资源进行严格的计划控制，压低资本的价格（利率），扭曲要素和产品的比价关系，来大力发展资本和技术密集型产业。这种赶超战略在历史上有其合理性和必要性，但国民收入分配格局的失衡可能也部分地来自于这一政策。另外，1997年东南亚金融危机和2008年世界金融危机之后，我国政府为了"保增长"采用了积极的财政政策，并连续降息以刺激投资，拉动内需，这可能也是近年来诱导实体经济的技术进步方向选择为资本增强型的重要因素。

（3）要素相对价格的变动将导致要素投入比例（即资本密集度）发生改变，资本密集度的变化对劳动收入份额的影响方向取决于要素替代弹性。根据 CES 生产函数推导出的 SK 曲线表明，要素替代弹性的取值范围可以通过资本产出比与劳动收入份额之间的相关方向得到体现。在 1978~2007 年期间资本产出比与劳动收入份额显著正相关，从而可以判断要素的替代弹性小于 1，但在大部分时段内资本产出比与劳动收入份额的相关程度并不显著，这可能意味着要素替代弹性已经相当接近于 1 了。在这种情况下，通过资本深化（即资本产出比的提高）有利于揠高劳动收入份额，但余地已经很小了。这时采用 C-D 生产函数和 CES 生产函数得到的结果很接近，劳动收入份额趋近于它的产出弹性系数。

（4）金融深化（deprgdp）与劳动收入份额正相关，这意味着资本配置效率的提高也有利于提高劳动的效率，通过降低要素市场的价格扭曲程度，促进充分竞争的市场环境而有利于提高劳动收入份额。

（5）当控制了三次产业结构转型的因素和资本增强型技

术进步特征之后，人力资本的积累（unpp）、城镇化水平（urem）、经济的开放程度（iexgdp）、所有制结构（rsoe）的变动对劳动收入份额的影响都只是阶段性显著的，或者随着时间推移，它们与劳动收入份额之间回归系数的符号发生变化，并不具备很强的经济分析意义。人力资本、城镇化水平等之所以对劳动收入份额的影响并不显著，一个可能的原因是它们对劳动收入份额的影响已经被其他变量所概括，或者体现在个体差异和时间趋势之中。也很可能是因为，在本书所考察的时间范围内，中国依然处于典型的"二元经济"状态下，农村剩余劳动力的供给具有无限弹性，人力资本的积累、城市化水平的提高都无法有力地影响工资水平，因而它们对劳动收入份额影响并不显著。

从行业视角与从区域视角考察劳动收入份额的影响因素，会得到不相同的结论。这种情况是合理的：因为仅仅对某一行业内部劳动收入份额的影响因素进行分析时，行业内的企业同质性较强，三次产业结构的变化不会对行业内劳动收入份额产生影响。但当我们从区域经济视角研究劳动收入份额变动的影响因素时，人均收入水平、三次产业结构之间的演进、城市化水平、人力资本等新的因素就会进入我们的视线，每个因素的相对重要性可能会发生改变。

三　劳动收入份额时间稳定性的考察：稳定还是"U"形趋势

要素分配份额从长期看将保持稳定的"卡尔多特征化事实"一直被经济学者普遍接受，但本书通过对劳动收入份额的更长历史时期的考察发现：英国在第一次工业革命期间

（1750～1850 年）劳动收入份额很低，约 35% 左右；工业革命完成到第一次世界大战爆发之前（1850～1914 年），劳动收入份额发生显著提高并保持在 50% 上下；第一次世界大战以来，劳动收入份额提高至 60% 以上，大致稳定在 60% 至 70% 之间。以上三个阶段中，第一阶段的劳动收入份额水平比较低，在研究文献中很少被提及；第二阶段劳动收入份额的相对稳定性，被凯恩斯、索洛等早期研究者所观察到；现代的经济研究者大多只注意到第三阶段的稳定性。因此，要素收入份额的时间稳定性只是在特定的发展阶段中才成立。一旦考察范围跨越多个不同的发展阶段，这种稳定性可能就不复存在，在两个不同发展阶段之间劳动收入份额一般来说变动幅度比较大。

本书分别根据国别数据和我国的省际数据检验了"U"形规律，发现这一规律只在狭窄的特定范围内（经济转型时期）可能是成立的，并不具有长期的和一般性意义。从长期看，劳动收入份额随着经济发展水平出现阶段性稳定和跃迁，呈倒"L"形而非"U"形规律，但在两个经济发展阶段的过渡时期，劳动收入份额可能与人均 GDP 呈现"U"形规律。就我国的省际数据而言，各省的劳动收入份额与其人均实际 GDP 的一次项之间的系数显著为负，与其二次项之间的系数显著为正，"U"形规律可能是存在。在经济发展水平这一概念中，主要内涵是产业结构的变动，因此当我们在回归模型中加入代表产业结构转型的变量之后，发现单纯的人均 GDP 的提高与劳动收入份额之间仍然呈开口向下的抛物线相关形式，即倒"L"形。因此，"U"形规律在长期内和大跨度的经济发展水平上并未得到体现，它的原因和意义还需要进一步研究，把它奉为普遍的经济发展规律可能带来政策选择上的误导。就我国当前情况而言，与其谈论"U"形趋势，甚至把它奉为普适规律，不如努力推动农村剩余劳动力的流动，促进产业结构的转型。

就我国劳动收入份额的时间稳定性而言，如果按照调整前的劳动报酬数据计算，并不符合索洛所说的"绝对稳定性"和"相对稳定性"，但如果按照调整之后的（中口径）劳动报酬计算，劳动收入份额的标准差大为缩小，并且总体标准差小于第二、第三产业内的标准差系数，表现出较强的时间稳定性。这说明，对于转型经济而言，由于产业结构的变动幅度比较大，统计部门对混合收入采用不同的核算方式对该国劳动收入份额的稳定程度有很大影响。

四　劳动收入份额的空间稳定性

为了考察劳动收入份额的空间稳定性，本书计算了 12 个发达国家和 6 个发展中经济体 1980～2008 年的劳动收入份额（窄口径），发现发达国家的劳动收入份额的均值高于发展中国家 13.6 个百分点，这意味着经济发展阶段对劳动收入份额的影响是非常显著的。从变异程度来看，发达国家之间的劳动收入份额标准差系数在 0.112 至 0.074 之间波动，而发展中国家的该指标则在 0.322 至 0.171 之间波动，后者的波动幅度要剧烈得多。显然各发达国家的劳动收入份额平均值高而且波动小，劳动收入份额表现出明显的"俱乐部趋同"特征。

Gollin （2002）认为，联合国推荐的窄口径的劳动报酬概念可能低估了欠发达国家的劳动收入份额。在对混合收入调整之后，Gollin 发现如果全部采用宽口径的劳动报酬概念，不同发展阶段的国家间的劳动收入份额差距大大缩小。这意味着如果采用宽口径的劳动报酬，不同发展阶段国家之间的劳动收入份额差距会缩小，空间稳定性会有所提高。

在进行国际比较时，笔者发现我国的劳动收入份额比其他国家明显偏低。如果都按照窄口径的劳动收入份额进行比较，我国 1980～2007 年的劳动收入份额低于发达国家的均值约 15～20 个百分点，也低于发展中国家的均值约 4 个百分点。在发展中国家里，我国的劳动收入份额低于其他转轨国家如捷克、波兰、俄罗斯，也低于韩国等约 10 个百分点，但高于墨西哥、土耳其近 5 个百分点。如果都按照宽口径的劳动收入份额进行比较，1992 年我国的劳动收入份额均值低于发展中国家 23 个百分点，低于发达国家 26 个百分点（其他国家宽口径的劳动收入份额数据来自 Gollin 的调整结果）。

## 五 初次分配和再分配环节的综合考察

劳动报酬是居民初次分配收入的最主要部分（占 80% 以上），但居民部门还会通过财产性收支、经常性转移等环节与其他机构部门发生收支关系。因此，本书以修订后的资金流量表（实物交易部分）数据为基础，考察了我国 1992～2008 年初次分配和再分配格局的变动。笔者发现，居民部门的可支配收入占 GDP 比重下降了 10.45 个百分点，其中初次分配过程下降了 8.47 个百分点，贡献率为 -81.08%，主要是劳动者报酬占比下降了 6.66 个百分点，贡献率为 -63.57%；另外，居民部门的财产性收入和经营性留存占比也有所下降，在再分配环节居民部门的收入占比又下降了 1.98 个百分点，贡献率为 -18.92%，主要原因是居民缴纳的收入税占比有所提高，并且在社会保险上对政府有净支付，但居民在"其他收支"项目上收入占比有所提高。与此相反，企业部门的收入份额在初次分配和再分配环节分别上升了 8.05 个和 2.19 个百分点，政府部门的收入份额在初次分配和再分配环节上分别上升 1.06

个和 0.57 个百分点。

　　总之，尽管统计口径和产业结构的变动可能夸大了劳动收入份额的下降幅度，但在剔除了这两者的影响之后，20 世纪 90 年代中期以来我国居民部门在国民收入分配格局中的相对地位的确下降了，并且几乎在收入分配的各个环节，各个分配项目上都是下降的。另外，无论是按照宽口径还是按照窄口径进行国际比较，我国劳动收入份额与其他国家相比都是偏低的。因此，如同"十二五"规划所指出的，"努力提高居民收入在国民收入分配中的比重，提高劳动报酬在初次分配中的比重。创造条件增加居民财产性收入"，成为我国收入分配格局调整中需要大力解决的问题。

## 六　政策建议

　　自 1978 年以来，我国的劳动收入份额不仅长期维持在偏低水平，而且 20 世纪 90 年代中期以后，居民部门的劳动收入份额和可支配收入份额持续降低，居民部门在国民收入分配格局中的相对地位进一步下降。其中的原因是复杂的，就本书的研究结果来说，主要原因可能有以下几点：一是我国长期依靠投资拉动经济，努力提升工业化程度，没有发挥劳动力资源丰富的比较优势，导致技术进步路径是资本增强型的。二是我国采用宽口径的劳动报酬核算方法，使得第一产业内的劳动收入份额很高。这样，工业化过程中第一产业比重的下降将带来整体劳动收入份额的明显降低。三是垄断程度的提高。垄断行业产品价格上涨过快，下游行业为了消化价格上涨因素，竞相提高生产率，压低劳动力成本，使整体劳动收入份额下降，这一现象对于工业行业表现得尤为明显。四是我国存在"二元经济"的现实，劳动力供给具有无限弹性，使得工资水平相对于劳动生产率不敏感，即工资水平的提高速度慢于劳动生产率的增长速度。其他因素，如所有制结构的变动、城市化水平的变动、经济全球化、人力资本等的影响都是相对次要的。

劳动收入份额偏低可能是我国产品成本低，具有较强竞争优势的一个因素，但它不仅带来了收入分配格局的失衡，也是导致国民经济发展失衡的重要原因：由于居民收入份额长期处于偏低水平，造成内需不足，经济增长只能更多依赖投资和出口。在 2008 年世界金融危机之后，世界经济面临着再平衡的需要，欧美主要国家的贸易赤字逐渐下降，中国继续依赖出口拉动经济增长的方式难以为继。因此，改善国民收入分配格局，提高居民收入份额，已经成为我国政府拉动内需，转变经济增长方式的必然选择。

**1. 结合自身比较优势，发展劳动密集型产业**

新中国成立以来我国政府在计划经济体制下实行了经济赶超战略，依靠扭曲要素和产品价格体系大力发展资本和技术密集型产业，这一政策有其历史合理性和必要性，但它可能是导致资本增强型技术进步占主导地位，国民收入分配格局失衡的重要原因。"经济发展的真实涵义不是少数几个资本密集型产业鹤立鸡群式的发展，而是所有产业的资本密集程度的提高，而只有要素禀赋结构的提高，才可以达到这个目标。"[1]

在当代国际大环境下，民生问题和经济发展成为时代主题，政府应该结合我国资源禀赋的比较优势，加大力度引导劳动使用型技术和劳动密集型产业的发展。比较优势战略主要是指国家在发展过程中要选择符合自身要素禀赋结构的产业结构

---

① 林毅夫：《比较优势与中国经济发展》，在 2005 年"中国市长论坛"的讲演，中国网，2005 年 9 月 19 日；http：//www.china.com.cn/chinese/OP-c/974509.htm。

和生产技术，只有这样，经济体中的多数企业才会有较强的自我发展能力和发展动力，才能加速经济体中的资本积累，实现经济快速增长。在要素和产品价格扭曲的条件下扶持起来的产业通常会出现很多问题：它在市场中自生能力较差，政府必须给予补贴或者赋予其垄断地位，从而预算软约束、政府财政负担沉重、设租和寻租、裙带资本主义、生产效率低下、收入分配失衡等问题接踵而至。要发挥比较优势必须有两个方面的前提。

（1）市场价格形成机制。市场体系是一个国家发挥比较优势的制度前提，只有较为充分的市场竞争才能及时反映各类要素的相对稀缺程度，才能决定比较优势价格体系。

（2）政府的积极作用。对于发达国家而言，技术的发展方向有更大的不确定性，因此政府应偏重担当"守夜人"角色；而对于发展中国家来说，技术发展的轨迹及效果在很大程度上是可以预测的，因此政府的引导作用非常重要。

**2. 消除不合理的垄断，培育充分竞争的市场环境**

从垄断形成的原因角度看，它可以分为自然垄断、经济（市场）垄断、行政性垄断三类。在西方国家中以前两类形式的垄断为主，而我国则以行政性垄断居多。我国的行政性垄断在很大程度上是计划经济体制下的利益集团在经济转型时期的残留和畸变，表现为官商一家，政企不分，并通过对立法程序的影响，把行业和部门的特殊利益合法化、固定化、永久化。

因此，我国反垄断的任务首先是反对行政垄断，尤其是在规模经济和范围经济很低的情况下，通过政治关联建立起的行业垄断或区域垄断；其次，要对自然垄断和经济垄断进行科学界定，征收相应的利润税和资源税，调节行业间收入分配的差距。

**3. 引导农村剩余劳动力的转移，加快二元经济的一元化进程**

在"二元经济"条件下劳动力供给具有无限弹性，工资水平对劳动生产率的变动敏感度低，这可能是导致我国劳动收入份额长期偏低的原因。所以，加快户籍制度改革，消除城乡劳动力市场的分割；对农民工的流动进行积极的引导与培训；切实保护劳动者的合法权益；加快中小城镇的建设等都会缓解劳动收入份额的下降趋势。

**4. 加快覆盖所有劳动者的社会保障制度建设**

我国社会保障体系覆盖面过窄是一个长期未能得到解决的问题，2008 年我国城镇就业人数为 3 亿人，农村就业人数为 4.7 亿人，其中城镇就业者中只有约 1.66 亿人参加了社会养老保险，农村就业者中只有约 5600 万人参与了社会养老保险。这意味着本来应该属于劳动者报酬的那部分收入被其他部门（企业和国家）所占有，因此提高劳动者参保率能够直接提高劳动收入份额。据张车伟（2011）的测算，"2008 年农民工人均月收入为 1400 元，如果将未参加社会保险的城镇从业者都纳入社会保险体系，要求企业按照工资的 30% 缴纳社会保险金，则全国以社会保险形式存在的劳动收入将增长 7200 亿元，从而使劳动收入份额提高了 2.7 个百分点；同时，如果考虑到 2008 年企业社会保险金逃费超过 2000 亿元，加强社会保险费征缴工作将使劳动收入份额提高了 3 个 ~4 个百分点"[1]。加强社会保险制度建设，提高参保率，特别是把流动人口、收入较低的农民工以及城镇个体工商户等群体纳入社会保障体系，可能会有力地扭转我国收入分配格局失衡的局面。

---

[1]　张车伟、张士斌：《我国初次分配中劳动报酬份额问题研究》，中国社会科学院内部结项报告，2011。

　　总之，为了提高收入分配格局中的"两个比重"，政府应该有所作为：大力发展劳动密集型产业和劳动使用型技术，扩大出口；切实加强对劳动者的合法权益的保护，加强对农村剩余劳动力的培训和引导；加快政府自身职能改革，减少行政垄断，并对垄断企业要加强资源租金性质的税收改革与征管；在财政收入充裕时进行结构性减税，或者在财政支出中增加用于民生的社会性支出；扩大社会保障体系的覆盖面，实现应保尽保。这些政策措施都将有利于提高劳动报酬在初次分配中的比重，有利于提高居民收入在国民收入中的比重，使我国的功能性分配格局更为合理。

# 附 录

## 附录一 1998～2007年期间工业部门各行业的劳动收入份额

单位:%

| 行业名称 | 代码 | 1998 | 1999 | 2000 | 2001 | 2002 | 2003 | 2004 | 2005 | 2006 | 2007 |
|---|---|---|---|---|---|---|---|---|---|---|---|
| 煤炭开采和洗选业 | 6 | 50.02 | 50.18 | 50.12 | 45.08 | 44.46 | 42.83 | 36.12 | 33.61 | 35.91 | 33.00 |
| 石油和天然气开采业 | 7 | 16.38 | 25.00 | 10.33 | 13.64 | 8.48 | 9.46 | 17.82 | 13.18 | 19.87 | 14.47 |
| 黑色金属矿采选业 | 8 | 36.65 | 32.80 | 33.59 | 35.82 | 32.10 | 29.63 | 22.15 | 18.78 | 19.53 | 17.09 |
| 有色金属矿采选业 | 9 | 31.16 | 32.09 | 31.88 | 33.34 | 28.84 | 28.09 | 23.49 | 19.97 | 18.00 | 17.57 |
| 非金属矿采选业 | 10 | 34.15 | 32.30 | 31.63 | 32.74 | 30.38 | 29.03 | 27.88 | 23.84 | 22.59 | 22.14 |
| 其他采矿业 | 11 | 16.53 | 35.68 | 45.72 | 27.42 | 18.56 | 31.39 | 21.60 | 10.05 | 8.86 | 13.24 |
| 农副食品加工业 | 13 | 19.26 | 18.37 | 17.47 | 17.71 | 17.68 | 16.04 | 15.55 | 16.05 | 15.57 | 16.69 |
| 食品制造业 | 14 | 22.57 | 22.12 | 20.76 | 20.72 | 21.06 | 20.57 | 20.20 | 18.79 | 17.62 | 19.29 |
| 饮料制造业 | 15 | 17.42 | 16.65 | 16.53 | 16.17 | 15.84 | 15.21 | 15.58 | 15.42 | 15.26 | 15.48 |
| 烟草制品业 | 16 | 9.17 | 8.96 | 10.49 | 10.05 | 8.48 | 8.02 | 9.66 | 8.15 | 7.52 | 7.07 |

283

续表

| 行业名称 | 代码 | 1998 | 1999 | 2000 | 2001 | 2002 | 2003 | 2004 | 2005 | 2006 | 2007 |
|---|---|---|---|---|---|---|---|---|---|---|---|
| 纺织业 | 17 | 31.12 | 29.72 | 29.21 | 28.09 | 27.16 | 25.32 | 25.47 | 23.58 | 23.48 | 23.36 |
| 纺织服装鞋帽制造业 | 18 | 30.17 | 30.49 | 31.05 | 31.22 | 32.61 | 33.36 | 32.37 | 30.77 | 31.61 | 32.40 |
| 皮革羽绒制品业 | 19 | 29.12 | 30.12 | 30.12 | 29.51 | 29.72 | 27.70 | 34.28 | 31.50 | 32.74 | 35.99 |
| 木材及竹制品 | 20 | 22.78 | 22.41 | 22.58 | 20.66 | 20.82 | 21.42 | 21.50 | 20.81 | 21.01 | 21.38 |
| 家具制造业 | 21 | 25.9 | 26.77 | 27.09 | 25.95 | 24.86 | 28.88 | 26.81 | 27.55 | 29.16 | 32.09 |
| 造纸业 | 22 | 25.51 | 23.13 | 22.34 | 21.54 | 19.71 | 18.61 | 19.13 | 17.53 | 17.60 | 18.58 |
| 印刷业 | 23 | 28.34 | 27.28 | 27.59 | 25.58 | 25.23 | 26.37 | 25.41 | 25.87 | 25.20 | 25.56 |
| 文教体育用品业 | 24 | 31.72 | 32.50 | 33.72 | 34.19 | 32.80 | 33.21 | 35.19 | 36.23 | 34.54 | 36.87 |
| 石油加工及炼焦业 | 25 | 17.36 | 18.74 | 16.44 | 17.15 | 12.89 | 11.60 | 11.03 | 12.30 | 13.02 | 12.03 |
| 化学原料及制品业 | 26 | 26.17 | 25.91 | 24.42 | 22.66 | 22.25 | 20.40 | 18.11 | 18.67 | 18.17 | 18.76 |
| 医药制造业 | 27 | 24.32 | 22.77 | 22.03 | 21.62 | 20.59 | 20.6 | 19.89 | 18.84 | 19.27 | 19.36 |
| 化纤制造业 | 28 | 21.70 | 19.41 | 18.06 | 21.19 | 20.37 | 16.85 | 17.38 | 16.26 | 16.39 | 15.20 |
| 橡胶制品业 | 29 | 27.01 | 27.15 | 25.46 | 22.61 | 21.06 | 21.23 | 21.45 | 20.81 | 21.52 | 21.10 |
| 塑料制品业 | 30 | 24.70 | 24.06 | 23.73 | 23.19 | 22.95 | 24.23 | 23.91 | 24.23 | 24.03 | 24.92 |
| 非金属矿物制品业 | 31 | 30.13 | 28.97 | 27.53 | 26.60 | 25.55 | 23.43 | 22.46 | 21.22 | 20.88 | 21.39 |

续表

| 行业名称 | 代码 | 1998 | 1999 | 2000 | 2001 | 2002 | 2003 | 2004 | 2005 | 2006 | 2007 |
|---|---|---|---|---|---|---|---|---|---|---|---|
| 黑色金属压延加工业 | 32 | 29.46 | 27.89 | 28.04 | 25.87 | 23.59 | 19.35 | 15.24 | 14.74 | 15.06 | 13.62 |
| 有色金属冶炼加工业 | 33 | 29.44 | 29.48 | 29.03 | 25.03 | 24.50 | 20.60 | 19.75 | 16.96 | 14.58 | 16.15 |
| 金属制品业 | 34 | 26.45 | 25.50 | 25.75 | 25.39 | 24.39 | 23.76 | 24.00 | 23.28 | 23.65 | 23.96 |
| 通用设备制造业 | 35 | 32.46 | 31.70 | 31.47 | 29.91 | 27.95 | 26.30 | 24.74 | 22.58 | 22.28 | 22.32 |
| 专用设备制造业 | 36 | 32.65 | 30.98 | 30.12 | 29.72 | 27.19 | 28.25 | 26.45 | 25.05 | 24.87 | 23.77 |
| 交通运输设备制造业 | 37 | 29.92 | 26.62 | 27.74 | 24.61 | 24.26 | 22.23 | 23.34 | 23.63 | 22.47 | 19.63 |
| 电气机械及器材制造业 | 39 | 53.61 | 35.48 | 49.05 | — | 52.68 | 20.54 | 21.97 | 20.65 | 20.17 | 21.98 |
| 通信电子设备制造业 | 40 | 24.05 | 22.54 | 21.03 | 21.50 | 20.41 | 19.88 | 19.20 | 22.32 | 23.50 | 26.59 |
| 仪器仪表办公机械制造业 | 41 | 19.98 | 20.22 | 19.83 | 20.94 | 21.62 | 26.04 | 25.65 | 25.15 | 25.83 | 27.02 |
| 工艺品制造业 | 42 | 33.97 | 28.77 | 28.31 | 29.02 | 28.88 | 29.99 | 34.10 | 29.36 | 30.75 | 29.76 |
| 废旧材料回收加工业 | 43 | 27.34 | 27.44 | 28.08 | 28.73 | 30.00 | 22.33 | 20.89 | 19.82 | 20.31 | 18.89 |
| 电、热力生产供应业 | 44 | 16.99 | 17.56 | 18.23 | 19.70 | 18.81 | 19.53 | 19.27 | 17.83 | 17.67 | 16.60 |
| 燃气生产供应业 | 45 | 34.71 | 29.29 | 28.87 | 31.71 | 29.67 | 30.12 | 25.72 | 23.89 | 23.52 | 20.82 |
| 水的生产供应业 | 46 | 33.75 | 34.53 | 32.33 | 32.91 | 33.55 | 33.97 | 32.26 | 32.42 | 30.50 | 30.10 |

# 附录二 1998～2007年间我国工业部门整体的
# 相关指标（时序指标）

单位:%

| 年份 | 资本产出比 | 劳均资本 | 劳均产出 | 国有股份比重 | 外资股份比重 | 产品出口率 | 价格加成率 | 劳动收入占比 |
|---|---|---|---|---|---|---|---|---|
| 1998 | 2.017 | 71.422 | 35.413 | 47.8 | 16.4 | 14.6 | 22.3 | 25.8 |
| 1999 | 2.152 | 82.174 | 38.185 | 46.8 | 18.3 | 15.6 | 22.0 | 25.6 |
| 2000 | 2.011 | 88.536 | 44.019 | 41.8 | 18.8 | 17.0 | 21.6 | 24.7 |
| 2001 | 1.959 | 97.120 | 49.584 | 38.5 | 19.5 | 16.6 | 20.7 | 24.3 |
| 2002 | 1.775 | 110.430 | 62.204 | 41.7 | 15.2 | 15.4 | 25.1 | 22.0 |
| 2003 | 1.626 | 113.955 | 70.098 | 34.0 | 18.7 | 18.3 | 21.2 | 21.5 |
| 2004 | 1.480 | 120.107 | 81.146 | 33.0 | 18.4 | 18.2 | 18.7 | 21.5 |
| 2005 | 1.316 | 124.062 | 94.283 | 27.4 | 20.9 | 18.2 | 18.3 | 20.9 |
| 2006 | 1.256 | 134.816 | 107.379 | 21.2 | 23.9 | 19.7 | 17.9 | 21.2 |
| 2007 | 1.134 | 144.491 | 127.453 | 20.2 | 27.6 | 21.2 | 18.8 | 21.2 |
| 最大值 | 2.152 | 144.491 | 127.453 | 47.8 | 27.6 | 21.2 | 25.1 | 25.8 |
| 最小值 | 1.134 | 71.422 | 35.413 | 20.2 | 15.2 | 14.6 | 17.9 | 20.9 |
| 均值 | 1.672 | 108.711 | 70.976 | 35.2 | 19.8 | 17.5 | 20.7 | 22.8 |
| 变动幅度 | -0.883 | 73.069 | 92.041 | -27.5 | 11.2 | 6.6 | -3.5 | -4.7 |
| 标准差系数 | 0.217 | 0.217 | 0.440 | 28.0 | 18.3 | 11.6 | 11.0 | 8.7 |
| 年均增幅 | -0.062 | 0.081 | 0.153 | — | — | — | — | — |

## 附录三　1978～2007 年我国各省份劳动收入份额及其描述性统计量

单位：%

| 年　份 | 北京 (1) | 辽宁 (2) | 浙江 (3) | 天津 (4) | 吉林 (5) | 安徽 (6) | 河北 (7) | 黑龙江 (8) | 福建 (9) | 山西 (10) | 上海 (11) |
|---|---|---|---|---|---|---|---|---|---|---|---|
| 1978 | 26.4 | 33.1 | 55.1 | 31.8 | 55.7 | 62.6 | 51.4 | 45.7 | 63.5 | 48.7 | 22.7 |
| 1979 | 27.8 | 34.7 | 59.2 | 33.4 | 53.1 | 62.0 | 52.3 | 44.0 | 64.5 | 50.0 | 23.8 |
| 1980 | 28.4 | 34.8 | 56.3 | 29.7 | 53.6 | 64.0 | 52.7 | 46.5 | 64.3 | 48.5 | 23.9 |
| 1981 | 28.5 | 36.6 | 55.1 | 28.7 | 55.6 | 67.5 | 54.0 | 49.7 | 64.5 | 54.6 | 24.3 |
| 1982 | 31.0 | 39.0 | 57.1 | 29.6 | 56.0 | 65.9 | 54.6 | 49.2 | 64.9 | 56.0 | 25.2 |
| 1983 | 29.9 | 41.5 | 53.1 | 28.8 | 60.7 | 63.3 | 55.4 | 49.1 | 64.8 | 54.5 | 25.7 |
| 1984 | 29.4 | 39.3 | 53.5 | 34.1 | 57.5 | 64.8 | 53.9 | 53.3 | 64.6 | 55.4 | 27.8 |
| 1985 | 33.6 | 36.4 | 51.7 | 28.1 | 52.8 | 63.5 | 52.1 | 51.7 | 62.9 | 53.4 | 27.0 |
| 1986 | 34.4 | 36.1 | 51.8 | 31.1 | 56.4 | 63.6 | 50.9 | 53.9 | 62.8 | 48.4 | 28.9 |
| 1987 | 31.3 | 35.8 | 51.6 | 33.1 | 53.8 | 62.3 | 49.8 | 55.2 | 62.7 | 45.4 | 30.0 |
| 1988 | 30.7 | 37.8 | 51.9 | 32.6 | 53.8 | 61.0 | 49.1 | 52.3 | 63.0 | 45.5 | 30.5 |
| 1989 | 31.2 | 37.3 | 52.2 | 35.3 | 51.7 | 60.5 | 49.3 | 52.3 | 61.4 | 46.4 | 32.1 |

续表

| 年　份 | 北京(1) | 辽宁(2) | 浙江(3) | 天津(4) | 吉林(5) | 安徽(6) | 河北(7) | 黑龙江(8) | 福建(9) | 山西(10) | 上海(11) |
|---|---|---|---|---|---|---|---|---|---|---|---|
| 1990 | 36.1 | 41.2 | 53.1 | 44.9 | 59.7 | 65.4 | 49.6 | 51.4 | 61.7 | 49.2 | 32.3 |
| 1991 | 36.1 | 40.8 | 51.3 | 44.0 | 58.9 | 57.2 | 53.2 | 46.6 | 60.9 | 52.0 | 33.9 |
| 1992 | 36.4 | 42.2 | 49.1 | 41.2 | 51.3 | 55.9 | 46.4 | 41.6 | 60.4 | 48.7 | 35.7 |
| 1993 | 43.8 | 44.5 | 42.1 | 41.5 | 54.2 | 60.5 | 49.3 | 41.1 | 55.9 | 42.0 | 37.1 |
| 1994 | 44.4 | 45.6 | 43.3 | 43.7 | 61.1 | 56.7 | 54.8 | 41.1 | 50.6 | 42.9 | 34.8 |
| 1995 | 43.0 | 47.4 | 42.9 | 44.7 | 59.9 | 57.3 | 57.7 | 47.5 | 52.6 | 42.3 | 36.1 |
| 1996 | 42.5 | 49.7 | 41.2 | 47.6 | 61.5 | 56.6 | 54.3 | 48.1 | 52.0 | 42.8 | 36.0 |
| 1997 | 42.3 | 50.6 | 42.3 | 50.2 | 61.7 | 57.4 | 53.3 | 47.4 | 52.2 | 41.9 | 34.8 |
| 1998 | 42.4 | 50.9 | 41.6 | 50.9 | 62.8 | 55.0 | 53.0 | 47.4 | 52.2 | 42.0 | 35.3 |
| 1999 | 42.3 | 48.5 | 41.1 | 49.8 | 61.9 | 52.1 | 54.4 | 46.7 | 51.8 | 41.1 | 36.2 |
| 2000 | 41.9 | 45.0 | 43.1 | 42.0 | 59.8 | 49.8 | 53.1 | 43.8 | 48.5 | 41.2 | 36.1 |
| 2001 | 41.4 | 44.0 | 41.8 | 40.4 | 66.2 | 47.1 | 52.6 | 46.2 | 48.1 | 40.8 | 37.1 |
| 2002 | 41.8 | 44.7 | 40.2 | 38.8 | 65.1 | 47.4 | 50.0 | 47.2 | 48.6 | 40.9 | 38.4 |
| 2003 | 42.2 | 44.5 | 40.0 | 34.6 | 65.1 | 43.1 | 48.4 | 46.8 | 48.4 | 37.9 | 36.6 |

续表

| 年　份 | 北京 (1) | 辽宁 (2) | 浙江 (3) | 天津 (4) | 吉林 (5) | 安徽 (6) | 河北 (7) | 黑龙江 (8) | 福建 (9) | 山西 (10) | 上海 (11) |
|---|---|---|---|---|---|---|---|---|---|---|---|
| 2004 | 43.1 | 43.4 | 40.3 | 33.8 | 45.2 | 44.6 | 41.1 | 36.2 | 44.1 | 35.9 | 34.3 |
| 2005 | 45.2 | 44.0 | 39.7 | 31.5 | 44.7 | 45.3 | 41.2 | 35.4 | 44.0 | 35.8 | 35.7 |
| 2006 | 44.4 | 42.5 | 40.3 | 31.7 | 43.3 | 44.8 | 38.7 | 35.7 | 43.9 | 36.1 | 36.2 |
| 2007 | 43.5 | 40.5 | 39.6 | 31.5 | 41.1 | 44.0 | 38.3 | 36.4 | 42.4 | 33.1 | 35.0 |
| 均　值 | 37.2 | 41.7 | 47.4 | 37.3 | 56.1 | 56.7 | 50.5 | 46.3 | 56.1 | 45.1 | 32.1 |
| 最小值 | 26.4 | 33.1 | 39.6 | 28.1 | 41.1 | 43.1 | 38.3 | 35.4 | 42.4 | 33.1 | 22.7 |
| 最大值 | 45.2 | 50.9 | 59.2 | 50.9 | 66.2 | 67.5 | 57.7 | 55.2 | 64.9 | 56.0 | 38.4 |
| 标准差 | 17.0 | 11.9 | 13.7 | 19.2 | 11.6 | 13.5 | 9.7 | 11.8 | 13.8 | 14.1 | 15.2 |
| 变　动 | 17.2 | 7.4 | -15.5 | -0.4 | -14.7 | -18.6 | -13.0 | -9.4 | -21.1 | -15.6 | 12.2 |

| 年　份 | 江西 (12) | 内蒙古 (13) | 江苏 (14) | 山东 (15) | 河南 (16) | 广东 (17) | 四川 (18) | 湖北 (19) | 广西 (20) | 贵州 (21) | 湖南 (22) |
|---|---|---|---|---|---|---|---|---|---|---|---|
| 1978 | 65.9 | 55.4 | 46.9 | 48.0 | 56.1 | 58.1 | 59.5 | 57.3 | 61.2 | 54.0 | 62.0 |
| 1979 | 66.1 | 55.5 | 51.1 | 50.9 | 58.9 | 59.3 | 58.2 | 60.2 | 64.6 | 58.0 | 64.0 |
| 1980 | 66.0 | 51.9 | 47.6 | 53.0 | 58.6 | 60.1 | 58.7 | 55.5 | 65.9 | 60.7 | 63.0 |

续表

| 年　份 | 江西 (12) | 内蒙古 (13) | 江苏 (14) | 山东 (15) | 河南 (16) | 广东 (17) | 四川 (18) | 湖北 (19) | 广西 (20) | 贵州 (21) | 湖南 (22) |
|---|---|---|---|---|---|---|---|---|---|---|---|
| 1981 | 65.8 | 53.7 | 49.0 | 54.8 | 60.6 | 60.0 | 58.8 | 57.3 | 64.9 | 64.7 | 64.0 |
| 1982 | 66.6 | 53.7 | 50.6 | 53.8 | 59.0 | 61.0 | 59.7 | 58.3 | 68.7 | 63.8 | 65.4 |
| 1983 | 66.0 | 52.0 | 50.8 | 56.7 | 60.0 | 60.4 | 58.6 | 57.9 | 67.7 | 59.1 | 64.3 |
| 1984 | 68.0 | 52.9 | 51.3 | 55.7 | 58.8 | 60.1 | 57.7 | 56.5 | 66.9 | 57.3 | 65.1 |
| 1985 | 64.5 | 52.7 | 49.3 | 57.9 | 58.9 | 60.4 | 56.6 | 56.4 | 65.4 | 57.2 | 64.6 |
| 1986 | 62.1 | 52.6 | 50.3 | 55.0 | 61.1 | 59.1 | 55.6 | 55.5 | 65.4 | 62.3 | 64.6 |
| 1987 | 60.5 | 52.6 | 46.5 | 54.6 | 61.2 | 57.7 | 54.0 | 55.7 | 64.6 | 61.7 | 63.2 |
| 1988 | 59.1 | 53.5 | 48.3 | 52.9 | 59.3 | 58.1 | 52.6 | 55.5 | 60.6 | 58.9 | 64.0 |
| 1989 | 57.9 | 53.9 | 47.3 | 51.5 | 56.0 | 56.2 | 53.5 | 58.6 | 60.5 | 59.0 | 64.8 |
| 1990 | 61.9 | 56.4 | 49.0 | 52.4 | 59.4 | 56.1 | 56.2 | 60.4 | 60.8 | 59.3 | 61.6 |
| 1991 | 57.9 | 54.8 | 45.7 | 52.1 | 58.0 | 55.1 | 54.8 | 59.5 | 58.7 | 57.2 | 60.7 |
| 1992 | 62.7 | 55.0 | 47.6 | 45.6 | 55.2 | 53.5 | 57.3 | 50.6 | 59.8 | 57.1 | 54.9 |
| 1993 | 64.0 | 61.0 | 43.0 | 46.0 | 53.7 | 51.7 | 57.9 | 51.5 | 57.8 | 60.0 | 57.0 |
| 1994 | 64.7 | 60.4 | 45.1 | 45.4 | 61.1 | 51.1 | 57.5 | 53.4 | 61.8 | 63.0 | 62.3 |

续表

| 年 份 | 江西 (12) | 内蒙古 (13) | 江苏 (14) | 山东 (15) | 河南 (16) | 广东 (17) | 四川 (18) | 湖北 (19) | 广西 (20) | 贵州 (21) | 湖南 (22) |
|---|---|---|---|---|---|---|---|---|---|---|---|
| 1995 | 61.4 | 59.0 | 47.1 | 46.0 | 61.0 | 49.4 | 56.7 | 58.2 | 65.5 | 64.8 | 66.5 |
| 1996 | 63.8 | 57.3 | 47.3 | 44.7 | 58.8 | 49.0 | 57.1 | 64.1 | 61.6 | 64.2 | 64.2 |
| 1997 | 65.1 | 55.4 | 47.3 | 45.6 | 56.0 | 47.7 | 57.3 | 64.3 | 63.3 | 63.6 | 64.0 |
| 1998 | 62.9 | 55.3 | 46.8 | 45.9 | 52.8 | 51.1 | 57.1 | 63.1 | 61.7 | 65.7 | 62.1 |
| 1999 | 62.1 | 53.2 | 45.9 | 46.3 | 51.3 | 49.0 | 58.2 | 60.5 | 60.4 | 65.1 | 59.6 |
| 2000 | 60.8 | 49.6 | 45.8 | 47.9 | 49.5 | 45.5 | 57.8 | 61.2 | 59.0 | 60.4 | 58.8 |
| 2001 | 58.6 | 48.0 | 45.8 | 47.9 | 48.9 | 43.7 | 57.4 | 60.3 | 57.8 | 55.8 | 59.0 |
| 2002 | 57.1 | 47.1 | 45.5 | 47.3 | 46.9 | 44.4 | 58.2 | 60.8 | 56.9 | 55.3 | 57.6 |
| 2003 | 55.4 | 46.8 | 45.2 | 46.6 | 43.6 | 41.8 | 56.8 | 56.0 | 53.7 | 55.1 | 55.6 |
| 2004 | 46.5 | 43.0 | 40.4 | 35.3 | 44.8 | 39.5 | 49.5 | 44.7 | 48.7 | 45.8 | 45.9 |
| 2005 | 45.5 | 41.1 | 40.9 | 35.3 | 44.3 | 39.5 | 46.4 | 44.8 | 49.5 | 46.2 | 45.1 |
| 2006 | 44.9 | 40.7 | 40.7 | 34.4 | 41.8 | 38.7 | 45.4 | 41.5 | 45.6 | 44.7 | 46.7 |
| 2007 | 44.6 | 34.4 | 37.3 | 35.0 | 41.1 | 38.8 | 45.7 | 41.3 | 46.3 | 45.0 | 46.4 |
| 均值 | 60.3 | 52.0 | 46.5 | 48.1 | 54.6 | 51.9 | 55.7 | 56.0 | 60.2 | 58.2 | 59.9 |

续表

| 年份 | 江西(12) | 内蒙古(13) | 江苏(14) | 山东(15) | 河南(16) | 广东(17) | 四川(18) | 湖北(19) | 广西(20) | 贵州(21) | 湖南(22) |
|---|---|---|---|---|---|---|---|---|---|---|---|
| 最小值 | 44.6 | 34.4 | 37.3 | 34.4 | 41.1 | 38.7 | 45.4 | 41.3 | 45.6 | 44.7 | 45.1 |
| 最大值 | 68.0 | 61.0 | 51.3 | 57.9 | 61.2 | 61.0 | 59.7 | 64.3 | 68.7 | 65.7 | 66.5 |
| 标准差 | 11.2 | 11.6 | 7.2 | 13.6 | 11.8 | 14.6 | 7.1 | 10.9 | 10.2 | 10.4 | 10.5 |
| 变动 | -21.4 | -21.0 | -9.6 | -13.0 | -15.0 | -19.3 | -13.8 | -16.0 | -14.8 | -8.9 | -15.6 |

| 年份 | 云南(23) | 陕西(24) | 宁夏(25) | 甘肃(26) | 青海(27) | 新疆(28) | 重庆(29) | 海南(30) | 均值(31) | 最小值(32) | 最大值(33) | 标准差(34) |
|---|---|---|---|---|---|---|---|---|---|---|---|---|
| 1978 | 62.5 | 56.6 | 52.5 | 54.8 | 61.3 | 56.9 | — | — | 52.3 | 22.7 | 65.9 | 21.5 |
| 1979 | 62.1 | 57.2 | 51.1 | 55.6 | 63.0 | 57.2 | — | — | 53.5 | 23.8 | 66.1 | 21.0 |
| 1980 | 62.3 | 57.8 | 52.8 | 56.8 | 63.6 | 59.9 | — | — | 53.5 | 23.9 | 66.0 | 21.5 |
| 1981 | 62.6 | 60.8 | 58.2 | 53.8 | 62.8 | 61.0 | — | — | 54.7 | 24.3 | 67.5 | 21.3 |
| 1982 | 61.9 | 60.0 | 58.1 | 54.4 | 63.9 | 61.6 | — | — | 55.3 | 25.2 | 68.7 | 20.4 |
| 1983 | 60.7 | 60.1 | 59.6 | 58.8 | 63.3 | 61.7 | — | — | 55.1 | 25.7 | 67.7 | 20.1 |
| 1984 | 61.1 | 60.6 | 58.7 | 55.5 | 60.4 | 62.4 | — | — | 55.1 | 27.8 | 68.0 | 18.9 |
| 1985 | 60.7 | 59.1 | 55.7 | 55.5 | 61.2 | 61.3 | — | — | 53.9 | 27.0 | 65.4 | 19.4 |

续表

| 年份 | 云南<br>(23) | 陕西<br>(24) | 宁夏<br>(25) | 甘肃<br>(26) | 青海<br>(27) | 新疆<br>(28) | 重庆<br>(29) | 海南<br>(30) | 均值<br>(31) | 最小值<br>(32) | 最大值<br>(33) | 标准差<br>(34) |
|---|---|---|---|---|---|---|---|---|---|---|---|---|
| 1986 | 59.3 | 58.2 | 56.3 | 54.0 | 62.1 | 59.6 | — | — | 54.0 | 28.9 | 65.4 | 18.5 |
| 1987 | 56.0 | 58.2 | 53.8 | 54.3 | 62.3 | 60.1 | — | — | 53.1 | 30.0 | 64.6 | 18.6 |
| 1988 | 53.0 | 57.0 | 51.6 | 53.9 | 60.1 | 61.0 | — | — | 52.4 | 30.5 | 64.0 | 17.8 |
| 1989 | 50.4 | 58.8 | 49.3 | 51.8 | 59.8 | 62.3 | — | — | 52.2 | 31.2 | 64.8 | 17.2 |
| 1990 | 54.2 | 60.5 | 50.0 | 53.0 | 56.5 | 56.3 | — | 68.1 | 54.4 | 32.3 | 68.1 | 15.1 |
| 1991 | 51.6 | 60.9 | 49.3 | 53.2 | 58.3 | 55.8 | — | 65.5 | 53.2 | 33.9 | 65.5 | 14.1 |
| 1992 | 48.3 | 58.4 | 48.8 | 51.8 | 57.0 | 57.0 | — | 51.4 | 51.1 | 35.7 | 62.7 | 13.7 |
| 1993 | 45.9 | 59.4 | 46.2 | 51.5 | 57.1 | 54.2 | 49.5 | 45.0 | 50.8 | 37.1 | 64.0 | 14.4 |
| 1994 | 43.9 | 56.0 | 50.3 | 51.0 | 55.0 | 52.4 | 47.7 | 47.5 | 51.6 | 34.8 | 64.7 | 15.1 |
| 1995 | 46.2 | 57.1 | 51.6 | 49.9 | 53.9 | 55.5 | 51.1 | 49.0 | 52.7 | 36.1 | 66.5 | 14.6 |
| 1996 | 47.3 | 54.2 | 52.2 | 54.3 | 59.2 | 56.3 | 52.1 | 48.8 | 53.0 | 36.0 | 64.2 | 14.2 |
| 1997 | 46.9 | 53.4 | 50.8 | 52.6 | 59.1 | 56.3 | 52.2 | 49.2 | 52.8 | 34.8 | 65.1 | 14.5 |
| 1998 | 44.9 | 52.8 | 51.6 | 52.1 | 56.3 | 57.7 | 51.9 | 48.5 | 52.5 | 35.3 | 65.7 | 14.0 |
| 1999 | 48.0 | 50.2 | 51.9 | 52.0 | 56.1 | 55.8 | 50.9 | 49.1 | 51.7 | 36.2 | 65.1 | 13.3 |

续表

| 年 份 | 云南(23) | 陕西(24) | 宁夏(25) | 甘肃(26) | 青海(27) | 新疆(28) | 重庆(29) | 海南(30) | 均值(31) | 最小值(32) | 最大值(33) | 标准差(34) |
|---|---|---|---|---|---|---|---|---|---|---|---|---|
| 2000 | 44.3 | 54.3 | 51.4 | 56.0 | 52.9 | 49.3 | 49.5 | 49.8 | 50.3 | 36.1 | 61.2 | 13.5 |
| 2001 | 46.8 | 52.8 | 49.8 | 53.5 | 52.2 | 52.6 | 49.1 | 49.5 | 49.8 | 37.1 | 66.2 | 13.6 |
| 2002 | 45.7 | 49.2 | 50.0 | 51.0 | 50.6 | 51.0 | 48.3 | 50.1 | 49.2 | 38.4 | 65.1 | 13.2 |
| 2003 | 46.3 | 45.5 | 49.2 | 47.0 | 48.6 | 51.7 | 47.3 | 50.1 | 47.7 | 34.6 | 65.1 | 13.9 |
| 2004 | 44.3 | 40.3 | 48.0 | 46.2 | 47.3 | 51.3 | 46.3 | 49.9 | 43.3 | 33.8 | 51.3 | 10.9 |
| 2005 | 46.4 | 41.1 | 48.2 | 35.9 | 47.6 | 48.6 | 49.0 | 49.3 | 42.9 | 31.5 | 49.5 | 11.5 |
| 2006 | 44.4 | 38.7 | 47.7 | 46.3 | 46.2 | 44.6 | 46.9 | 47.7 | 42.2 | 31.7 | 47.7 | 10.1 |
| 2007 | 44.7 | 37.2 | 45.2 | 43.7 | 45.5 | 44.5 | 47.8 | 41.9 | 41.1 | 31.5 | 47.8 | 10.9 |
| 均 值 | 51.8 | 54.2 | 51.7 | 52.0 | 56.8 | 55.9 | 49.3 | 50.6 | 51.1 | 32.1 | 60.3 | 13.8 |
| 最小值 | 43.9 | 37.2 | 45.2 | 35.9 | 45.5 | 44.5 | 46.3 | 41.9 | 39.2 | 22.7 | 46.3 | 15.8 |
| 最大值 | 62.6 | 60.9 | 59.6 | 58.8 | 63.9 | 62.4 | 52.2 | 68.1 | 59.5 | 38.4 | 68.7 | 12.0 |
| 标准差 | 13.7 | 12.9 | 7.1 | 8.7 | 10.0 | 9.0 | 4.0 | 12.5 | — | — | — | — |
| 变 动 | -17.8 | -19.4 | -7.3 | -11.1 | -15.8 | -12.5 | -1.7 | -26.2 | — | — | — | — |

数据来源：1978~1992 年数据来自《中国国内生产总值核算历史资料 (1952~1995)》，1993~2004 年数据来自《中国国内生产总值核算历史资料 (1952~2004)》，2005~2007 年数据来自相应年份的统计年鉴。

# 参考文献

## 外文文献

Acemoglu, D. and Guerrier, i V. , "Capital Deepening and Non – balanced Economic Growth," NBER Working Paper, No. 12475, 2006.

Allen, F. , J. Qian and M. Qian, "China's Financial System: Past, Present and Future," in L. Brandt and T. Rawskied , *China's Great Economic Transformation*, Cambridge: Cambridge University Press, 2007.

Basanta K. Pradhan. "Rural – rban Disparities: Income Distribution, Expenditure Pattern and Social Sector," *Economic and Political Weekly* 35 (2004).

Ben S. Bernanke, Refet S. Gurkaynak, "Is Growth Exogenous? Taking Mankiv, Romer and Weil Seriously," NBER Macroeconomics Annual 16 (2001).

Bentolila, S. and Gilles Saint, Paul, "Explaining Movements in the Labor Share," *Contributions to Macroeconomics* 3 (2003).

Blanchard, O. J. , "The Medium Run," *Brookings Papers on Economic Activity* 2 (1997).

Blundell, Richard and Stephen Bond, "Initial Conditions and Moment Restrictions in Dynamic Panel Data Models," *Journal of Econometrics* 87 (1998).

Diwan, I. , "Debt as Sweat: Labor, Financial Crises, and the Globalization of Capital," Washington D. C. , World Bank (2001).

Droucopoulos, Vassilis and Lianos, Theodore P. , "Labor's Share and Market Power: Evidence from the Greek Manufacturing Industries," *Journal of Post Keynesian Economics* (1992).

Dunning, J. H. , *Explaining International Production*, Published by London: Unwin Hyman (1998).

Edward M. Gramlich and Michael J. Wolkoff. "A Procedure for Evaluating Income Distribution Policies," *The Journal of Human Resources*, Vol. 14, No. 3.

E. H. Phelps Brown and P. E. Hart, "The Share of Wage in National Income," *The Economic Journal* 1 (1952).

Feenstra, R. C. and G. H. Hanson, "Global Production Sharing and Rising Inequality: A Survey of Trade and Wages," NBER Working Papers, No. 8372 (2001).

Ferguson, C. E. , and Moroney, J. R. "The Source of Change in Labor's Relative Shares: A Neoclassical Analysis," *Southern Economic Journal* 35 (1969).

George E Johnson, "Economic Analysis of Trade Unionism," *American Economic Review* 65 (1975).

Giammarioli, N. , J. Messina, T. Steinberger and C. Strozzi, "European Labor Share Dynamics: An Institutional Perspective," European University Institute: 30 (2002).

Gollin, D. "Getting Income Shares Right," *Journal of Politi-*

*cal Economy* 110 （2002）.

Gomme, Paul and Rupert, Peter. "Measuring Labor's Share of Income," *Policy Discussion Papers*, *Federal Reserve Bank of Cleveland* （2004）.

Guscina, A. , "Effects of Globalization on Labor's Share in National Income," IMF Working Paper 294 （2006）.

Harrison, A. E. , "Has Globalization Eroded Labor's Share? Some Cross－Country Evidence," UC Berkeley, Mimeo 46 （2002）.

Henley, Andrew, "Labor's Shares and Profitability Crisis in the US: Recent Experience and Post war Trends," *Cambridge Journal of Economics* 11 （1987）.

Hofman, Antre. A. , "Economic Growth, Factor Shares and Income Distribution in Latin American in the Twentieth Century," Working Paper （2001）.

James W. Beck, "an Inter－industry Analysis of Labor's share," *Industrial and Labor Relations Review* 11 （1958）.

Kaldor, N. , "Capital Accumulation and Economic Growth," in F. A. Lutz and D. C. Hague, eds. , *The Theory of Capital.* New York: St. Martin Press, 1961.

Keynes, John M. , "Relative Movements of Real Wages and Output," *Economic Journal* 3, （1939）.

Kravis, I. B. , "Relative Income Shares in Fact and Theory," *American Economic Review* 49 （1959）.

Krueger, Alan B. , "Measuring Labor's Share," *American Economic Review* 89 （1999）.

Leicht M. Wallace, "Positional Power, Class, and Individual Earnings Inequality: Advancing New Structuralist Explanations,"

*The Sociological*, Quarterly 34 （1993）.

M. Kalecki, "The Determinants of Distribution of the National Income," *Econometric* 6 （1938）.

Paul Gomme, Peter Rupert. , "Measuring Labor's Share of Income," FRB of Cleveland Policy Discussion Paper 7 （2004）.

Poberto Patricio Korzeniewicz, Angela Stach, Vrushali Patil, Timothy Patric Moran. "Measuring National Income: A Critical Assessment," *Comparative Studies in Society and History* 46 （1997）.

Robert M. Solow, "A Skeptical Note on the Constancy of Relative Shares," *American Economic Review* 48 （1958）.

Sato, Ryuzo, " The Estimation of Biased Technical Progress and the Production Function," *International Economic Review* 11 （1970）.

Serres, Alain De, Stefano Scarpetta and Christine De La Maisonneuve, "Sectoral Shifts in Europe and the United States: How They Affect Aggregate Labor Shares and the Properties of Wage Equations," OECD Working Paper （2002）.

Simon Kuznets, "Economic Growth and Income Inequality," *American Economic Review* 2 （1955）.

Sraffa. P. , *Production of Commodities by Means of Commodities* （Cambridge University Press. 1960）.

Thomas Piketty, "Top Income Shares in the Long Run: An Overviews," *Journal of the European Economic Association* 3 （    ）.

Torrini, R. , "Profit Share and Returns on Capital Stock in Italy – the Role of Privatizations Behind the Rise of the 1990s," Centre of Economic Performance Discussion Papers, 2005.

Xu Bin, "Measuring China's Export Sophistication," Working Paper, China Europe International Business School（2007）.

Young, A. T., "One of the Things We Know that isn't so: is U. S. Labor's Share Relatively Stable?" Working Paper, April 2006, University of Mississippi.

Zuleta, H. and Young, A. T., "Labor's Shares – Aggregate and Industry: Accounting for Both in a Model of Unbalanced Growth with Induced Innovation," Working Paper, January 2007, University of Mississippi.

## 中文文献

〔英〕阿尔弗雷德·马歇尔：《经济学原理》（上、下卷），陈良璧译，商务印书馆，1965。

安体富、蒋震：《调整国民收入分配格局 提高居民分配所占比重》，《财贸经济》2009 年第 7 期。

安体富、蒋震：《对调整我国国民收入分配格局、提高居民分配份额的研究》，《经济研究参考》2009 年第 25 期。

〔美〕奥利弗·E. 威廉姆森、西德尼·G. 温特：《企业的性质：起源、演变和发展》，姚海鑫等译，商务印书馆，2007。

白重恩、钱震杰：《国民收入的要素分配：统计数据背后的故事》，《经济研究》2009 年第 3 期。

白重恩、钱震杰：《劳动者报酬占比 考察经济体健康度》，《中国社会科学报》2010 年 1 月 26 日。

白重恩、钱震杰：《谁在挤占居民的收入——中国国民收入分配格局分析》，《中国社会科学》2009 年第 5 期。

白重恩、钱震杰：《我国资本收入份额影响因素及变化原因分析——基于省际面板数据的研究》，《清华大学学报（哲学社会科学版)》2009 年第 4 期。

白重恩、钱震杰、武康平：《中国工业部门要素分配份额决定因素研究》，《经济研究》2008 年第 8 期。

蔡昉：《刘易斯转折点与中国城市化》，《中国财经报》2009 年 12 月 8 日。

蔡昉：《收入差距缩小的条件——经济发展理论与中国经验》，《甘肃社会科学》2007 年第 6 期。

蔡昉：《探索适应经济发展的公平分配机制》，《人民论坛》2005 年第 10 期。

曹静：《对卡尔多程式化事实的重新解释》，《政治经济学评论》2006 第 1 期。

常清：《税收增长过快有损经济持续健康发展》，《上海证券报》2008 年 1 月 16 日。

常兴华：《促进形成合理的居民收入分配机制》，《宏观经济研究》2009 年第 5 期。

常兴华、李伟：《从国际视角看我国的国民收入分配格局》，《中国经贸导刊》2009 年第 21 期。

常兴华、李伟：《我国国民收入分配格局的测算结果与调整对策》，《宏观经济研究》2009 年第 9 期。

陈共、范一飞：《论国民收入分配向个人倾斜》，《财贸经济》1992 年第 10 期。

陈云：《居民收入分布及其变迁的统计研究——基于现代非参数方法的拓展与创新》，首都经济贸易大学博士学位论文，2009。

〔英〕大卫·李嘉图：《政治经济学及赋税原理》，郭大力、王亚南译，译林出版社，2011。

戴园晨、黎汉明：《工资侵蚀利润——中国经济体制改革中的潜在危险》，《经济研究》1988 年第 3 期。

〔美〕道格拉斯·诺思：《制度、制度变迁与经济绩效》，杭行译，格致出版社，2008。

丁冰：《当代西方经济学流派》，北京经济学院出版社，1993。

董全瑞、张健：《国民收入分配结构失衡的分析与治理》，《中州学刊》2010 年第 4 期。

董志凯：《中国工业化 60 年——路径与建树（1949 ~ 2009）》，《中国经济史研究》2009 年第 3 期。

〔美〕E. 赫尔普曼：《经济增长的秘密》，王世华译，中国人民大学出版社，2007。

樊纲、姚枝仲：《中国财产性生产要素总量与结构的分析》，《经济研究》2002 年第 11 期。

范一飞：《国民收入流程及分配格局分析》，中国人民大学出版社，1991。

高培勇：《规范政府行为：解决中国当前收入分配问题的关键》，《财贸经济》2002 年第 1 期。

高培勇：《中国税收持续高增长之谜》，《经济研究》2006 年第 12 期。

〔美〕格里高利·克拉克：《应该读点经济史》，李淑苹译，中信出版社，2009。

耿林：《分配的演化——技术进步下的收入分配、经济增长与波动》，浙江大学出版社，2009。

龚刚、杨光：《从功能性收入看中国收入分配的不平等》，《中国社会科学》2010 年第 2 期。

龚刚、杨光：《论工资性收入占国民收入比例的演变》，《管理世界》2011 年第 5 期。

郭树清：《国民收入分配使用的若干理论问题》，《中国社会科学院研究生院学报》1990 年第 4 期。

国家计委综合司课题组：《90 年代我国宏观收入分配的实证研究》，《经济研究》1999 年第 11 期。

国家统计局网站，http：//www. stats. gov. cn。

国家统计局：《中国国民经济核算体系（2002）》，中国统计信息网；http：//www. stats. gov. cn/tjdt/gmjjhs/t20030527_ 80222. htm。

韩朝华：《国有工业的产业比重、效率与进退》，《经济改革》2010 年第 4 期。

韩朝华：《基于协整分析框架的地区增长比较》，国家社科基金项目"中国各地区经济增长送气的制度分析"的总报告，2009 年 8 月。

韩朝华、周晓艳：《国有企业利润的主要来源及其社会福利含义》，《中国工业经济》2009 年第 6 期。

郝枫：《中国要素价格决定机制研究——国际经验与历史证据》，天津财经大学博士学位论文，2008。

何磊、王宇鹏：《谁在抑制居民的消费需求？——基于国民收入分配格局的分析》，《当代经济科学》2010 年第 6 期。

贺铿：《收入分配行为与社会公平原则》，《经济纵横》2006 年第 2 期。

胡铿：《经济全球化对我国收入分配影响问题研究》，西南财经大学硕士学位论文，2004。

华生：《劳动者报酬占 GDP 比重低被严重误读——中国收入分配问题研究报告之二》，《中国证券报》2010 年 10 月 14 日。

黄乾、魏下海：《中国劳动收入比重下降的宏观经济效应——基于省级面板数据的实证分析》，《财贸经济》2010 年第 4 期。

黄先海、徐圣：《中国劳动收入比重下降成因分析——基于劳动节约型技术进步视角》，《经济研究》2009 年第 7 期。

贾康：《我国居民收入占比并非过低》，《中国证券报》2010 年 5 月 10 日。

〔德〕柯武刚、史漫飞：《制度经济学——社会秩序与公共政策》，韩朝华译，商务印书馆，2003。

〔美〕克拉克：《财富的分配》，陈福生、陈振骅译，商务印书馆，1997。

孔宪丽：《转型期的中国工业增长及其结构特征》，吉林大学博士学位论文，2008。

〔英〕莱昂内尔·罗宾斯：《经济科学的性质和意义》，朱泱译，商务印书馆，2009。

李稻葵、何梦杰、刘霖林：《我国现阶段初次分配中劳动收入下降分析》，《经济理论与经济管理》2010 年第 2 期。

李稻葵：《理性看待劳动收入占比下降》，《宏观经济》2010 年第 7 期。

李稻葵、刘霖林、王红领：《GDP 中劳动收入份额演变的"U"型（形）规律》，《经济研究》2009 年第 1 期。

李俊霖：《我国国民收入分配格局的演变、影响及对策》，《石家庄经济学院学报》2008 年 12 月 6 期。

李萍萍：《中国重化工业发展道路的选择》，对外经济贸易大学硕士学位论文，2006。

李清华：《1996 年以来我国国民收入分配格局变迁研究》，《统计与咨询》2011 年第 1 期。

李雪筠：《建立正常的国民收入分配机制 缩小居民收入差

距》，《财政研究》2003 年第 6 期。

李扬：《高储蓄率之上的中国宏观经济与货币政策》，《中国金融》2008 年第 15 期。

李扬：《公平收入分配应成为宏观经济政策核心》，《第一财经日报》2008 年 8 月 1 日。

李扬、殷剑峰：《劳动力转移过程中的高储蓄、高投资和中国经济增长》，《经济研究》2005 年第 2 期。

李扬、殷剑峰：《中国高储蓄率问题探究：1992~2003 年中国资金流量表的分析》，《经济研究》2007 年第 6 期。

李兆平：《C-D 生产函数与 CES 生产函数的几点比较》，《运筹与管理》1997 年第 3 期。

刘树杰、王蕴：《合理调整国民收入分配格局研究》，《宏观经济研究》2009 年第 12 期。

陆铭、蒋仕卿：《重构"铁三角"：中国的劳动力市场改革、收入分配和经济增长》，《管理世界》2007 年第 6 期。

吕蓁：《林毅夫提出：实效分配要实现公平与效率的统一》，《中国证券报》2007 年 3 月 23 日。

罗长远：《卡尔多"特征事实"再思考——对劳动收入占比的分析》，《世界经济》2008 年第 11 期。

罗长远、张军：《经济发展中的劳动收入占比：基于中国产业数据的实证研究》，《中国社会科学》2009 年第 4 期。

罗长远、张军：《劳动收入占比下降的经济学解释——基于中国省级面板数据的分析》，《管理世界》2009 年第 5 期。

〔德〕马克斯·韦伯：《经济通史》，姚曾廙译，上海三联书店，2006。

马晓河、赵淑芳：《中国改革开放 30 年来产业结构转换、政策演进及其评价》，《改革》2008 年第 6 期。

〔美〕曼瑟尔·奥尔森:《集体行动的逻辑》,陈郁等译,格致出版社,1995。

倪建伟等:《全面调整国民收入分配格局,要"公平与效率兼顾"》中国广播网,2010 年 3 月 3 日,http://www.cnr.cn/allnews/201003/t20100303_ 506086314.html。

〔美〕保罗·萨缪尔森、威廉·诺德豪斯:《经济学》(第18 版),萧琛主译,人民邮电出版社,2008。

彭爽、叶晓东:《论 1978 年以来中国国民收入分配格局的演变、现状与调整对策》,《经济评论》2008 年第 2 期。

祁好英:《收入分配与金融结构:来自中国和美国的实证(1978~2007)》,武汉大学博士学位论文,2010。

乔为国、李晓华:《中美宏观收入分配比较研究》,载于孔泾源主编《中国居民收入分配理论与政策》,中国计划出版社。

〔英〕琼·罗宾逊:《不完全竞争经济学》,王翼龙译,华夏出版社,2012。

屈路:《对我国居民消费率下降原因的深层思考——基于国民收入分配的角度》,《长春大学学报(社会科学)》2009 年第 11 期。

沈利生:《"三驾马车"的拉动作用评估》,《数量经济技术经济研究》2009 年第 4 期。

石良平:《对改革以来我国国民收入分配政策的重新评价》,《财经科学》1993 年第 4 期。

石良平:《国民收入分配:经济分析中的统计界定》,《统计研究》1993 年第 4 期。

石良平:《经济体制改革与国民收入分配》,《财经研究》1993 年第 5 期。

田国强：《现代经济学的基本分析框架与研究方法》，《经济研究》2005 年第 2 期。

田卫民：《测算中国国民收入分配格局》，《财贸研究》2010 年第 1 期。

田卫民：《最优国民收入分配研究》，南开大学博士学位论文，2009。

田杨群：《经济增长与收入分配互动研究》，武汉大学博士学位论文，2004。

童大焕：《公权力：国民收入倍增的障碍》，《社会科学报》2010 年 7 月 1 日。

汪同三：《改革收入分配体系解决投资消费失调》，《中国证券报》2007 年 10 月 29 日。

汪玉凯：《应重视收入分配的结构失调》，《学习时报》2006 年 8 月 21 日。

王小鲁：《我国国民收入分配现状、问题及对策》，《国家行政学院学报》2010 年第 3 期。

王晓涛、卫人：《国民收入分配：政府多了还是少了?》，《中国经济导报》2009 年 9 月 19 日。

王岳平：《开放条件下的工业结构升级》，经济管理出版社，2004。

卫兴华、张宇：《构建效率与公平相统一的收入分配机制研究》，《现代财经》2008 年第 4 期。

翁杰、周礼：《中国工业部门劳动收入份额的变动研究：1997~2008 年》，《中国人口科学》2010 年第 4 期。

翁杰、周礼：《中国工业企业利益分配格局快速变动的原因分析：1997~2007》，《中国工业经济》2009 年第 9 期。

向书坚：《如何看待我国主体收入分配格局的变化》，《经济经纬》1998 年第 1 期。

向书坚：《我国功能收入分配格局分析》，《当代经济科学》1997 年第 5 期。

肖红叶、郝枫：《中国收入初次分配结构及其国际比较》，《财贸经济》2009 年第 2 期。

肖文、周明海：《劳动收入份额变动的结构因素——收入法 GDP 和资金流量表的比较分析》，《当代经济科学》2010 年第 5 期。

肖文、周明海：《贸易模式转变与劳动收入份额下降——基于中国工业分行业的实证研究》，《浙江大学学报（人文社会科学版）》2010 年第 6 期。

徐平生：《居民实际收入占 GDP 比重何以持续下降》，《上海证券报》2006 年 8 月 14 日。

徐现祥、王海港：《我国初次分配中的两极端分化及成因》，《经济研究》2008 年第 2 期。

许宪春：《关于与 GDP 核算有关的若干统计问题》，《财贸经济》2009 年第 4 期。

许宪春：《中国国民经济核算理论方法与实践》，中国统计出版社，1999。

许宪春：《中国国内生产总值核算》，北京大学出版社，2000。

〔英〕亚当·斯密：《国民财富的性质与原因的研究》，郭大力、王亚南译，商务印书馆，1981。

杨俊：《经济增长与收入分配问题研究》，重庆大学博士学位论文，2001。

杨圣明：《关于我国国民总收入分配的几个问题》，《中国社会科学院学报》2009 年第 5 期。

姚先国：《民营经济发展与劳资关系调整》，《浙江社会科学》2005 年第 2 期。

尹艳林：《加强收入分配制度建设，促进社会和谐》，《宏观经济管理》2006 年第 11 期。

尹艳林、李若愚：《我国国民收入分配格局研究》，《经济研究参考》2005 年第 29 期。

尹艳林：《提高劳动者报酬 改善国民收入分配》，《中国发展观察》2011 年第 3 期。

曾国安、黄浩、胡晶晶：《基于主体视角的国民收入分配格局研究》，《经济管理》2009 年第 2 期。

张车伟：《就业格局的变化及其对收入分配的含义》，载于中国社会科学院经济学部编《中国社会科学院经济观察报告（2011）》，社会科学文献出版社，2011。

张车伟、张士斌：《我国初次收入分配问题及其分析》，载于中国社会科学院经济学部编《中国经济研究报告 2010～2011》，经济管理出版社，2011。

张车伟、张士斌：《中国初次分配收入格局的变动与问题——以劳动报酬占 GDP 份额为视角》，《中国人口科学》2010 年第 5 期。

张车伟、张士斌：《中国初次分配中劳动报酬份额问题研究》（内部文稿），2010 年 10 月。

张山：《我国居民收入分配及其对消费的影响》，山东大学硕士学位论文，2007。

张世贤：《西方经济思想史》，经济管理出版社，2009。

张五常：《中国的经济制度》，中信出版社，2009。

张燕：《初次分配中的效率与公平》，《探索》2008 年第 2 期。

张志国:《中国二元经济结构的一元化演变研究》,首都经济贸易大学硕士学位,2006。

赵琳:《分配制度与和谐社会关系研究》,北京交通大学博士学位论文,2007。

郑玉歆、李玉红:《工业新增利润来源及其影响因素——基于企业数据的经验研究》,《中国工业经济》2007年第12期。

郑志国:《中国企业利润侵蚀工资问题研究》,《中国工业经济》2008年第1期。

中共中央马克思恩格斯列宁斯大林著作编译局:《马克思恩格斯选集》第二卷,人民出版社,1972。

中国社会科学院经济学部编:《中国经济研究报告(2010~2011)》,经济管理出版社,2011。

中国社会科学院经济学部:《中国社会科学院经济观察报告(2011)》,社会科学文献出版社,2011。

周明海、肖文、姚先国:《企业异质性、所有制结构及劳动收入份额》,《管理世界》2010年第10期。

周明海、肖文、姚先国:《中国经济非均衡增长和国民收入分配失衡》,《中国工业经济》2010年第6期。

周明海、肖文、姚先国:《中国劳动收入份额的下降:度量与解释的研究进展》,《世界经济文汇》2010年第6期。

周明海:《中国劳动收入份额变动的测度与机理分析》,浙江大学博士学位论文,2011。

卓勇良:《关于劳动所得比重下降和资本所得比重上升的研究》,《浙江社会科学》2007年第3期。

## 统计历史资料汇编

国家统计局国民经济核算司：《中国国内生产总值核算历史资料（1952~1995）》，东北财经大学出版社，1997。

Hsueh、Tien-tung、Li Qiang, *China's National Income 1952-1995*（Boulder, Colorado：Westview Press, 1999）.

国家统计局国民经济核算司：《中国国内生产总值核算历史资料（1996~2002）》，中国统计出版社，2004。

国家统计局国民经济核算司：《中国国内生产总值核算历史资料（1952~2004）》，中国统计出版社，2007。

国家统计局国民经济核算司、中国人民银行调查统计司：《中国资金流量表历史资料 1992~2004》，中国统计出版社，2008。

国家统计局经济综合统计司：《新中国六十年统计资料汇编》，中国统计出版社，2010。

国家统计局经济综合统计司：《新中国五十五年统计资料汇编》，中国统计出版社，2005。

**图书在版编目（CIP）数据**

中国功能性分配格局变迁研究：1978~2008/李清华著.
—北京：社会科学文献出版社，2014.10
　（河南大学经济学学术文库）
　ISBN 978-7-5097-6394-0

　Ⅰ.①中…　Ⅱ.①李…　Ⅲ.①国民收入分配 -分配格局 -
研究 -中国 -1978~2008　Ⅳ.①F124.7

中国版本图书馆 CIP 数据核字（2014）第 193793 号

·河南大学经济学学术文库·
中国功能性分配格局变迁研究：1978~2008

著　　　者 / 李清华

出 版 人 / 谢寿光
项目统筹 / 陈　帅
责任编辑 / 高　启

出　　　版 / 社会科学文献出版社·皮书出版分社（010）59367127
　　　　　　 地址：北京市北三环中路甲 29 号院华龙大厦　邮编：100029
　　　　　　 网址：www.ssap.com.cn
发　　　行 / 市场营销中心（010）59367081　59367090
　　　　　　 读者服务中心（010）59367028
印　　　装 / 三河市东方印刷有限公司

规　　　格 / 开本：889mm × 1194mm　1/32
　　　　　　 印张：10.5　字数：251 千字
版　　　次 / 2014 年 10 月第 1 版　2014 年 10 月第 1 次印刷
书　　　号 / ISBN 978-7-5097-6394-0
定　　　价 / 79.00 元